U0051140

3 政治‧軍事篇

100年前的中日韓

東亞近代文明新發現

金文學——著

目 錄

作者前言

　　回顧歷史，近代東洋（東亞）的文明發展，是在西方文明的衝擊下開始起步的。中國和韓國、日本立志於西洋的近代化，開始了一場類似於龜兔賽跑的競爭。不幸的是，日本帝國通過明治維新，率先實現了西洋近代化。隨著這一力量的侵入，東洋近代史的格鬥正式展開。

　　近代東亞的文化、思想、社會，在這一幸與不幸的歷史背景下，不可避免地在建構壓制、抵抗及適應的多層版圖的同時，逐漸形成其明暗面。如文明史學家所說，從地緣政治學上講，介於大陸和島國夾縫中的朝鮮半島，是遭受了「城門失火，殃及池魚」般的慘痛，並在一系列變化中立於歷史之中的。

　　「歷史是一面鏡子，也是一種教訓。」這一古訓至今仍有深刻的現實意義。從這一視點出發，通過重新審視、重新揭示亞洲近代的明與暗，重新發現和思考不被我們充分了解的近代史，這對生活於21世紀的我們而言，都是一件極其重要，且具有深遠意義的事情。

　　什麼是歷史呢？歷史正是以堅韌的紐帶，把昨天連接起來的今天。但是，我們今天對於100年前的近代史，持有怎樣的態度呢？對於中國的近代史，我們通過學習教科書中的知識，對其有了一定的認識，可對我們民族自身的近代歷史，我們又了解多少呢？另外，對於具有密切關聯的鄰國──日本的近代史，我們又有多少關注呢？

　　此外，我們透視歷史的透鏡也存在一定的問題，這一點尤其令我感到焦慮。我認為我們有必要擺脫單純的二分法思維方式的桎梏，而採用一種更為溫和、更為多樣化的視角。巧合的是，所謂歷史，並非是根據某種特定性的目的論、認識論展開的。歷史也是將個人和民族、集團社

會、國家糾纏在一起，在穿越時空的過程中逐漸形成的。

　　所以，在歷史中，我們和他者、此方和彼方，要麼在彼此影響過程中形成和諧關係；要麼與此相反，彼此反目成仇，進而在格鬥過程中形成極其複雜的形態。因此，歷史這一巨型連續劇的主人公，總是由自我和他者構成，是一種複合的形態。那麼，他者成為鏡子，並起到照出我們真實面貌的作用，這本身是否就是歷史的真實面貌呢？

　　「了解他人，才能更好地了解自己。」正如這一古語所說，比較、回顧100年前的中國、韓國、日本，也是反觀我們自己的好方法。

　　筆者在長期比較研究東亞歷史過程中，試圖在該書中以類似於MRI（核磁共振成像）的方法，對中日韓三國近代史中的重大事件、文化、藝術、社會、風俗、民眾的日常生活等方面進行切分，並以特寫鏡頭予以還原。

　　我希望在這本書中，能對我們曾經不太了解的，或者已經隨風而逝的歷史場面，進行再發現、再思考。通過這一過程，我們可以發現已逝的近代史的光明與黑暗，同時也能感受到溫和而又冰冷的近代史的體溫。

　　筆者所希冀的是，擺脫單一國家歷史的視角，並以多國的、多層次的視角，省察我們和我們周邊的歷史環境。

　　本書中文繁體版共分三冊，第一冊《文明・風物篇》、第二冊《人物・思想篇》、第三冊《政治・軍事篇》，由臺灣大地出版社出版。

1. 反觀東亞地圖

讓我們先展開世界地圖中的東亞地圖，然後將其倒過來加以觀察。

中國和韓國（朝鮮半島）、日本的方位的排列次序與原來恰好相反。

我們可以發現渤海、黃海、中國東海、日本海是大陸和列島的內海。尤其是日本海，雖然位於朝鮮半島和日本列島之間，但其作為過去曾與大陸連結的痕跡，看上去似乎很像一個湖泊。

還有一點也不容忽視。日本的地形絕不是一個以大海為界的、不同於大陸的「孤立無援的島嶼」。

我們會發現，所謂日本這個島國，事實上是將亞洲大陸廣闊的北方與南方連接起來的橋樑。不僅如此，日本還位於亞洲（東洋）的最西端（正視地圖時則位於最東端──也稱為極東），看上去像是介於西方北美大陸和亞洲大陸之間的巨大橋樑。

而問題也正是從這裡發生的。率先實現西方近代化的日本，並沒能起到很好的「文明橋樑」作用。這是近代最大的「惡之花」。

1868年明治維新以後，日本變身為西方式的近代國家，卻沒能形成「大海即是人類交流的舞台」這一理念，而是將「大海即為國境」這一錯誤理念植入國民意識深處，並由此做出了可怕的錯誤選擇：要想守住孤立無援的島國，就應該覬覦海外，佔領殖民地。

在世界中世紀史和近代史中，15-16世紀歷史的主人公，從大陸帝國轉變為海洋帝國。「統治海洋的國家，才能統治世界。」這正是經過大航海時代而走近我們的近代世界觀。以西方文明和技術掌握海洋控制權的近代世界殖民地統治原則，正是以西方為中心的海洋帝國最大的話題。

以英國為中心，法國、德國、義大利以及俄羅斯、美國等帝國主義國家橫跨海洋掠奪與強佔殖民地，便是當時世界「弱肉強食」的絕對原則。

1840年，在鴉片戰爭中受到強烈刺激的國家，事實上並非是大清

國，而是島國日本。

他們很快認識到，要想避免西方帝國的殖民地統治，最好的方法只有自己首先實施「強兵富國」、「文明開化」的政策。他們認為只有成為亞洲的「西方」，才會有活路。

只要比較東亞三國的開國樣態，我們就會得知日本這個國家對所謂「西方式的」是多麼敏感，並率先模仿西方的，以至於經常被西方嘲笑為「猿猴」。

鴉片戰爭以後，中國被以皇帝為中心的「天下觀」所俘獲，鼓吹孔孟的悠久文化傳統，反而受累於其自身文明的重壓，最終遭到近代化進程的唾棄，成為近代化進程的「落第生」。日本在鴉片戰爭中，比大清帝國感受到更加強烈的憂慮。日本於1853年，自從美國的佩里提督（Matthew Calbraith Perry，美國海軍將領，因率領黑船打開日本國門而聞名於世。）的「黑船事件」以後，靈活應對，僅僅用了15年時間，便於1868年成功地實現了西方式的改革、明治維新，確立了近代化國家地位。

朝鮮當時是什麼情況呢？1866年「丙寅洋擾」❶以後，日本於1875年9月入侵韓國江華島，釀成了「雲揚號事件」❷。最近發掘出來的史料表明，「雲揚號事件」純粹是日本受到佩里提督的啟發，而引發的一場

---

❶ 指西元1866年法蘭西帝國武裝侵入朝鮮王朝的歷史事件。這次戰爭的原因是朝鮮發生「丙寅邪獄」，殺死了9名法國籍天主教神父，引發了法國政府的強烈抗議，於是決定出兵「膺懲」朝鮮。戰爭主要在當年10月進行，法軍雖然成功登陸朝鮮江華島，但遭遇了朝鮮的頑強反抗後撤退。法國在撤退時掠奪了無數金銀、書籍而去，這些戰利品的歸還問題長期是韓法外交的一個爭論點。

❷ 又稱江華島事件，是指1875年日本「雲揚號」等3艘軍艦先後騷擾朝鮮釜山、江華島一帶的歷史事件。1875年5月，「雲揚號」等日本軍艦奉命入侵朝鮮釜山，進行炮擊騷擾；9月入侵江華島一帶並與當地朝鮮守軍發生衝突，以日本大獲全勝告終。「雲揚號事件」是朝日《江華條約》簽訂的導火索，最終迫使朝鮮打開了國門。

入侵朝鮮領土的挑釁。1876年2月，日韓簽訂了《日朝修好條規》。條規規定韓國必須開放釜山港以及另外兩個港口，是一個利於保護日本人的「通商往來」的不平等條約。從此，日本自居為「小西洋」，並站在類似西方帝國的立場上，君臨朝鮮。朝鮮在西洋和日本的雙重壓迫下，開始了「非自主」的國家命運。

「歷史是以時間和空間為軸，在超越了個人體驗的尺度上把握、解釋、說明、敍述人類生活。」考慮到這樣一種觀點，我們無論如何，也無法饒恕日本以中日韓三國的歷史性時間（發展速度），和歷史性空間（地理風土）的異質感為理由，標榜「脫亞入歐」，或在「大亞洲主義」理念下對亞洲採取的侵略。日本採取的殖民化，無論如何也不能被其殖民或侵略過的國家所接受，而只能成為他們被壓迫的源頭。儘管難以用道德標準評價歷史事件，但從人類常識上說，這一點在當事一方的被害者立場上看來，是絕對不可能稱為一種美德，或是值得稱讚的價值的。

日本對亞洲的侵略戰爭與統治一直持續到1940年代中期，並在演化為亞洲、太平洋戰爭時達到極致。日本所構築的跨越海洋、無視海洋的「大共榮圈」美夢，最後以它的慘敗而告終。

現在，不妨讓我們重新凝視這張地圖。地理就是心理，而心理便是人，而人亦即文化。另外，歷史正是由人類創造的文化所確定的。即使是哪一個國家力量擁有貿然行動的意志，但只要無視文化，無視地理，就終將以失敗告終。這是歷史的殘酷一面。

2. 近代中日韓之間的第一次文明衝突

令人遺憾的是，近代東亞三國的直接、近距離交鋒是以戰爭開始的。文明或者是文化之間的衝突，總是由戰爭來發揮其作用的。

　　從文明史角度看，戰爭是先於正義或不義的道德準則，並作為相異的文化交鋒、交流的代理人身分，成為歷史一大主題的。從嚴格的意義上講，近代中國（當時的大清帝國）和日本之間大規模的近距離交鋒，正是1894年發生的甲午戰爭。

　　戰爭的原因是什麼呢？不幸的是，其實質正是日本和大清帝國之間圍繞朝鮮半島的爭奪之戰。處於大陸和海洋縫隙中的民族，必須接受從大陸和海洋勢力兩個方向襲來的紛爭和文明之風。這或許是無法回避的命運。此外，在日本和大清帝國的後面，還有俄羅斯在虎視眈眈。

　　英國、德國、俄羅斯、法國正準備瓜分中國這塊大蛋糕。而日本也站在旁邊，伺機出手。我們從中能夠看出，由帝國主義的心性所充滿的19世紀末至20世紀初的世界秩序。

　　世界地緣政治學者喜歡將其統稱為「地緣政治學的宿命」，並以此來規定類似朝鮮的國家命運。最近以來，「地緣政治學」因其帶有西方中心主義色彩而廣受詬病，但英國的地理學家哈爾福德‧約翰‧麥金德（Halford John Mackinder，1861-1947，英國地理學家與地緣政治家。）於1904年始創的這一學說，卻是無法用觀念論或宿命論一概而論的政策科學之一。所謂地緣政治學，是將地球整體視為一個單位，即時捕捉其動向，並從中得出現行政策所需的方案。但無論如何，對紛紛嚷嚷的朝鮮而言，在「地緣政治學」背後，總會有「悲慘命運」這一貶義詞相隨。

　　19世紀末期，明治政府對朝鮮的基本政策，是希望朝鮮以一個完整的獨立國家身分，與其實現外交關係。這一點，被引申為公然否認一直以來作為朝鮮半島宗主國的大清王朝許可權之舉。

　　於是，日本在明治9年，即自1876年江華島條約（《日朝兩國修好條約》）以來，圍繞著朝鮮半島問題與大清帝國產生對立。在1890年第11次帝國會議中，當時的日本首相山縣有朋決定確保日本在朝鮮半島

的利益。緊隨其後，在6月，朝鮮半島發起了東學黨起義（19世紀下半葉在朝鮮發生的一次反對兩班貴族和日本等外國勢力的平民武裝起義運動，是中日甲午戰爭的導火索。）朝鮮政府向大清帝國發出協助壓制農民運動的邀請。在壓制了伊藤博文等漸進派的「慎重論」主張以後，日本政府激進勢力將大批陸軍派駐到朝鮮，以期在大清帝國和朝鮮之間達成某種平衡。

由於大清和日本兩國派兵進駐，東學黨起義被鎮壓。但兩國軍隊並沒有撤軍，而是繼續堅持在朝鮮駐軍。於是日本制定了擊退大清帝國軍隊的計畫，並於7月25日清晨，在忠島襲擊了北洋艦隊的一支軍隊。4天以後，日軍與在漢城南部布陣的清軍交戰。

從結果上看，大清帝國軍隊在海戰和陸戰中雙雙敗北，而日本獲得了第一場近代戰爭的勝利。中國方面對於這場戰爭的記述，我們通過教科書等資料有了一定的了解，所以對這一部分內容，在此予以略述。讓我們把目光轉向日本方面的戰爭樣貌。

在檢索日本方面相關文獻資料過程中，令我感到驚奇的是，大清帝國有為數眾多的國民還不知道自己的國家在跟日本交戰，也就是說，人們並不大關心這場戰爭。但日本舉國上下，卻一致贊成這場戰爭，聲援之波勢如破竹。不僅是日本當時的著名知識份子德富蘇峰❶，或三宅雪嶺❷，就連素以世界主義者聞名的內村鑑三（日本基督教思想家，無教會主義的宣導者。）等知識份子，也都通過《代表性的日本人》等著述讚揚中日甲午戰爭為「正義之戰」。其中最為著名的是明治時期啟蒙

❶ 本名德富豬一郎，日本著名的作家、記者、歷史學家和評論家，是日本右翼思想家典型，其思想是近代日本思想史的折射，當今日本右翼思潮和政界的思維與其思想一脈相承。

❷ 日本明治、大正、昭和時期評論家。1888年參加創建政教社，創辦《日本人》雜誌，宣揚國粹主義、批評歐化政策，指責政界、宗教界的腐敗。

家、頭像被印製在一萬日圓紙幣上的福澤諭吉❸立刻為此捐贈了一萬日圓。如果按市價計算，當時的一萬日圓，是相當於現在一億日圓的巨額資金。

尤其值得關注的是，日本在當時調動了報紙、雜誌、廣播等所有大眾傳媒資源，並把從軍記者、作家、畫家派到前線，每天以各種方式報導戰爭進展情況。根據當時日本的記錄，日本當時非常懼怕亞洲最大國家大清帝國，也在時時戒備北洋軍閥李鴻章，以及實力遠在其上的南方勢力張之洞。然而，張之洞好像隔岸觀火，只是一味袖手旁觀。很明顯，大清帝國的國家觀念非常薄弱，與此同時，民眾也缺乏愛國意識。

與此相對照的是，日本在這場戰爭中，人人以當事者心態介入其中。所有國民全都因戰爭而狂熱，變成直接或間接的戰爭參與者。無數民眾爭先恐後捐獻資金，而那些赤貧的年輕人則紛紛志願參軍。日本的報紙，在連篇累牘地報導戰爭英雄事蹟的同時，也充斥著國民捐錢捐物以戰爭為契機為國奉獻的相關報導。「日清戰爭」這一標題，使所有日本讀者為之發狂，而日本政府也以這種手段，實現了讓全日本社會通過新聞雜誌等傳媒認識世界的目的。新聞媒體的力量如此之大，同時也具有將民眾驅往同一價值觀的風險。而在這種背景之下，形成了大眾社會。

我們可以通過100年前大清帝國和日本之間，為了各自在朝鮮的利益而展開的這場戰爭，發現此類現象和問題。作為史無前例的近代戰爭，這場戰爭揭露出當時大清帝國國民的「非參與性」和國民國家的不完美性，以及國家意識的缺乏。而對於日本而言，則帶來了全社會範圍內的巨變。同時隨著「國民」這一前所未有的意識，催生了國民群體，

---

❸ 日本近代著名的啟蒙思想家、明治時期傑出的教育家。畢生從事著述和教育活動，形成了富有啟蒙意義的教育思想，對傳播西方資本主義文明，對日本資本主義的發展起到了巨大的推動作用，因而被日本稱為「日本近代教育之父」、「明治時期教育的偉大功臣」。

並在真正意義上變身為一個近代國家。

此外，這場戰爭也前所未有地動搖了東亞的國際秩序，同時也讓曾經君臨東亞之上的大清帝國的領導體系毀於一旦。我們可以用如下一句話歸納其原因：大清帝國沒能形成與日本相同的「國民性國家」的一體性。我們可以稱之為「近代」的近代史，實際上是由中日甲午戰爭為界形成的。這是前近代與近代的分水嶺。

1895年，由伊藤博文和李鴻章簽署的《馬關條約》規定，大清帝國出讓朝鮮宗主國地位，並向日本割讓臺灣，從此沒落為「半殖民地」。這對大清帝國而言，也是一個莫大的恥辱。於是，日本替代大清帝國，成為東亞的所謂「領導者」，並將從大清帝國手中掠奪的朝鮮玩弄於鼓掌，從此踏上肆意殖民、蹂躪朝鮮半島的道路。

大清帝國的有識之士，開始學習日本催生國民國家共同體意識的做法，並通過1911年的辛亥革命運動，推翻了清王朝的統治。中國在孫中山先生的帶領下，建立起國民國家性質的共和國。

3.「獨立門」是從何而來的獨立？

在韓國的首爾西大門區，地鐵三號線設有「獨立門」一站。由此站步行不遠，便可看到著名的獨立門超然地站在那裡。

可是，這頗有來歷的「獨立門」所謂的獨立，究竟是從何而來的呢？在韓國，有90%以上的國民認為，是擺脫了日本殖民統治的獨立。事實上，筆者在韓國遇到的知識份子、公務員、公司職員、學生等人當中，持有這種錯覺的人十有八九。我曾向在日本留學的韓國留學生和居住在中國的朝鮮族同胞提出過這一問題，其中絕大多數也持有相同看法。

仔細一想，這也是事出有因的。為什麼？因為在日本帝國主義長達

35年的漫長殖民統治之下，我們所能體驗到的情感，在遇到「獨立」
這個概念時，多半會將其理解為是擺脫了日本萬惡的殖民統治的「獨
立」。此外，在後殖民主義時代（Postcolonialism），對於作為殖民地
後裔生活於此的我們同胞而言，1945年8月15日，韓國從日本統治之下
的獨立解放，似乎也是比任何事都具有深遠意義的一件大事。這仍然可
以稱之為是一種「殖民地後遺症」。

　　那麼，這座象徵著獨立的「獨立門」，究竟意味著從何而來的獨立
呢？正確回答應該是：「從大清帝國統治之下獲得的獨立」。中日甲午
戰爭以後，清日雙方簽署的《馬關條約》第一條即是關於「朝鮮獨立」
的內容。內容如下：「中國確認朝鮮國為獨立自主國家，朝鮮對中國的
朝貢、奉獻、典禮永遠廢止。」這是日本與大清帝國開戰的理由，通過
這一條約，明文規定永遠廢止朝鮮與大清帝國的從屬關係，宣告朝鮮自
此成為一個「獨立自主的國家」。當然，日本在其中自有自己的算盤。
在這裡有一點值得我們加以關注：雖然在我們的記憶中已經變得模糊不
清，但直到進入19世紀，東亞國際秩序的基本構圖，仍然是中國與周
邊國家之間的朝貢與冊封關係。

　　大清帝國以中和思想為基礎，在誇示自己豐富文化和先進文明的同
時，持續向各民族和地區施加帝國的影響力。其中，在大唐盛世沒落期
的西元894年，菅原道真向大唐帝國提出終止向其繼續派遣遣唐使的要
求，以此為向大唐派遣遣唐使一事畫上了休止符。此後，過了13年，
大唐帝國於西元907年滅亡，又過了53年，大宋朝於西元960年建立了
統一王朝。可以說，日本是在恰當的時機，成功地擺脫了大陸中國的
權力範圍，並開始走上了「獨立自主」的道路。日本利用海洋這天然屏
障，成功地吸收了中華文明中的精華，並在吸收外來文明方面發揮出類
似於「過濾器」的作用。正因為日本很早就已經實現了作為一種文明的
獨立，因此日本在日後吸收西方文明的過程也變得更加容易。在這一點

上，日本和朝鮮之間存在著巨大的差距。

　　從地理上講，朝鮮處於與大陸鄰接的地理位置，因此也沒有任何屏障可言。朝鮮只能吸納中華文化，甚至吸納被大清帝國推翻的明王朝中和思想，並以「小中華」的身分，為自己能在東亞替代明王朝的中和而沾沾自喜。換句話說，朝鮮深深沉浸在中國影響力之中。最好的一個例子是，朝鮮甚至原封不動地吸納了中國的宦官、宮女、纏足、科舉等制度，並將其制度化。而日本卻過濾掉了這些糟粕。不管怎麼說，無論朝野，朝鮮對大清帝國表現出排斥反應的同時，又對此予以順應。這種屬國的歷史持續了數百年之久。

　　毛澤東於1939年在其所著的《中國革命和中國共產黨》一文中說道：「用戰爭打敗了中國以後，帝國主義列強不但佔領了中國周圍的許多原由中國保護的國家，而且搶去了或『租界』去了中國的部分領土。例如日本佔領了臺灣和澎湖列島，『租界』了旅順，英國佔領了香港，法國『租界』了廣州等。」毛澤東在文中言及了前近代東亞的慘敗，以及西方和日本搶奪了中華帝國的保護國這一事實。魯迅先生也在翻譯一本日本著作的譯者序言中，就被日本合併朝鮮一事，強調其為「原來是我們的所屬國。」

　　韓國就是這樣為了紀念迎來「永遠擺脫了大清帝國所屬國地位」的日子，而豎起獨立門的。獨立門高15公尺、寬12公尺，由花崗岩石塊構建而成，其設計借鑑了巴黎的凱旋門（高50公尺）。雖然高度不及凱旋門，但仍不失為是一座宣示威嚴的雄偉建築。獨立門的設計者是獨立運動家徐載弼（韓國近代史上著名的開化派政治家、思想家、獨立運動家，基督新教信徒。）這位當代韓國最著名的知識份子，同時也是獨立運動的創始人之一。1880年，在17歲的時候，徐載弼東渡日本留學，曾受教於福澤諭吉。回國後，他曾協助金玉均（1851-1894）領導「甲申政變」❶，政變失敗以後，徐載弼逃往日本，後亡命美國。在美滯留期

間，徐載弼用10年時間攻讀醫學，並獲得博士學位。在與美國女子結婚以後，徐載弼獲得了美國國籍。明成皇后被暗殺以後，隨著中日甲午戰爭，金弘集❷總理同時也在促進朝鮮革新運動，並於1896年1月將徐載弼召回朝鮮。雖然被委以外務大臣一職，但徐載弼並不貪戀高官厚祿，予以婉言謝絕。4月7日，徐載弼創刊韓文報紙《獨立新聞》，開始展開獨立運動。現在4月7日成為韓國的「新聞日」，就是起因於此的。7月2日，徐載弼與李承晚等人一起創立獨立協會，並活躍在獨立事業運動之中。

隨後，於1896年11月著手建立的便是在上面提到的獨立門。當時，用於迎接中國使節的「迎恩門」和用於表示崇慕中華的「慕華館」被建在漢城的主幹路上。但是，將這些建築拆毀，並在原址上建立獨立門的意義是深遠的。

可是反觀近代史，我們可以發現所謂「獨立」，不過是在日本帝國主義主導下的獨立而已。雖然獨立協會建立了「大韓帝國」，但由於韓國保守派的誣陷，獨立協會於1898年11月，被大韓帝國皇帝高宗（1852-1919年，李氏朝鮮的第26代君主，1897年朝鮮正式宣布脫離中國，建國號為大韓帝國。）下令取締，其骨幹人員也遭到逮捕。結果朝鮮從帝國內部放棄了自主的最後時機。於是在大清帝國勢力退出以後，給日本提供了巨大的機會。朝鮮的獨立自主，在排斥大清帝國的統治的同時，向日本傾斜了。

❶ 指1884年12月4日，農曆甲申年10月17日，朝鮮發生的一次流血政變。這次政變由以金玉均為首的開化黨主導，並有日本協助。政變的目的有兩個：一是脫離中國獨立，二是改革朝鮮內政。

❷ 1841-1896，朝鮮王朝後期政治家，屬於朝鮮開化派，行事穩健，思想開明，行政能力優秀，被譽為「救時之才」。從政早期親近中國，屬於「事大黨」；甲午中日戰爭後轉為親日派，在日本的扶植下組建內閣，主導近代化改革—甲午更張。1896年「俄館播遷」後被殺。

4. 中日甲午戰爭時期，朝鮮跟誰一夥

有一種「H」結構的說法。著名的國際政治學家路易士·黑利（Louis Halle）在其所著《作為歷史的戰爭》一書中，就朝鮮的歷史結構，提出了精彩的理論。路易士·黑利稱，東亞歷史是在圍繞著半島，在千百年來形成一種特異的歷史結構過程中展開，並形成一種「H」結構。

路易士·黑利把朝鮮半島比喻為介於字母「H」中間的那一條橫線。這條橫線總是在兩側縱線——中國的大陸勢力和日本的海洋勢力——之間左右搖擺。當這兩側勢力當中的某一方逐漸強盛，想要統治這個「H」的全部時，首先便會通過這條橫線，即朝鮮半島向外擴展。他認為這是一種歷史性的必然結構。

中日甲午戰爭便是大陸勢力和海洋勢力在朝鮮半島展開的一場衝突。雖說有不少知識份子對當時的大清帝國或日本加以批判或指責，但卻少有人了解朝鮮當時所採取的立場。那麼，成為「H」這個字母中那一條橫線的朝鮮，究竟是跟誰一夥呢？筆者之所以在此提出這一疑問，是因為通過「H」這一結構，看到了歷史的沉鬱面貌。

日本是在1894年8月1日向大清帝國宣戰的。12天以後的8月13日，當時的日本陸奧外相向大鳥公使指示：「跟朝鮮交涉，朝鮮要麼向大清帝國宣戰，要麼宣布與日本帝國成為同盟。」

日本非常希望朝鮮能夠和它保持同一立場。在日本看來，如果朝鮮採取中立做法，就容易招致他國的干涉，而日本政府就會喪失向朝鮮派兵的名分。事實上，與其說是希望，倒不如說是強迫更為恰當。

從當時的形勢上看，世界各國都認為在這場權力之爭遊戲中，強大的大清帝國一定會取得勝利。結果是島國日本大敗了大清帝國。

8月20日，「為了鞏固朝鮮國的自由獨立」，為了「振興兩國的貿易，緊密兩國的國交」，日本和朝鮮之間簽訂了所謂《日朝暫定合同條

款》。26日，又簽訂了《大日本大朝鮮兩國盟約》。由日本的大鳥公使和朝鮮外相金允植❶簽署的這份條約規定，「日本將出兵參與對大清帝國的攻防戰，而朝鮮將為日本提供後退及糧食準備等盡可能多的便利。」這是一份道道地地的攻守同盟，是一種使朝鮮站到日本立場上的計謀。

於是，日本在朝鮮可以隨意徵集人馬和軍糧，並從政府立場上，迫使朝鮮完全站在日本一方。當時拍攝的照片中，有朝鮮政府軍從軍日本軍隊，幫助日本軍隊監視大清帝國俘虜的場面。我們可以看到朝鮮政府軍個個表情莊嚴，而與此形成對照的是，清兵嚇得瑟瑟發抖、愁容滿面的表情。

還有尚未被人們廣為了解的文獻資料。英軍從軍記者兼畫家飛利浦在1895年3月9日英國的《graphic》雜誌上發表的文章稱：「大清國對無力而又不幸的朝鮮人採取的可謂是一種高壓政策。他們威脅朝鮮人，好像他們就是征服國的居民。尤其是在中日甲午戰爭初期，他們還實施了慘無人道的強姦和掠奪。」飛利浦在這篇報導文章中配上了拍攝的照片，以提供更為詳實的證據。照片生動地展現了大清帝國軍隊士兵在大肆槍殺朝鮮人、搶奪朝鮮人的耕牛歷史場面。

當時，大清帝國軍隊的參謀部門在組織等各方面十分落後，他們命令士兵在朝鮮當地，向朝鮮居民自行調度軍糧等軍事物資。於是，對此加以反抗的朝鮮人當場就被槍殺了。

1910年，朝鮮著名文人黃玹（1855-1910，字雲卿，號梅泉，朝鮮近代史上著名的詩人、文學家、愛國者。）聽聞「日韓併合」的消息後，自殺殉國。他在遺著《梅泉野錄》中這樣記述道：「清兵姦淫掠奪，每天索要賄賂。無論公廳還是民家，都陷入莫大困境，紛紛將其視

---

❶ 1835-1922，朝鮮近代史政治家、思想家、文學家。從政早期親近中國，是「事大黨」的領袖。甲午中日戰爭以後立場轉變，逐漸親日。

為仇人。清軍在平壤被包圍時，甚至有人傾家蕩產為日本兵做嚮導。在清軍戰敗潰逃之際，百姓紛紛指認他們的藏身之所，因此少有人逃出包圍圈。

這場戰爭展開之際，日本軍隊都是從本國自帶軍需品，甚至連柴炭也都是從日本運輸而來。日軍所到之處，連飲用水也都是用錢購買的。日軍的軍紀如此嚴肅，所以朝鮮人幾乎都沒覺得他們是士兵。因此，朝鮮人樂於給他們做嚮導。」

上述內容很好地反應了清軍和日軍的優劣比較。當時的朝鮮百姓無關乎政府的條約或盟約，對清軍產生了失望，自然對秩序井然的日軍產生好感，並自發地站在了他們這一邊。

5. 從下關到釜山

下關在中日韓三國近代史上是一個無法被忽視的地名。

中日甲午戰爭爆發以後，於1895年簽訂的《馬關條約》便是在被稱為馬關的下關市春帆樓簽署的。由於這一條約的簽署，清政府不得不向日本割讓臺灣和澎湖列島，並向日本賠償白銀2億兩。與此同時，開放重慶、蘇州、杭州，中國逐漸沒落為日本殖民地。

不止是這些。下關港作為殖民地朝鮮與其宗主國日本之間網路上的起點，具有重大的戰略意義。在韓國統監部成立的1905年9月，連接下關和釜山的官府聯絡船正式起航。殖民地時期的數百萬日本人和韓國人，便是通過這條航道，來往於日韓兩國的。

據說，在當時乘坐官府營運的船隻首次抵達下關的朝鮮人聽來，下關這個地名的發音就好像是句罵人的話一樣。因此至今為止，生活在下關的朝鮮同胞，只要一提起朝鮮時期先祖們的類似故事，就會止不住笑

出聲來。

有一股海流流經日本本土（本州）和日本最大的島嶼九州之間狹窄的關門海峽。下關便位於這海峽北岸。這股海流到達的北端， 便是對馬島和濟州島。

在濟州島，有記錄表明，一直到近代日語仍然是一種通用語。曾經以朝鮮語翻譯身分，滯留於對馬島的日本人松原新右衛門，於1723年在他的朝鮮印象記中提到，「朝鮮沒有糖。朝鮮還在使用支那的年號。在朝鮮，如果有小孩子淘氣，只要對他喊一聲『倭寇來了』，就會立刻讓他驚慌失措。」這說明豐臣秀吉在朝鮮戰爭中經歷的恐怖，依然多有保留。

松原新右衛門繼續寫道，「在濟州島，居民大體上在使用日本語，也彼此傳唱日語歌曲。」由這些記述內容推測，朝鮮和日本在歷史上的交往相當頻繁，相互之間也有著密切的影響關係。當然，當時還沒有形成領海的概念，而島嶼統治權作為近代意義上的領土主權，尚未確立起來。

下關所屬的山口地區，自古以來就被人們稱為長州。而長州和朝鮮半島，有著悠久的歷史淵源。

中日甲午戰爭爆發以後，以日本全權公使身分駐在朝鮮的三浦梧樓（暗殺明成皇后的主謀），便是高杉晉作騎兵隊出身。他正是山口縣人。

不僅是第一任韓國統監伊藤博文，就連第二任統監曾彌荒助、近代日軍創始人之一（繼伊藤之後就任總理大臣）的山縣有朋等也都是山口縣人。

此外，對戰後日韓關係正常化給予關注的日本總理岸信介和佐藤榮作兄弟也都是長州出身的著名人物。

在近現代日本的總理大臣當中，出身於山口地區的人達9位之多。相傳這一地區的人有一種與生俱來的領導氣質，同時也在某些方面帶有朝鮮人的性格特徵。

　　提出征服、征伐韓國的「征韓論」的政治家和軍人幾乎都是長州（山口）出身。西鄉隆盛是提出的征韓論的第一人，而這一論調實際上是長州的木戶孝允最早提出的。此外，致力於吞併韓國的則有井上馨、三浦梧樓、桂太郎、寺內正毅、兒玉源太郎、長谷川好道等一長串名單。

　　但是，在這裡，我們無法忽略一個重要的人物。他就是經常出現於下關的坂本龍馬。坂本龍馬作為「明治維新頭等功臣」，至今還在日本擁有至高無上的人氣。

　　長州人擁有非凡的智謀，因此經常被人們比喻為狐狸；而薩摩人則長於戰略，因此常被喻為獵子；土佐人則具有旺盛的活動能力，因此常被形容為好鬥的狗。坂本龍馬作為出身於土佐的政治家，集狐狸與獵子的特點於一身，也正是他把長州和薩摩連接起來。

　　日本的大眾小說家司馬遼太郎在作品中稱讚其為「改變日本百年歷史的英雄」。1866年，司馬遼太郎促成了長州與薩摩地區的聯盟，以此做好了1868年明治維新的準備工作。

　　明治維新獲得成功以後，日本倉促進入近代化階段，於是便將早已提出的「征韓論」改頭換面，以「保護國」的名義，將朝鮮半島和大清（透過甲午戰爭）掌握在他們手中。

　　朝鮮第一任統監伊藤博文之所以懷著有別於他人的感情，試圖將朝鮮打造成一個近代化國家，其中表現出來的野心也絕非是一種偶然的巧合。

　　「征韓論」的發祥地並非是東京，也不是橫濱，而是位於日本西部隔海相望的長州和九州。這一點是絕不容忽視的。

　　從下關起航，到達釜山的日本殖民地統治，通過官府營運的船隻，不停地在釜山和下關之間形成一個網路。

　　世界近代戰爭，以及殖民地侵略征服的譜系，往往都是從海上的港口開始的。從下關港到釜山港，再到朝鮮八道，日本帝國主義的野心在

朝鮮半島四處招搖，後來終於在中國大連登陸。實際上，大連曾是為日本帝國主義統治的滿洲殖民地公開的窗口。

6. 擊斃伊藤博文：二重狙擊說

近10年以來，筆者在日本著手研究安重根思想的過程中，接觸了大量的資料和文獻。其間遇到的問題之一便是關於擊斃伊藤博文的「二重狙擊說」。即在哈爾濱槍擊伊藤博文的人，除了安重根以外，還有第三者。

當然，筆者在讀小學時，從一位自稱曾在東北當過馬匪的90多歲老人口裡聽到過類似的說法。他說「暗殺伊藤博文的人，除了安重根以外，還有別人。」但這是大人之間的酒後之言，因此對當時年幼的我來說，並沒有引起多大興趣。筆者之所以在30多年以後，重新想起這位老人的話，是因為在日本遭遇了「二重狙擊說」，喚起了我遙遠的回憶。

流行於日本社會的「二重狙擊說」的發源地究竟是在哪裡呢？筆者研究的結果，最早提出「二重狙擊說」的人是伊藤博文的親信──身兼官員和實業家的實田義文。1938年，由實田義文在生前口述的《實田義文翁談》出版。直到伊藤博文被擊斃的1909年10月26日以前，實田義文一直是在伊藤博文身邊的。因此，由他口述的回憶錄，在日本社會傳播「二重狙擊說」起到了決定性的作用。從書中的內容看，「二重狙擊說」的實質，實際上是「反安重根擊斃說」。

實田義文這樣說道：「實際上，擊斃伊藤博文的人並非是這個矮個子的男人，而是從位於驛舍二層餐廳用法國騎兵步槍以傾斜角度射出來的。這才是擊斃伊藤博文的真正『元凶』。」實田義文提出的證據是：①伊藤博文是被法國卡賓槍（騎兵步槍）擊中的；②子彈射入的角度為右上方，是由上而下射出的；③伊藤博文的三處槍傷都是由卡賓槍子彈

造成的。實田義文這樣堅持己見：「此外，這三發子彈都是從二層發出的，斷然不是用他從俄羅斯高級軍官手裡奪過來的手槍射出的。尤其是這個矮個子男人（安重根）拿的明明是手槍，可擊斃伊藤博文的子彈卻是法國的卡賓槍子彈。」實田義文一生都沒有改變自己的看法。據說，他生前還時常對自己的孫女提起這件事。

1909年11月20日，實田義文對下關裁判所的監事田村光榮提供證言時，指著他出示的安重根的照片信誓旦旦地說道：「我認定就是這個男人從俄羅斯軍隊中間向前跨出一步，舉起手槍瞄準我（實田義文）發射了子彈。」他繼續陳述道，「狙擊伊藤公爵的人不是照片上的人（安重根），我認為是別人所為。」

當時，身為隨行醫生的主治醫生小山向法庭提交的驗屍報告，雖然和實田義文的證詞相吻合，但是小山堅持認為，射擊角度並非是實田義文所說的由上而下的傾斜角度，而是水平角度。

實田義文的證言，在此後引發了日俄關係的惡化，並導致確認凶手的長期化和複雜化。以此為由，海軍隊長山本權兵衛（此後於1913年-1914年任日本首相）下達了封口令。從此，實田義文的「二重狙擊說」逐漸淡出人們的視野。

此後，1906年，山口縣立醫科大學法醫學研究者木村孝子、曾本寬二人，認真分析了陳列於山口縣裡博物館內、伊藤博文被擊斃時穿在身上的內衣上的彈痕、血跡等異物，並據此發表了論文。論文提出了這樣一種帶有暗示性的結果：第一、第二顆子彈的射擊者，與第三顆子彈的射擊者並不相同。但在「更有力的證據呢？」的質疑下，並未能提出更準確地回答。

1966年，《工學院研究論總》第五期發表了平川紀一教授題為《圍繞伊藤博文遭暗殺的事實》的論文。論文的結論基本上與實田義文的主張一致，即「由上而下射出的子彈擊中了伊藤博文。」在文中，平川紀一雖然

極力證明實田義文證言的真實性，但並沒能提供更多有力的物證。

進入西元2000年以後，關於「伊藤博文和安重根」的研究陸續公開。這些研究的特點在於，「誰才是真正的凶手」。在這裡，不妨向大家介紹一下其中最具代表性的四種著作：國際日本文化研究中心教授上垣外憲一的《暗殺・伊藤博文》（2000）、非虛構題材作家大野芳的長篇紀實《伊藤博文暗殺事件──消失在黑暗中的真凶》（2003）、日韓關係研究學者海野福壽教授的《伊藤博文與韓國併合》（2004）以及東京大學教授伊藤之雄的《伊藤博文──造就近代日本的男子漢》（2009）。

關於擊斃伊藤博文的「元凶」，這些著作是這樣推測的。

①日本國內軍部和右翼勢力

在朝鮮殖民地政策上，與作為漸進派的伊藤博文彼此對立的山縣有朋、桂太郎、寺內正毅、後藤象二郎等人在幕後操縱，並動員日本軍部，在哈爾濱火車站二層餐廳實施了槍擊。

②受日本軍部和右翼浪人私下委託，俄羅斯西伯利亞海事省（the Maritime Province of Siberia）及滿洲（東北）結成了朝鮮人抗日別動隊，並以集體形式實施了槍殺。

③安重根屬於這一別動隊成員的可能性極高，實際上也以狙擊者身分出現在哈爾濱火車站事發現場，因此他的「犯行」說依然成立。

其中，「安重根+他的同志說」，或「別動隊說」作為對伊藤博文被擊斃事件的推測，提供了較為有趣的假設。「真凶隨著安重根的成功逃之夭夭了。」這是當時的朝鮮統監曾彌荒助向首相發送的電報文。從中我們可以嗅到濃厚的「犯人復仇說」的味道。曾彌荒助認為，當時共有25位抗日革命者被列入逮捕黑名單，而擊斃伊藤博文並非是安重根個人的單獨行為，而是作為復仇成員之一的、有計劃的行動。最近，延邊朝鮮族專欄作家李光仁在他的《安重根研究的空白區》中，也提到了

「安重根同志說」。在這一點上，他的觀點與曾彌荒助比較一致。

安重根在行刺現場被逮捕，隨後被押往旅順監獄，最終在那裡被施以絞刑。從遭到逮捕之日起，直到以身殉國的5個月期間，安重根一直在義正詞嚴地批判伊藤博文，並將自己的刺殺行動視為正義之舉。在此期間，安重根所表現出來的浩然正氣，也令諸多日本人歎為觀止。

東京國際韓國研究院院長崔書勉先生認為，「實田義文說不過是毫無根據的捏造」。但是，筆者認為，歷史真相未必有那麼簡單，以至於我們可以簡單地予以否定。

筆者認為，「二重狙擊說」的謎語，至少為我們提供了一個思考的空間。其意義也正在於此。因為我確信：在那寒冷的哈爾濱火車站，安重根的身後，一定還存在他的抗日同志們的協作，一定還有一股值得我們為之感到欣慰的民族團結的力量。此外，在大多數日本人當中，圍繞著統治朝鮮一事，也存在各種尖銳的矛盾——這在我看來，至少也是一種收穫。

7. 安重根的義舉，擊斃伊藤博文早被預言

1909年8月，距離安重根在哈爾濱擊斃伊藤博文還剩下2個月時間。於6月14日就任韓國統監一職的伊藤博文，當選為樞密院長。從8月1日開始，伊藤博文帶領韓國皇太子李垠巡迴日本東北、北海道等地。這是為了向日本國民和韓國國民宣示：日本在為開闊李垠的視野努力，同時也對他給予足夠的重視。

結束視察札幌當天，伊藤博文把李垠交給隨行人員，獨自去訪問札幌市的高島農場。因為在此之前，高島嘉右衛門方面再三請求，既然已經來到了北海道，就希望他一定順路拜訪一下高島農場。

　　高島嘉右衛門既是一個日本近代著名的實業家，同時也是一個聲名赫赫的易學專家。高島嘉右衛門曾在明治維新時期，用他首創的「高島易斷」，為日本定國占卜。他曾負責為日本近代史上重大事件，如中日甲午戰爭、日俄戰爭等決定明治日本國運的重要事項（定國、戰局）的發展占卜，並負責詳細記錄和對外公布。關於他的占卜的準確率，當時的日本人曾一致認為「毫釐不差。」

　　可是，不巧的是，那天高島嘉右衛門剛好外出。於是伊藤博文便讓負責人細野帶著他在農場轉了一圈，然後就回到了住處。那天，伊藤博文作了這樣一首七言絕句：

> 蹇蹇匪躬奚念歸？滿天風露濕征衣。
> 秋宵石狩山頭夢，尚向黑龍江上飛。

　　回到北海道以後，伊藤博文於10月12日再次訪問正在大崗別墅的高島嘉右衛門。因為高島嘉右衛門一再請求，在前往滿洲之前，一定請他與自己見上一面。見到伊藤博文以後，高島嘉右衛門直奔主題，希望伊藤博文終止這次滿洲之行。心思敏捷的伊藤博文，立刻從高島嘉右衛門的話中感覺到這次的滿洲之行可能是凶多吉少。

　　伊藤博文強按住自己內心的不安，向高島嘉右衛門詢問這次占卜的具體卦象。高島嘉右衛門和伊藤博文之間是親家關係（*伊藤博文的兒子伊藤博邦娶了高島嘉右衛門的女兒*），除此而外，兩人也是平生至交。於是，高島嘉右衛門知無不言，如實相告。

　　「占卜結果為『艮為山』三字。」這一卦象顯示，「上下敵應，不相與也。自古以來，就有『千萬不要對艮時抱有希望』的說法。」詳加解釋的話便是：儘管伊藤博文口口聲聲把韓國的自主獨立掛在嘴邊，韓國只會與之反抗，而斷無和平相處之理。另外，雖然自行終止會有好的

結果，但硬往前走，便意味著失敗和死亡。

高島嘉右衛門直言，卦象顯示，伊藤博文此行有生死之憂。沒想到，高島嘉右衛門此言竟一語成讖。這一卦中的艮，似乎也在暗示著安重根的「根」。

據說，那天伊藤博文告別高島嘉右衛門的時候，在眾目睽睽之下，一邊流著淚，一邊緊緊握住高島嘉右衛門的手相對無語。想必高島嘉右衛門一定是知道了這是他們二人的訣別。

日本外相小松綠在他的《春畝公和含雪公》一書中這樣回憶道：「作為外交問題的最高負責人，不可能因為一個卦象中止外交訪問。」伊藤博文說罷，毅然前往滿洲。書中的「春畝」為伊藤博文的號。

或許，伊藤博文在前往滿洲的時候已經覺悟到自己的死亡了。據伊藤博文的親信秘書官古谷久綱回憶說，伊藤博文本想在滿洲處理完政務，於幾個月後到達北京。對韓國而言，伊藤博文無異於是一個「敵將」。但在日本人看來，他卻是一個徹底履行了自己使命的政治家。

小松綠在回憶錄中認為，伊藤博文似乎沒有百分之百相信高島嘉右衛門的占卜，他是一位忠實的政治家，一直都是把自己的處事原則放在第一位。

伊藤博文的親信證實說，伊藤博文把自己的宅邸命名為「滄浪閣」。意思是，希望自己能夠在萬頃碧波當中劈波斬浪，勇往直前。在居住於滄浪閣期間，伊藤博文一向都很擔心哪一天會遭到暗殺，因此從不在自己的床上就寢，而是躲在床下。可是，伊藤博文如此擔心遭到暗殺，最終還是在哈爾濱被安重根擊斃。這不能不說是一個諷刺。

令人驚奇的是，1909年9月15日，由美國韓裔人士發行的《新韓日報》刊載了似乎是在預言「安重根的義舉」的時事漫畫。

畫面中，一位朝鮮人身穿一件繪有三千里江山的衣服，頭頂一把形似太極旗的手槍，手中高舉著刻有天道和公法字樣的十字架；對面站著一位

面似太陽的日本人,而他的手中握有象徵著法律和武力的拐杖和鐵錘。

日本人說:「越吃越好吃!連殘羹剩飯都不能留下!」而朝鮮人一邊喊著「給你!一二三四!」同時射出了四顆子彈。這幅漫畫似乎以擬人化的手法,生動地預言了安重根擊斃伊藤博文的場面。

在這幅漫畫中,那位朝鮮人似乎就是安重根的化身,而面似太陽的日本人似乎正是伊藤博文。作為對日本帝國主義以保護朝鮮的名義行施殖民統治予以警告的漫畫,它似乎形象地預言了安重根擊斃伊藤博文這一重大歷史事件。

1909年,在美國三藩市,韓裔獨立運動團體國民會議機關報《新韓日報》在異國他鄉對日本展開了自由批判。據說後來,在俄羅斯西伯利亞海事省(the Maritime Province of Siberia)和大清國也都有人訂閱。

事實上,這幅漫畫刊發以後過了一個多月,伊藤博文便在哈爾濱火車站被安重根擊斃,結束了他波瀾壯闊的一生。其實,安重根那年也極有可能讀到了那份《新韓日報》。

8. 日俄戰爭的背後

1904年2月至1909年5月,日俄之間展開激烈戰爭。對於這場日俄戰爭的評價,有人視其為「侵略」,有人視其為「自衛」,也有人認為這是一場帝國主義時代的帝國主義戰爭。根據評論者的立場和出發點的不同,對這場戰爭的評價也呈現出不同的性質。

韓國方面對這場戰爭的描述是:「隨著這兩個國家之間展開的戰爭,韓國成為被爭奪的對象成為了戰場,最終成為日本的殖民地。這是一場把韓國推向被殖民國家,並使其變成日本屬國的戰爭。」(崔文衡)而在中國方面看來,「日俄戰爭作為日本侵略大陸的踏板,在中國

領土上展開了戰爭」（《中國歷史》教科書）。可是日本方面卻認為，「作為一場自衛戰爭，具有世界性的歷史意義」。不過在日本，也有人持有不同意見，傾向於認同中韓兩國的觀點。

　　如果超越單純的感情和立場，從一個更為廣闊的世界視角出發去觀察這場戰爭，我們將有新的發現。日俄戰爭的直接原因，是俄羅斯和日本為了爭奪他們在朝鮮和中國東北的利益而進行的角逐。此外，我們也不能忽視歐美列強也介入了這場戰爭的事實。韓國漢陽大學名譽教授崔文衡先生曾指出：「與日本獲得美英的支持相反，俄羅斯則以法國、德國作為其背後勢力。美英希望在亞洲支持日本，透過使日俄之間形成一種平衡，維持滿洲的門戶開放。德國在透過支持俄羅斯進入滿洲，想在歐洲孤立法國；而法國則與此相反，希望俄羅斯捲入亞洲戰爭，以阻止其喪失作為同盟國的功能。」（《從國際慣例上看日俄戰爭及日本併合韓國》）

　　1900年，參與鎮壓義和團運動的俄羅斯並沒有退兵，而是將軍隊直接駐紮在中國東北。於是，一直在向朝鮮半島施壓，希望在朝鮮半島保持優勢地位的日本，與俄羅斯之間的關係急劇惡化。

　　在日本國內，對局勢的態度分成兩極：一部分人認為，應該與強敵俄羅斯協作，做出妥協；另一部分主戰論者則主張通過正面衝突，與俄羅斯一較高下。最終，主戰論者獲得了優勢。1902年，桂（太郎）內閣無視伊藤博文等元老的妥協論，結成了「日英同盟」。對俄羅斯在滿洲南進態勢保持警惕的英國，在幕後推波助瀾，策動日本與俄羅斯對戰。

　　當時，日本無論是在國力還是戰鬥力方面，都無法與俄羅斯直接對抗。而日本之所以做出與俄羅斯一決勝負的決定，是因為日本產生了這樣的危機意識：一旦俄羅斯佔領了朝鮮，日本也將緊隨其後，受到俄羅斯的威脅從而喪失獨立。

　　日俄戰爭，是一場19、20世紀兩國戰爭史規模最大的戰爭。戰爭從海戰開始，日本艦隊在仁川海域擊敗了俄羅斯的太平洋艦隊，並在

黃海戰役中也獲得了勝利。在最大規模的攻防戰——旅順戰役中，日本軍隊在乃木希典的率領下，付出「屍橫遍野」的代價，終於攻陷了旅順陣地。此外，有25萬日軍和37萬俄羅斯軍隊參加戰爭史上最大規模的——奉天會戰，在20天激烈的攻防作戰過後，以日本的勝利而告終。在最後的海戰中，由東鄉平八郎率領的聯合艦隊，在對馬島海域，擊沉了俄羅斯最強大的波羅的海艦隊，取得了以弱勝強的勝利。

　　當時，俄羅斯與日本的總兵力比差距懸殊，俄羅斯佔據著絕對的優勢。一些戰爭論家認為，日本之所以能在戰力差距如此懸殊的情況下戰勝俄羅斯，是因為日本發揮了他們的「戰略、謀略和勇氣」。

9. 日俄戰爭期間向日本提供協助的清政府

　　日俄戰爭和中日甲午戰爭一樣，是百年前將中國和朝鮮半島變成戰場的、帝國主義時代的代理戰爭。在日本背後，有向其提供財政支持的英國和美國，而俄羅斯背後則有德國和法國向其提供後援。

　　2005年，俄羅斯學者盧克伊亞諾夫在國際學術會議上發表了他的研究論文：「從當時史料上看，依然回避立憲君主制的帝政俄羅斯，比日本更加積極投入了作戰狀態。在矛盾升級初期，日本反而希望避免戰爭，並圖謀達成協助關係。」但是，在俄羅斯猖狂的挑釁下，日本最終滑向了主戰立場。尤其是在英、美、德、法背後勢力的推動下，戰爭終於在1904年2月8日爆發。

　　但是，清政府又是採取了哪種立場的呢？憑心而論，戰爭即將在「自己的家門口展開」，清政府卻於2月12日宣布「國外中立」，甚至宣稱「彼此都是友邦」。

　　隨著兩國戰爭在大連、旅順、奉天（瀋陽）激烈展開，無數清朝國

民被迫捲入戰火，蒙受了意外的災難。

但是，令人不可思議的是清政府對此毫不介意，而處於任其發展的狀態。當時，在大清內部的政治力量，以立憲派、革命派及清王朝三方為主角，在政治舞台上為了各自的目標展開激烈的搏鬥。

日俄戰爭極大地刺激了當時還處於起步階段的立憲運動。從1905年開始，大清國內部的立憲運動，因逃亡在日本的立憲派發起的輿論宣傳而變得越發聲勢浩大。

1904年戰爭剛剛爆發時，大清國內部這三股勢力更關心的是，在這場戰爭中誰將獲得最終勝利，並時時預測戰況，密切關注其結果將對大清朝招致什麼影響。

力量薄弱的立憲派認為，「這場戰爭的結果將改變國民思想，有利於進行政治改革。」因此更加關注這場戰爭。

大清立憲派預測，君主立憲制的日本一定能戰勝君主獨裁制的俄羅斯。與其說這是一種預測，還不如說是一種迫切的期待更為準確。

在戰爭爆發3天以後，立憲派輿論陣地《中外日報》即刻發表了社論。「迄今為止，白種人憑藉近代化欺壓黃種人。在非白種人世界，殖民地國家系統將決定其勝敗。」

立憲派知識份子還這樣直言道：「專制還是立憲，這是中國最大的問題。如果俄羅斯戰勝而日本戰敗，那麼這只是我們政府所希望的。政府認為中國之所以貧弱，並非是由於憲政不得立，而在於專制不夠完善。」

立憲派就是這樣祈禱日本戰勝的。但清王朝和保守派卻是盼著俄羅斯獲勝的。（雷頤《歷史的縫隙》）

但是，仔細觀察大清的行為，其中有些地方是令人不可思議的。在中日甲午戰爭爆發以來，一直支持俄羅斯的大清政府，卻在戰爭中途突然發生了變動。

　　東京大學教授、歷史學家加藤陽子，和現為北海道大學斯拉夫研究所的歷史學家大衛・伍爾夫教授的研究，揭示出一系列不為人知的事實真相：

　　清政府認為，「俄羅斯給予一定的資金支援雖然是一件好事，但如果僅僅依靠俄羅斯，就容易被奪去國家。」於是，清政府同意日本開放滿洲的主張，並認為與比俄羅斯弱小的日本協作，開放滿洲更有利於大清。從此開始與日本走近。

　　正如我們在前面所看到的那樣，大清政府雖然在初期發表了中立宣言，但卻在日軍和俄羅斯軍隊作戰之際向日本提供了資金支援。清朝地方官員也向日軍捐助資金。袁世凱也向日軍捐贈了白銀一萬兩。更為有趣的是，清朝在戰場上對日軍所提供的協作。

　　眾所周知，當時的戰場顯然就是滿洲。戰爭在除了朝鮮以外，旅順、大連、錦州、奉天、鐵嶺、昌圖等萬里長城北側的東北地區展開。

　　在滿洲地區展開的諜報戰中，日軍獲得了壓倒性的優勢。原因就在於表面上保持中立，卻在暗地裡積極配合日軍的清政府地方官吏以及對地區地理現狀瞭若指掌的當地人（主要是農民）。雖說當時的農民多為文盲，但他們卻對俄軍有多少馬匹、軍隊的番號等還是一清二楚的。據說，日軍就是透過這些農民，準確掌握俄軍的資訊，比如布置在鐵路沿線的俄軍具體情況。

　　專家們推測，大清農民這種單純的諜報支援，使日本在軍事力量明顯處於劣勢的情況下，擊敗了強大的俄羅斯。

　　戰爭勝利以後，《朴資茅斯條約》的簽署，意味著清政府向除了俄羅斯以外的所有帝國主義開放了滿洲；而日本將其直接與對朝鮮的「殖民化」聯繫在一起。

　　此外，日本的勝利，也是對一度在大清處於劣勢的立憲革命的極大鼓舞。立憲派為此歡呼雀躍，孫中山、黃興等人也以此為契機，於

1905年8月創建了「同盟會」。隨後，清王朝的被動改革，如科舉制度的廢止等改革相繼發生。

10. 100年前日本的社會主義運動

在日俄戰爭爆發期間，「主戰論」、「征伐俄羅斯論」像疾風怒濤一樣盛行於日本的時候，日本社會也存在正面反對的「反戰論」和「非戰論者」。

在經歷中日甲午戰爭過程中，日本的「國民國家」逐漸形成，而日本的報紙、媒體等新聞出版業也隨之成熟。

當時除了《讀賣新聞》、《朝日新聞》以外，非常著名的報紙還有創刊於1829年1月的《萬朝報》。以這些新聞媒體為中心，日本展開了號召社會正義的重要論戰。

從1902年到1903年，在日俄關係越發緊張之際，社會主義思想家幸德秋水、堺利彥、基督教信徒兼思想家內村鑑三等人，通過《萬朝報》發表他們反對戰爭的反戰、非戰言論。

在青年時期，幸德秋水（1871-1911）在向著名思想家、自由民權運動家中江兆民學習自由、平等、博愛精神過程中，始終保持著對明治官僚國家權力的批評，並以實現社會主義為自己人生目標。

退出《萬朝報》以後，幸德秋水於1903年10月組建了平民社，在宣揚平民主義、社會主義的同時，繼續向日本民眾發表他的反戰論、非暴力思想。11月5日創刊的《平民新聞》，平均每期發行4000份。日本正式的反戰運動一大特色，便是以社會主義思想為基礎展開的。幸德秋水以他提倡的人道主義、平等主義和博愛思想，將軍國主義置於案板上加以批判，展開他卓有成效的反戰鬥爭。

　　我們回過頭來，首先考察一下日本的社會主義運動、思想的歷史及其淵源。日本的社會主義工人運動，是高野房太郎經歷了美國的工人運動以後，於1897年4月初次在東京進行有關工會的演講為起點的。此之前一個月，日本社會主義運動先驅片山潛，和高野房太郎一起，創立了「勞動組合期成會」，並於1901年與幸德秋水一起，組建了日本最初的社會主義政黨——社會民主黨。這比中國共產黨的誕生，整整提前了20年。

　　幸德秋水在1904年月17日出版的《平民新聞》「非戰論特輯」中發表文章，表明自己「自始至終否定戰爭」的立場。1904年12月8日，他又發表文章稱，「非戰論絕不會停止」，以持續譴責、批判戰爭。

　　此後，1905年月，《平民新聞》遭到禁止發行的處罰，被迫停刊。在日俄戰爭過程中，幸德秋水與酒井雄三郎、內村鑑三等人一起，率先展開反戰和平運動，但我們也應關注他們的言行是以社會主義思想為基礎的。

　　1904年3月，幸德秋水在《平民新聞》上發表了題為《致俄羅斯社會黨》的文章。在文中，幸德秋水懇切呼籲，「諸君與我們是同志，是革命兄弟。我們之間斷然沒有開戰的道理。」

　　俄羅斯社會民主工黨，馬爾托夫派所屬的機關報《無產者報》，從反對俄羅斯用兵滿洲、日本統治朝鮮的立場上出發，宣導「和平萬歲」，並介紹了幸德秋水的上述文章。此後，列寧在將俄羅斯革命引向成功以後，一邊譴責軍國主義和帝國主義，一邊總結說，日俄之間已沒必要繼續爭鬥。（列寧《專制與無產階級》）

11. 「南滿洲鐵道株式會社」的實質

　　日本人是為什麼大舉侵略、進入滿洲的呢？日本人又是為什麼設立

了日本的殖民國「滿洲國」的呢？

　　由於日本在日俄戰爭中獲勝，滿洲被視為日本的「特殊地區和權益」。如果日本在戰爭中失敗，滿洲地區當然會落入俄羅斯之手。1905年9月5日，日俄雙方在美國經過了長達25天的談判後，簽訂了《朴資茅斯條約》，正式結束了在中國土地上進行的日俄戰爭。從此，日本開始它在長春以南的南滿的經營。日俄戰爭以後，日本按照俄羅斯曾經的做法，繼續行施滿洲佔領地的行政職責，並設置了關東總督府，對關東州和駐軍以及民政進行統一管理。但在1906年，西園寺首相上台以後，撤銷了軍部統治，並在伊藤博文的建議下，於當年8月撤銷了總督府，隨後在旅順設立關東都督府。軍政由此轉變為民政。

　　在這一背景下，於1906年1月成立「滿洲經營委員會」，並推舉具有經營臺灣殖民地經驗的後藤新平為負責人，負責經營滿洲鐵路。1906年6月，日本政府籌備「南滿洲鐵道株式會社」（滿鐵），緊接著在12月7日，成立了「南滿洲鐵道株式會社」。

　　後藤新平被推舉為第一任特邀總裁。後藤新平是一位在臺灣殖民地經營方面積累了成功經驗的殖民經營人才。他按照兒玉源太郎秘而不宣的策略，「表面上帶著經營鐵路的假面，暗地裡卻開始了諸多設施的建設。」他自稱這是「文裝式的武裝」，並以鐵路附屬地的名義，開始實踐殖民地經營。

　　1907年，南滿洲鐵道株式會社將其本部由日本東京遷到大連，並在總裁之下設置了總務、調查、運輸、礦產業、地方等五大組織機構，甚至將大連醫院和撫順煤礦也納入其麾下。然後開始展開包括鞍山製鐵所、港灣、電力供給、農林牧畜業、賓館（大和賓館）等各領域的經營活動。

　　不僅如此，滿鐵還說服清政府，把滿洲鐵路沿線的大片土地一一歸為己有，獲得了在這些地區設立軍隊、員警、司法、徵稅、教育、企業認證等部門的權利。在此基礎上開始建設商業街區、電影院、廣播通

訊、調查公司等，建立起南滿洲鐵道株式會社龐大的商業帝國。這一商業帝國，實際上是由80個事業投資商構成的。

當時，後藤新平對接受南滿洲鐵道株式會社總裁一職的條件，提出了如下要求：①日本政府官員帶職成為滿洲鐵路員工；②滿洲鐵路總裁稱為關東都督府顧問。於是，有多達246位日本政府官員成為滿洲鐵路員工，並使南滿洲鐵道株式會社披上了「國營」的色彩。在南滿洲鐵道株式會社創立之初，在滿洲從事工作的員工拿到的報酬，實際上高達基本工資的幾倍以上。

在南滿洲鐵道株式會社歷史上，有如下兩部分值得一提。其一為「滿鐵調查部」，另一個為「株式會社滿洲映畫協會」。

1907年成立的滿鐵調查部，是從為了滿洲鐵路的經營而進行土地、自然狀況調查開始運行的。但是，這個機構實際上也是調查中國的政治、經濟、地理、民俗、文化等，並對其進行研究的龐大組織。此後，為了日本殖民勢力更為便利地進入中國，其調查範圍超出了滿洲地區，開始向中國關內地區擴散。從此展開了對中國的正式調查研究。

滿鐵調查部東京分社於1908年成立，隨之設立了東亞經濟調查局、滿洲及朝鮮歷史地理調查部等附屬機構，對朝鮮展開文化、歷史、風俗等方面的調查研究。1918年設了的大連圖書館也是滿鐵調查部的附屬機構之一。

從它們進行的主要調查活動上看，由日本東洋學創始人白鳥庫吉、津田左右吉等人參加的調查，也發掘出了日後成為東洋學基礎的資料。隨後進行的規模龐大的調查，如華北資源調查（1935）、支那港電力調查（1940）、戰時經濟調查（1941）、佔領南方調查（1942）等，提供了認識中國和朝鮮的基本資料，並被用於日本殖民地侵略戰爭。

不僅如此，滿鐵調查部還發行了《滿鐵調查月報》、《滿蒙事情》、《北京滿鐵日報》、《書香》、《北窗》等雜誌，成為了解當時中國知識

現狀、文化、經濟等不可或缺的資料。此外，曾供職於滿鐵調查部的人員當中，後來也培養出了大量日本戰後的產業、學術、政界人才。

　　1937年創立的「株式會社滿洲映畫協會」，也是在南滿洲鐵道株式會社的基礎上創建起來的。這是滿洲唯一的電影公司，活躍在當時宣傳殖民地國策的戰線上。當時的招牌影星李香蘭（山口淑子），曾受到了無數民眾的關注。

　　作為國營性質的「株式會社滿洲映畫協會」，留下了數量龐大的紀錄片。這也是了解當時滿洲風土人情的珍貴資料之一。筆者收藏的31部「滿洲映畫協會」出品的紀錄片當中，也形象地保存了當時的民俗、文化、社會、新聞等資訊。現在的長春電影製片廠，便是在「株式會社滿洲映畫協會」的基礎上建立起來的中國第一個電影製片廠。

　　南滿洲鐵道株式會社在鋪設長春至大連的標準軌道，以及滿洲鐵路網建設上傾注了大量人力物力。解放以後，東北地區的鐵路網以此為基礎進一步完善，成為全國最先進的鐵路網線。

　　但令人遺憾的是，南滿洲鐵道株式會社建設的鐵路，也不過是日本殖民地、日本帝國主義侵略中國的「嚮導」而已。它仍然無法擺脫「侵略者、殖民主義尖兵」的惡名。殖民侵略通常都是通過鐵路走近我們的。這暗示著它同時也是近代殖民侵略的道路。

12. 百年前日本人縝密的中國分析

　　1910年，日本出版了傳記《巨人荒尾精》，隨即引起讀書界的廣泛關注。這個被稱為巨人的荒尾精究竟是什麼人呢？荒尾精（1859-1896）作為日本19世紀的「亞洲主義」者，認為「支那和我國是唇齒相依、輔車相保的關係」（《日清兩國之關係》），並主張「中國人民足以與謀東

洋大事」,「東洋的大事唯有日中兩國齊心協力經營之一途。」

他以認識和了解清朝末年的中國為自己的目標,排除萬難獨自來到中國,被人們稱為「東方志士中之泰山北斗」。(《東亞先覺志士列傳》)

但在中國的角度上看,他則是一個間諜,是一位起到近代日本間諜作用的關鍵人物。他在所著《興亞策》等著作中提倡的亞洲主義,成為中日兩國「興亞」主義的經典,也曾引起梁啟超的共鳴。1886年,在陸軍參謀部的指示下,荒尾精來到中國,積極展開收集、分析中國資訊的工作。日本著名漢學家岸田吟香(1833-1905)當時正在上海一邊經營「樂善堂」書店,一邊推銷眼藥水。他不僅和張之洞有著很深的淵源,同時也是一位日本舉足輕重的新聞工作者。在岸田吟香的協助下,荒尾精在漢口開設了「樂善堂」分店,開始打造遍布中國各地的諜報網。不僅如此,荒尾精甚至還在上海掛出了「日清貿易研究會」的招牌,並以此為間諜培訓基地,培養出大量中國間諜。這些間諜在中日甲午戰爭中為日軍提供了大量重要資訊。

由荒尾精編輯出版的《對清意見》(1894)、《對清辯妄》(1895)、《清國通商總覽》(1895)等著作,作為他們收集、分析中國資訊的專輯,其涉獵範圍的縝密性、深刻性都引起了世人的讚歎。1889年,荒尾精向陸軍參謀部提交了自「樂善堂」設立以來收集和分類的報告書《覆命書》。在報告書中,荒尾精認為,清國已處於末期狀態,到處腐敗蔓延。因此日本可以通過先發制人的戰爭,利用清國與西方對抗。

由荒尾精的後輩根津一等人編輯的《清國通商總覽》,是一本厚達2000多頁的報告書,其內容涉及到清朝的社會、經濟、政治、教育、產業、地理、民俗、風俗、文化、國民性等各領域,幾乎被當時的日本人視為掌握中國資訊的指南,而廣受各界歡迎。此外,這本書也為日本侵略中國,提供了眾多有價值的資訊。

　　1859年出生的荒尾精，病逝於1896年，時年37歲。臨終前，荒尾精僅僅留下了「啊……東洋……」便一命嗚呼了。

　　「腐敗的清政府將在日本發起的中日甲午戰爭以後崩潰。此後，在中國，將會出現由一群開明人士領導的新中國，被壓迫的人民將得到解放」——這是他在《對清意見》中所寫的內容。那麼，他在臨終之前沒能說出的，究竟是什麼話呢？

　　筆者在接觸近代中日韓三國歷史資料過程中，一直以來的感受是：100年前的日本人，動員了各種方法和手段去認識、了解中國，並充分掌握和分析這些資訊，其徹底、縝密程度完全超出了我們的想像。

　　晚於荒尾精5年出生的日本人宗方小太郎（1864-1923），被當時的日本人稱為是「支那通第一人」。他也是徹底、縝密地收集和分析中國資訊的典型的日本間諜。根據《東亞先覺志士紀傳》、《對支回顧錄》等書中記載的內容分析，在中國度過一生的宗方小太郎通過宮崎滔天的介紹，與孫中山也結成了朋友關係。

　　1884年，於中法戰爭時期來到中國的宗方小太郎，自1890年起，便在海軍司令部的委託下，展開間諜活動，並向海軍司令部提供有關中國的資訊。在中日甲午戰爭時期，日本海軍的作戰方針，多是以他提供的資訊為基礎制定的。他所提供的威海衛要塞的詳細資訊和北洋艦隊駐地等資訊，對日本在戰爭中取勝起到了極為重要的作用。因此，在中日甲午戰爭結束以後，宗方小太郎甚至被明治天皇接見。

　　宗方小太郎具有很深的漢語素養，能說一口流利的漢語，他具有縝密、認真的性格，是個滴酒不沾的人。他給自己起了一個「宗大亮」的中文名，留著一條中國式的長辮子，身穿傳統的中國長衫，看上去就是一個道道地地的「支那人」。他在中國各地潛伏期間，曾幾度死裡逃生，卻始終堅持收集和分析中國的資訊。

　　宗方小太郎的大半生都是在中國的中部、南部，尤其是上海度過

的。宗方小太郎與荒尾精並肩作戰，在他手下工作過數年。到了晚年，宗方小太郎在上海設立了東方通信社。他收集的訊息，多以南方資訊為主，而有關東北地區的資訊卻並不多見。宗方小太郎甚至還經營過《民報》和《漢報》。1923年，宗方小太郎病死於上海。

筆者收藏的《宗方小太郎文書》，原是由他的妻子珍藏的。宗方小太郎的這些資料多達1500多頁，總共有厚厚的兩卷。這些資料是他定期向日本海軍省提供的報告，從內容上看，裡面包括了有關中國當時的政治、軍事、經濟、地理、思想、民眾運動、風俗、文化、民族性等各個領域的資訊。而他掌握的大清炮隊的位置、槍枝分布圖，和基本軍事情報調查，都達到了令人驚歎的準確程度。

他在後來的報告中，增加了對中國政治形勢和民眾情況的詳細調查和分析內容。裡面多有清朝內部官員之間的矛盾、宮廷內部光緒皇帝和慈禧太后之間你爭我奪的鬥爭、光緒皇帝遭禁閉及暗殺內幕、袁世凱死亡原因等諸多未公之於眾的資訊。

值得一提的是，宗方小太郎對當時清朝末期全國腐敗狀態的把握，是基於嚴謹的分析基礎。他分析，清朝當時的年財政收入為白銀9047萬兩，米523石。由此看來，清國的財政非常不正常。他推斷清國的受賄、腐敗已經達到了極致。雖然當時有很多人認為，清國有可能通過革新，重新崛起為最強大的國家，但宗方小太郎卻對此予以否決。他通過「人心腐敗」、「雖有治國之法，卻鮮見治國之士」等洞見，從本質上把握了腐敗的根源，並據此斷言：清國將在10年至30年內發生「支離破碎」的變化。事實不幸被他言中。1911年，辛亥革命運動的爆發，終於宣告了清政府的滅亡。

此後，進入1910年代以後，宗方小太郎的報告至死都在繼續。他對自己當時的親信這樣說道：「我難以理解支那最近過於複雜的情勢，也很難做出將來的預測。」

　　百年前，日本人對中國資訊的把握、分析，表現出令人驚訝的縝密性和透徹性。日本人之所以在中日甲午戰爭和日俄戰爭中獲勝，也跟他們的資訊掌握能力和分析能力是分不開的。如果想要與對方保持競爭關係，並在競爭過程中獲勝，我們也應首先壯大我們對資訊的掌握和分析能力。與幼稚的情緒性口號相比，了解和掌握對方是更為重要的模式。在這一層面上講，歷史確實起到了鏡子的作用。

13. 淪為亞洲「公敵」的日本

　　在閱讀東亞近代史的過程中：儘管無法把日本視為一個絕對的惡的形象，即使如此也無法擺脫惡的罵名。日本在亞洲舞台的形象就帶著這樣一種特徵。

　　日本在日俄戰爭的勝利，對亞洲人和非洲人帶來的衝擊是巨大的。這次勝利，極大地鼓舞了中國的建國之父孫中山、印度獨立運動領袖尼赫魯，以及土耳其、匈牙利、保加利亞、芬蘭、非洲各國的人們。英國的社會學家查理斯‧E‧富勒在《西方軍事史》中這樣記述道：「通過挑戰白種人對有色人種的優勢，日本的勝利喚醒了亞洲和非洲，並給了所有殖民帝國重重一擊。」此外，日本的勝利，幾乎喚醒了所有殖民地國家的獨立運動。

　　在當時，對於在日俄戰爭中戰勝的日本評價是肯定的、鼓勵性的。日本的勝利對一直以來備受白色人種壓迫的有色人種群體，以及持續受到俄羅斯欺壓的周邊國家，甚至是在俄羅斯內部受到民族、宗教方面壓迫的猶太人及伊斯蘭教徒都帶來勝利的希望。這種證言和實例舉不勝舉。

　　毛澤東在向斯諾提起的回憶中說起，自己曾向一位留日歸來的學生學唱《黃海之戰》，從此開始對日本抱有憧憬之心。在菲律賓，把明治

天皇視為「黃色人種的英雄」的禮讚之聲很高。從這些軼聞趣事中，我們也可以了解到日本的勝利所產生的積極影響。

清朝知識份子把日本的勝利視為立憲制國家對專制國家的勝利，並喊出了「向日本學習」的口號。這些內容在康有為、梁啟超等人發表於報紙上的文章和言論中也多有體現。甚至是鎮壓戊戌變法的罪魁禍首慈禧太后，也在義和團運動以後意識到，國家體制的變革才是延長清政府壽命的手段，從此發起了一系列改革。如1905年廢止科舉制度、把擁有日本學問作為任用官員的標準之一等。在韓國，人們也開始認識到，學習立憲制、尊重自由和個人權利的努力，不僅提升了日本人的愛國心，同時也為日本贏得中日甲午戰爭和日俄戰爭起到了決定性作用。金振聲曾這樣說道：「立憲是文明富強的主物，而文明富強則是立憲的從物。」（《大韓行學報》第4期）

但是在此之後，日本的行為違逆了亞洲人的期待。由於1905年在日俄戰爭獲得勝利，日本將俄羅斯拒之門外，並以保護國的名義，將朝鮮完全控制在它的股掌之中。

那麼，「保護國」究竟是什麼東西呢？根據日本史學家海野福壽教授考證，所謂近代帝國主義的保護國，與前近代的從屬關係是有區別的，而且是從否定傳統的從屬國關係開始的。在此之前，雖然清政府是朝鮮具有從屬關係的保護國，但日本的做法卻是一種近代帝國主義式的保護國統治，剝奪了被保護國的全部或部分外交權。也就是說，日本替代朝鮮行使其外交功能。

對一個國家而言，外交權是國際法當中最大的主權，因此喪失了外交權，事實上也就意味著這個國家主體的喪失。就其本質而言，已經不是一個獨立國家了。1905年在成為朝鮮保護國以後，日本於1906年以南滿洲鐵道株式會社為先鋒進軍滿洲。

對此，亞洲人表現出了自己滿含焦慮的拒絕反應。當時正在東京留

學的陳天華指出，「坦率地講，日本的這場戰爭對亞洲來說根本沒有什麼功績可言。」「現在（英國）立刻想和日本結成同盟關係，也就是把中國變成另一個朝鮮的做法。而試圖把中日兩國分離開來的做法，就是使亞洲滅亡的做法。」他對日本滅亡朝鮮，並企圖侵略中國的野心提出批評，並警告國人：歐美列強在侵略東亞過程中，無法忽視日本的軍事力量。（《絕命書》1905）

正如陳天華所憂慮的那樣，日本和英國結成了同盟，在東亞無所顧忌地開始了他們殖民侵襲式的軍事擴張。1907年，試圖利用清政府的日本，將孫中山流放到國外，並下令關閉了他們的機關報《民報》。

僅僅在兩年間，曾以日俄戰爭的勝利，極大地鼓舞了亞洲及世界殖民地獨立運動的日本，卻於1907年與歐美列強殖民帝國拉起手，在亞洲走向了殖民帝國道路。

日本在朝鮮所行施的，也正是俄羅斯曾經夢寐以求的殖民化，只不過是由日本取而代之了。而日本在中國的所作所為，也和歐美列強一樣「高舉著英國國旗」，大肆分割歐美帝國的殖民地。

當時正在日本留學的劉師培這樣尖銳地指出：「在亞洲，日本不僅是朝鮮的敵人。現在，日本已經成為印度、越南、中國、菲律賓的公敵」（《亞洲現勢論》）

以日俄戰爭為契機，日本開始為自己已經站到了世界列強之列而沾沾自喜。它開始淫笑著揮舞自己的軍刀，以亞洲盟主和王者的身分自詡。這是日本迅速從亞洲的「希望」淪為亞洲的「公敵」的瞬間。

14. 痛哭的韓國

1905年11月17日，是日韓近代史上，一個值得永遠「記憶」的日

子。在日本的強迫下，在這一天簽署了第二次日韓協約。在保護條約的美名之下簽訂的這份文件，正是韓國歷史上恥辱的《乙巳條約》。

這一年9月5日，日俄兩國的江華會談在美國總統羅斯福的協調下，在朴資茅斯召開。然後簽訂了《朴資茅斯條約》。擊敗了俄羅斯的日本，獲得俄羅斯對其在朝鮮半島擁有優先權的承認。也就是說，俄羅斯公開承認了日本佔領朝鮮。日本廢棄了一直以來「保護朝鮮獨立自主」的《日韓議定書》，開始著手奪取朝鮮實際控制權。

於是，在1905年，伊藤博文以接受朝鮮半島特命全權大使的身分，帶著駐日公使林權助和駐韓日本軍司令官長谷川好道，著手簽訂《乙巳條約》。

由於高宗反對簽訂這份條約，伊藤博文便威脅道：「如果不同意簽訂這份條約，韓國將陷入更加困難的境地。」11月16日，伊藤博文把8位韓國大臣召集到孫鐸賓館，要求他們同意簽署條約。另一方面，駐日公使林權助召見外相朴齊純，正式向他傳達日本政府起草的條約內容。

當時參加會談的韓國大臣有參政大臣（總理）韓圭卨、外務大臣朴齊純、內務大臣李址鎔、度支大臣閔泳綺、軍務大臣李根澤、法務大臣李夏榮、學務大臣李完用、農商大臣權重顯等人。

參政大臣韓圭卨從一開始就表示拒絕，並做好了辭職的思想準備，退出會場。閔泳綺也明確表示了反對。剩下的李完用、李根澤、李址鎔、權重顯五位大臣，在由伊藤博文率領的日本步兵中隊和騎兵聯隊刀槍脅迫下，最終同意或勉強同意。伊藤博文通過調動軍隊，向韓國大臣施加壓力的事實，主要集中在西四辻公堯寫的《韓末外交秘話》一書。但他本人作為步兵大尉，並沒有在現場。他自稱自己是根據傳聞編撰而成的。因此也有學者認為，事實真相並不十分明確。

但不管怎麼說，伊藤博文以脅迫的言辭向韓國大臣施加壓力，強迫簽訂了《乙巳條約》，這卻是不爭的事實。黃玹的《梅泉野錄》中，也

記有伊藤博文強迫韓國大臣的相關場面。由此可以看出，在遭到高宗拒絕以後，伊藤博文只好拿這些大臣開刀了。

這份著名的文件，就是大家所熟知的《乙巳條約》。而參與簽訂條約的五位大臣，就是後來成為賣國賊的代名詞的「乙巳五賊」

11月20日，發行於漢城地區的《皇城新聞》主筆、民族運動家張志淵發表了題為《是日也放聲大哭》的社論。他號召朝鮮民眾，應在徹骨的痛寒中勇敢地站起來，一致反對《乙巳條約》。

「延續了四千年的國民精神毀於一旦。痛哉恨哉！」他為亡國之痛高聲痛哭。張志淵即日便遭逮捕，並在獄中度過了3個月時間。而侍從武官長閔泳煥則自絕身亡，以表達自己的抗議。議政府議政、兼任「特進官」的趙秉世，也向駐日公使林權助提交了廢止《乙巳條約》的上書。

11月17日夜，朝鮮民眾防火點燃了「乙巳五賊」之一李完用的私宅。人們看到，李完用的私宅瞬間被沖天大火吞沒。第二天，在皇宮正門大漢門，雲集而至的朝鮮群眾放聲痛哭，他們的哭聲席捲了周圍所有街道。22日，與駐日公使林權助相伴郊遊的伊藤博文等人乘坐的列車，遭到朝鮮人投石，伊藤博文因此而頭部受傷。

圍繞著這份《乙巳條約》的「無效」與「有效」問題，日韓兩國知識份子至今還在展開激烈的攻防戰。但不管怎麼說，輿論界普遍認為，這份條約「根據當時的國際法，從一開始就開始發生效力」了。日本通過日俄戰爭，統治韓國的目的就此實現。

日本對韓國的「保護國」策略，從它採取的3個步驟上可以清晰地看出來。第一次日韓協約簽署於1904年8月22日，協約規定韓國在行施財務監督、外交顧問及外交特權活動時，應事先和日本代表協商。

事實上，日本假借「保護」韓國的名義，對其進行統治的意圖逐漸成為現實。第二次條約的核心內容共分五項：在韓國設置統監部，並有統監負責管理韓國的外交事務。統監常駐於京城，具有隨意接觸韓國皇

帝的許可權，並負責保障韓國皇室的安寧與尊嚴……這次條約的主要目的，實際上是為了確保統監統治韓國的合理性。

統監部實際上作為韓國殖民地統治的最高權力機構，負責管理朝鮮外交和內政。1907年7月，高宗在未經伊藤博文許可的情況下，偷偷派出密使，參加海牙世界和平會議。此時，伊藤博文勃然大怒，高聲指責高宗背信棄義，並以此為由，迫使高宗於7月18日退位。隨後，把大韓帝國最後一位皇帝——純宗推到了皇位。

伊藤博文利用這個機會，提出「帝國政府希望全權掌握韓國內政」的要求，並於7月23日簽訂了第三次條約。這個條約在韓國被稱為「丁未條約」（第三次日韓協約）。由伊藤博文和外相林權助負責起草的這份條約，是一份全面掌握韓國內政的條約。條約規定，在統監的領導下，法令制度、立法、行政權的核心部分盡數由統監統一掌握。

新皇帝純宗早在1897年，就已經因「毒茶事件」產生了智力障礙，基本上喪失了判斷能力。伊藤博文迫使頭腦清晰的高宗退位以後，把在智力上有障礙的純宗推倒皇位，其目的，就是為了把韓國政府最高領導變成傀儡。於是，伊藤博文實際上就變成了韓國最高的統治者。

緊隨其後，日本解散了韓國的軍隊。至此，日本已經完全掌握了韓國的統治權，實在是令人悲痛欲絕。

15. 韓國統監部統治的明暗面

1906至1909年間，伊藤博文以韓國最高統治者的身分統治了韓國3年之久。這實際上也可以看成是合併殖民地的準備階段。

筆者在學習和研究百年前中日韓三國歷史過程中認識到，其中一直存在著遠遠超出我們想像的明暗面。韓國統監部，即伊藤博文對韓國長

達3年之久的統治中也存在著明暗面。

伊藤博文是在1906年3月3日被任命為第一屆韓國統監的。統監作為具有天皇直隸許可權的職務，將除了外交以外的所有絕對權力集於一身。3月9日，伊藤博文拜謁了皇帝以後，向其遞交了國書。然後於28日舉辦了一場盛宴。1907年，在漢城南山腳下的「藝場洞」，新建起韓國統監部辦公廳。這是統治韓國的象徵性建築。伊藤博文身穿威嚴的統監服、帶著勳章、手握佩劍拍了很多照片。這些照片有很多一直保留到今天。

最近韓國史學界的研究，有了兩個新發現。其一，伊藤博文以統監的身分初次來韓之際，便帶著把韓國變成保護國進行統治，促其步入近代化道路的計畫。但直到吞併韓國之前，伊藤博文都沒有考慮這個計畫。其二，1910年8月，伊藤博文被暗殺以後日本實施的併吞以及此後展開的計畫，與伊藤博文曾經的併吞構想之間存在著很大的差異。（*伊藤之雄*）當時已經年屆64歲高齡的伊藤博文，由於長期處於政治權力中樞導致的疲勞，已經喪失了往年的霸氣。但他仍然擔任了韓國統監一職。這是因為，他是想獲得韓國人的支持，盡可能以最小的成本實現韓國的近代化。

韓國啟明大學教授李成煥將統監部統治看成是「獨立與殖民地之間」的象徵，並指出：「從1906年到1910年，是統監部對韓國的統治時期（*出於方便目的，稱其為保護期*）。這在思考韓國在此期間近代化和殖民地的連貫性時，具有重要的意義。『保護國』或『保護政治』在主旨上具有雙重意義。一方面，可以以『合併=殖民地』的等式將其標注為一個里程碑；另一方面，也包含著獨立的希望。因此，在這一階段，日本的殖民化和韓國的獨立，構成尖銳的矛盾。這意味著自明治初期以來，日本作為其理念帶來的韓國的近代化及扶助獨立政策，與其作為實質性的政策目標促進的韓國殖民化之間，以一種錯綜複雜的形式混

雜在一起。」（《伊藤博文的韓國統治和韓國的國家主義》）

接下來，李成煥教授這樣揭示道：「這在伊藤博文來看來，韓國的現實是處於文明化與殖民化的相互矛盾狀態。這既是明治國家日本本身所處的困境，同時也是總設計師伊藤博文自己的矛盾。」

李成煥教授指出的，實際上是這種困境中表現出來的、韓國統監部伊藤博文統治理念的矛盾。而這一矛盾，也構成了現實的明暗面。

我們在這裡發現伊藤博文的保護統治，並不像我們一直以來想像的那樣，或者是我們在教科書裡接觸到的那樣，絕對是負面、罪惡的。這些事實表現出雙重特徵。它既是對韓國人的壓制，同時也促進了韓國獨立解放運動，二者之間相互關聯。我們可以在經濟、文化、意識、法制體系等方面，對這些「相互關聯」予以認定。

在伊藤博文的演講《關於韓國施政的會議》文件、其親信的回憶、證言，以及其他外交文件中，表現出來的韓國保護計畫涉及到如下諸領域：韓國司法制度的近代化、強化治安、教育改革、與事大主義訣別、起用人才、改造儒教式的空談、紙幣改革、產業發展等。

這種政治思想誇示了伊藤博文作為一個政治家的力量，可以將其歸結為「文明、立憲國家、國民政治」這三個口號。作為東亞最早的立憲國家的締造者，伊藤博文從自己的經驗出發，希望也能促使韓國變成和日本同樣水準的自主獨立國家。這正是伊藤博文所標榜的統治哲學的主要內容。

伊藤博文具有很深的儒教和漢學造詣。他的身上同時兼備著文人、詩人的氣質。他把前近代式的儒學削弱國家統治機構職能的現象視為韓國的弊端。並期待以法治主義、民主主義系統改變韓國。

他就是這樣以韓國近代智慧的嚮導自詡的，同時反對日本內部的急進思想。他指出：「合併韓國，是一件相當麻煩的事情。」伊藤博文始終表現出一種溫和的、漸進的姿態。李成煥教授的研究表明，1897年

大韓帝國成立以後，韓國的政治社會在高宗的專制君主制度下，處於封閉狀態。日俄戰爭以後，在韓國統監部的管理下，韓國的愛國啟蒙運動開始四處擴散，逐漸打開這種封閉結構。而把建立近代國民國家定為目標的啟蒙運動，在起到弱化專制君主制的作用同時，相對而言也導致了統監部權力的強化。因此，統監部認為，啟蒙運動既然並不反對日本，也就沒有理由對其進行鎮壓，所以在新聞言論方面也採取了比較緩和的措施。這種穩健的政策，擴大了韓國的政治活動空間；而這與伊藤博文一再強調的「韓國的文明化」是一致的。

從這個角度出發，韓國統監部為了使它的統治正當化，也在一定程度上「獎勵」了啟蒙運動，並對其施以懷柔政策。比如說，高宗於1906年3月25日提出應該取締「一進會」的意見時，伊藤博文表示了反對意見。在此期間，「大韓自強會」以原獨立協會會長尹致昊、尹孝定、張志淵等人為中心，在文明啟蒙運動領域展開的活動如火如荼。在韓國設立的私立學校在1906年增加了63所，使得韓國社會的教育普及超出了人們的預想。

但是，1909年，伊藤博文改變原來的保護政策，轉而採取了殖民政策。這是因為當時在韓國風起雲湧的愛國啟蒙運動，喚起了韓國人的愛國心和愛國主義，引起伊藤博文的警惕。希望實現韓國的自主近代化的愛國主義，是伊藤博文還沒來得及預見到的。

無視他民族文化和國民性的伊藤博文，本想把自己在日本獲得成功的模式，原封不動地移植到韓國，但他失敗了。

這實際上也是「沒有民族的文明化」的失敗。這也是當時沒能擺脫殖民主義理念的伊藤博文的局限性。1909年10月26日，伊藤博文被安重根擊斃，這是證明他的失敗的瞬間。

16. 1910年8月22日黃昏

1910年8月22日，這是韓國近代史上最黑暗的一天。

這天黃昏，在夕陽即將西下之際，在恐怖的戒嚴狀態下，《日韓併合條約》簽署儀式正在進行。

就在這一天，日本天皇在諮詢了樞密院以後，馬上認可了朝鮮統監府內傳來的《日韓併合條約》。22日，除了李榮植文務大臣一人因反對日韓併合而缺席，其餘李完用、趙重應、朴純濟、高永喜、金允植、閔炳喜、尹德勇、李丙午等大臣盡數參加韓國的御前會議。純宗皇帝宣布讓出統治權，並在簽字蓋章以後，將全權委任狀交付總理李完用。李完用宣讀條約內容並對此加以解釋，而參會大臣一致贊同。據說，純宗也對此表示認同。金允植的《續陰晴史》中提到：「諸臣都默默地站在兩側，察言觀色。」他說，儘管自己提出反對意見，但大家都保持沉默，沉浸在日韓併合的悲痛之中。

下午4點左右，李完用和趙重應來到統監部，開始辦理簽署條約一事。李完用和寺內正毅在由日韓兩種語言製成的條約上分別簽字。事情終於按照自己的計畫得以實現，於是寺內在他的日記中寫到：「想不到併合一事竟然如此順利。哈哈！」

一直到吞併韓國，日本政府都採取了相當周全的計畫。在伊藤博文遭到暗殺以前的1909年4月10日，當時的首相桂太郎和外相小村壽太郎向伊藤博文提出了「對韓方針」和「對韓施說」，並由外務省政務局長倉知鐵吉負責起草主旨為「在適當的時候合併韓國」的文件。倉知鐵吉為了不給人以合併的印象，有意創造了「併合」這個詞語。實際上是為了強調「併合」的平等、公正之意，以此來掩蓋「合併」、「吞併」的實質。

伊藤博文死後，併合政策再也沒有什麼障礙了。於是便得到了大力

促進。為了使併合獲得國際上的合法性，小村外相於1910年2月首先與俄羅斯交涉，並得到了俄羅斯政府的同意。作為承認韓國併合的回報，俄羅斯希望在其侵略大清之際，日本向其提供協助。

隨後，1910年5月19日，小村外相與英國駐日大使探討併合韓國事宜，並以向英國提供利益保障為代價，獲得了英國的支援。

弱小的國家朝鮮就這樣成為世界列強踐躪的對象。從這個意義上講，併合也是世界列強共同犯下的罪惡。

1910年5月，陸軍隊長寺內正毅替代第二任統監曾禰荒助，成為韓國第三任統監，並成為首相桂太郎的左膀右臂，積極推進併合計畫。

7月8日，日本內閣會議通過了併合條約詔敕案、宣言案，並確定國名為朝鮮。朝鮮是韓國本來的國名，其中也含有「安靜的早晨之國」的意思（《東國輿地勝覽》）。此外併合以後，日韓兩國就變成了一個國家，所以日本政府很是忌諱其中含有的「國」字。（《韓國併合》海野福壽）

另一方面，韓國政府管轄的員警機構被歸屬到了統監部，使其變成日本的憲兵、員警制度的一部分，實現了軍事、員警一體化。在日俄戰爭時期展開諜報戰的明石元二郎，擔任了統監部員警總長。

7月23日，到韓國就任的寺內正毅於8月16日強制首相李完用簽署併合條約。他稱，併合首先應該根據「合議條件」進行，並出示了《併合方針保證書》要求其簽字。對此，李完用針鋒相對：「希望恢復原來的國名，依然稱為韓國，而稱皇帝為國王。」據說，在1909年11月，參加伊藤博文追悼會的李完用，依然向寺內正毅提出恢復韓國國名，並稱皇帝為國王的要求。

但是，日本根本不可能完全滿足李完用提出的要求。日本方面只是形式上滿足了韓國方面提出的「國王」之稱要求。

那麼，《日韓併合條約》的具體內容都有哪些呢？不妨讓我們來看一下條約全文：

　　韓國皇帝陛下及日本國皇帝陛下顧念兩國間之特殊而親密之關係，欲增進相互幸福，永久確保東洋平和，為達此目的，確信不如併合韓國於日本國者，兩國間茲決定締結併合條約。為此韓國皇帝陛下以內閣總理大臣李完用、日本國皇帝陛下以統監子爵寺內正毅，仍各任命其為全權委員。右列全權委員，會同協議，協定左開諸條：

　　第一條

　　韓國皇帝陛下將關於韓國全部一切統治權，完全且永久讓於日本國皇帝陛下。

　　第二條

　　日本國皇帝陛下受諾其前條揭載之讓與，且承諾併合全然韓國於日本帝國。

　　第三條

　　日本國皇帝陛下對韓國皇帝陛下、太皇帝陛下、皇太子殿下並其后妃及後裔，各應其地位，使享有相當之尊稱、威嚴及名譽，且約供給十分之歲費以保持之。

　　第四條

　　日本國皇帝陛下對前條以外之韓國皇族及後裔，各使享有相當之名譽及待遇，且約供與必要之資金以維持之。

　　第五條

　　日本國皇帝陛下認以有勳功之韓人而應特為表彰者，授以榮爵，且與恩金。

　　第六條

　　日本國政府以前記併合之結果，擔任全然韓國之施政，對遵守該地施行法規之韓人之身體及財產予以十分之保護，且圖增進其福

利。

第七條

日本國政府對誠意忠實尊重新制度之韓人且有相當資格者，其
於事情所許之範圍，登用為在韓國之帝國官吏。

第八條

本條約經韓國皇帝陛下及日本國皇帝陛下之裁可，自公布日施
行之。

隆熙四年八月二十二日

內閣總理大臣 李完用

明治四十三年八月二十二日

統監子爵 寺內正毅

《日韓併合條約》簽署以後，在保持了一周的秘密以後，才於8月
29日對國內外公布。於是，朝鮮王朝滅亡，變成了日本的一部分。1911
年清朝政府因辛亥革命而滅亡，轉而產生以漢族為中心的中華民國。與
此相比，朝鮮王朝則是被日本滅亡，這是朝鮮民族的悲劇。從此開始，
朝鮮步入被外國力量統治長達35年的殖民地時代。

17.「日韓併合」的實質是什麼？

日本帝國主義「併合」韓國，是近代韓國的不幸。這是百年前最沉鬱
的歷史一頁。為了批判日本帝國主義、殖民主義以及阻止東亞近代史上
這種不幸災難重演，透視這段歷史闡明其本質的工作是重要的課題。

最近，日本和韓國近代史學家對近代日韓關係之象徵的併合，展開
了多方面的研究，並從多個角度揭示出歷史的真面目。

當時，日本繼承了西歐列強的殖民主義，開始實施亞洲殖民政策，由此上演了日本「併合」韓國的歷史一幕。雖說其中也包含著日本想要對抗西歐列強的思想，但無論如何，它們提出的「建構大陸國家」、「大亞洲主義」等口號都是以侵略、統治的形式進行的。

「併合」韓國也只是日本在這一道路上的第一步而已。最近的分析結果表明，當時存在四種「併合」的模式。

日本近代史學家、明治大學名譽教授海野福壽研究認為，當時有如下四種模式：①自治殖民模式（伊藤博文的併合論）；②聯合國模式（一進會的合邦論）；③委任統治模式（日本憲政本黨的併合論）；④山縣、寺內正毅、桂太郎的韓國併合論等。

①為伊藤博文提倡的在相信韓國的能力前提下，以「培養自治」的形式進行的，是一種類似於德意志帝國聯邦制的日韓併合構想。

②為由李容九、孫秉畯領導的韓國第一團體──一進會於1907年提出的理想化構想，即日韓兩民族在對等條件下合併，組建一個新的聯邦帝國。（關於一進會，將在本書另外章節詳加介紹）正在覬覦東亞霸權的日本，豈能贊成這種方案。

③是憲政本黨在1909年批判伊藤博文的保護政策的同時提出的對韓政策計畫。該黨勢力派人物、韓國通大內暢三主張，「通過解決統治的根本問題，把全部政務機關委託我國進行管理。」即，類似於奧地利帝國在鄂圖曼帝國統治下，委任統治波士尼亞和赫塞哥維納的模式。

「但是，憲政本黨的批判意見或關於對韓政策的主張，也成為促使首相桂太郎決定併合韓國的催化劑。然而他們主張的委託統治，也不過是類似於伊藤博文的想法，因此是一個不可能被採納的計畫。

還剩下第四種模式。既是伊藤博文的同鄉，又是他政界競爭對手的山縣有朋，極力反對伊藤博文漸進式統治韓國的政策。作為日本近代陸軍的創始人，山縣有朋的構想是通過軍事統治併合韓國。

　　同為軍人出身的首相桂太郎、陸軍隊長兼山縣有朋的部下寺內正毅
（後成為朝鮮第一任總督、首相）彼此意氣相投。兩人對伊藤博文的方
案口是心非，背地裡極力推進由他們提出的透過絕對的軍事力量進行統
治的併合政策。

　　1909年10月，伊藤博文被擊斃，這意味著除掉了他們的絆腳石。
於是他們開始公然主張他們經過深思熟慮的併合方案。

　　問題在於，即使是在統治一個弱小國家的時候，也有前面提到的三
種不同模式，而他們卻選擇了徹底抹殺「民族」的全面併合政策。這又
是為了什麼呢？

　　伊藤博文被擊斃以後，於1909年9月10日有大約400名臨時派遣軍
被派到韓國全羅北道地區，去執行「南韓暴徒討伐戰」任務。於是，這
一地區的抗日運動暫時處於低潮。此外，1908年大清國慈禧太后去世
以後，清政府的崩潰速度日益加快。1911年，隨著辛亥革命的爆發，革
命力量進一步得到強化。因此，一切形勢都在向有利於日本的侵略大陸
政策方向發展。於是，日本政府趁此機會，匆忙吞併了韓國。

　　2月29日，隨著《日韓併合條約》的簽署，日本向國內外公布了
《帝令》、《天皇詔書》、《韓國皇帝敕諭》等，並向14個國家發去
了宣言通知。與此同時，在同一天設置了朝鮮總督府，以及即將在朝鮮
實施的緊急法令。10月1日，任命寺內正毅為朝鮮第一任總督（兼任陸
軍大臣），並於10月4日解散了韓國內閣。

　　從8月末到10月初之間，日本政府在併合韓國的過程中表現出前所
未有的急進姿態。從這裡我們也不難看出，日本急於獲得朝鮮統治權的
野心。

　　無論日本如何解釋這一切都是為了韓國而進行的併合，但其偽裝是
無法掩蓋侵略本質的。「韓國皇帝陛下將關於韓國全部一切統治權，完
全且永久讓於日本國皇帝陛下。」而「日本國皇帝陛下受諾其前條揭載

之讓與，且承諾併合全然韓國於日本帝國。」東京大學近代思想史研究學者山室信一這樣指出：這種形式符合國際法。他繼續說道：「通過這種形式，終結了一直以來以中國為中心的冊封、朝貢體制——日本想要根據國際法重整亞洲世界的夙願終於實現。但這裡所說的國際法，不過是木戶孝允根據歐美體系構想出來的國際法而已。日本只是將其作為掠奪弱國的工具。」

日本帝國主義合併韓國的本質就暗藏在這裡。8月29日公布的明治天皇的《詔書》中這樣寫道：「朕為了拓展天壤無窮的大業，為表達國家非常之禮（儀式、等級），冊封前韓國皇帝為王。」

顯然，這是以國際法遮人耳目，而完全承襲了清政府作為維持亞洲秩序而採取的冊封、朝貢制度。1910年8月以後，日本替代日益虛弱的清政府，成為一個新的亞洲秩序的制定者。在坐上冊封、朝貢體制最高位的同時，日本開始公開施行對亞洲的侵略和統治。

18.「日韓併合」所表現出來的韓國缺陷分析

強大的日本帝國對弱小的鄰國——韓國採取的併合，無論如何美化，它也難以被韓國所接受。日韓併合以後，在具體實施的政策和經營過程中表現出各種明暗面。透過對這些現象加以分析是一個重要的任務。

筆者認識一位朋友，他認為韓國遭到日本合併的原因，在於朝鮮內部。他的觀點在韓國極為少見，而他極有可能被人們視為「賣國賊」。

從世界近代史以及亞洲近代史角度出發，去觀察「日韓併合」時，我們會發現：一直到朝鮮末期或20世紀初期，韓國在接受「開化」方面都是被動的，而且還無法適應「戰爭和革命」這種新的時代。

日本為應對「文明開化」，迅速發起了明治維新，並透過兩場戰爭

（日俄、中日甲午戰爭），變身為一個強大的國民國家。但是在西方或日本人眼裡，韓國直到1910年，依然是一個非文明的、悄悄隱遁的國家。

朝鮮末期的社會，實際上與我們今天理解或想像的形象是背道而馳的。綜合西方人或朝鮮知識份子的記錄內容，可以看出當時的朝鮮社會仍然原封不動地保存了奴隸制。高麗王朝制定的「奴婢按檢法」、「奴婢還賤法」，在朝鮮時期，通過設置「奴婢辨正都監」和「掌隸院」等機構，對奴隸進行集中管理。而且，奴隸制度成為社會根本原則之一。「這種奴隸制度延續了近千年，但對此卻沒有任何批判。」韓國評論家卜鉅一先生這樣指出。事實上，是發生於1894年至1895年間的「甲午更張」革命，消滅了奴隸制度，並使朝鮮人在法律面前人人平等的。如果把它歸結為是在日本的強迫下進行的一場革命，顯然是不夠妥當的。事實上，正因為有了來自日本的壓力，才在日本模式上獲得了成功。這才是事實的核心部分。如果說「甲午更張」的效果不夠明顯，這實際上是因為以明成皇后為首的朝鮮王朝保守勢力鎮壓導致的。

從1883年至1885年的《尹致昊日記》中，就能看出當時的實情。作為當代卓越的開化派知識份子，尹致昊是通過比較西方和日本之後更清楚地認識朝鮮的。

「大抵上，我國人民由於無知，除非使用錢財，否則就很難雇用他們。」「皇上雖然了解好壞得失，也想有所作為，但因周邊的詛咒和猜疑不得不安於一時的平穩，而且因『小奸』的蠱惑，幾乎喪失了決斷能力。」「所以，諸事很難獲得成果。雖辦了很多事，但都沒什麼實績。啊，把人難以左右的事情視為天命，這是否果真就是上天的旨意！」「西方男女正在縱橫世界，而我們卻毫無對策。一想到這一點，實在是太羨慕文明了。我們無法實現的一切，讓我深感遺憾。而我們國家無法提振聲威，最讓我擔心不過。日本人善於改變，實在是太了不起了。」（《尹致昊日記》）

當時，對朝鮮政府徹底失望的知識份子把目光轉向了日本。既然朝鮮政府無法憑自己的力量實現革新，那麼這些具備了國際眼光的知識份子，自然而然會向成功吸收西方文明的日本學習了。即使是在今天，一邊到國外留學，一邊學習那些先進文明的做法也並非是一件壞事。

一直以來猛烈抨擊日本殖民統治，對韓國懷著同情之心的英國知識份子弗雷德里克・麥肯茲（Frederick Arthur McKenzie）曾這樣斷言：「拋棄一切偏見加以觀察，今天的韓國之所以喪失了獨立，原因就在於朝鮮王朝的腐敗和脆弱。」在這個第三者看來，歷史悲劇的責任在於朝鮮自身。

現在，人們無條件地把1904年出現的一進會視為親日團體。但李容九等人對朝鮮一味拒絕積極改革的做法產生莫大的失望，所以希望和日本「合邦」，對國家進行改革的想法，自然成為一種改革的手段。這跟金玉均等人的甲申政變的構想是一脈相承的。我們有必要重新思考其積極因素。拯救國家的方法並非只是一種，而是多種多樣的。我們也應重新認識這一點。

近代韓國被日本「併合」，致使韓國蒙受了亡國的恥辱。筆者認為，韓國一方的責任有如下幾點：①甚於中國的儒教式制人體制；②前近代式的等級關係、從屬關係社會；③中國儒教式的價值觀和盲目的文明優越主義；④實際執行能力薄弱的空論、空談式的國民素質；⑤認識世界所需要的靈活的思考和應對措施的缺乏；⑥革命意識的缺乏與薄弱；⑦視集團利益高於國家利益的利己性；⑧民族意識、自立意識的薄弱；⑨未實現近代國民國家；⑩中央集權制的腐敗性。

在「日韓併合」的歷史教訓中，省察韓國自身存在的缺點，就會發現是韓國自己把獨立的道路拱手讓給了日本人。在百年後的今天，我們有必要懷著虔敬、謙虛的態度，重新審視和思考其原因。

19. 1910年8月29日的空白

1910年8月29日，日韓兩國的官方報紙上同時發表了《日韓併合條約》。從此以後，這一天便成為韓國的「國恥日」，深深烙印在韓國人的心中，成為他們長久以來最為悲痛的日子。

純宗皇帝發表了「敕諭」，極力克制著王國的悲痛，表現出一種恭敬謙讓的態度，以遮掩自己的亡國之恨。他甚至都無法直言自己的亡國之恨，這該是一種多麼沉痛的心情！即使是在今天，一想起百年前的這一幕也會令人悲憤不已。或許是由於這份「敕諭」的緣故，日韓併合的時候，韓國在表面上並沒有發生混亂。日本政府調動了員警和軍隊，實行了嚴格的戒嚴令，韓國人民又怎麼敢亂來？朴殷植的《韓國獨立運動血史》中說，由於不堪亡國之恨而自絕殉國的人，多達28人。在這些以身殉國的志士當中，有些人還留下了驚世的詩句。

但是，對於日本來說，8月29日卻是一個喜悅和狂歡開始的日子。日本各地變成了一個歡慶的火爐。人們在手中揮舞著太陽旗，爭先恐後地搶著爬上插滿鮮花的遊行車。《東京朝日新聞》在8月31日發表了這樣的報導文章：「聚集在日谷比公園的數萬群眾，隨著午後7點半三聲號炮的巨響，在音樂和歌聲伴奏下，手提紅紅綠綠的燈籠，像洪水一樣湧出正門……

遊行隊伍排成兩隊，高唱著日本軍歌，一致高呼著萬歲，從山下橋向銀座四町目方向移動。道路兩旁人山人海……所有家庭全員出動，點燃煙花爆竹，敲打著手中的鐵盆……場面比以往舉行祭禮時還要隆重。人們遙相呼應的聲音震天動地……」

在日本，有一種被稱為「提燈行列」的歡慶勝利的遊行活動。而這種場面也只是在日本獲得中日甲午戰爭和日俄戰爭勝利的時候，才有過兩次10萬人參加的大規模歡慶。長長的燈籠隊伍狂熱的場面，足可比

肩後來在文革期間天安門廣場上有過的浩大聲勢。

8月30日《東京朝日新聞》第七版刊載了這樣一條廣告:「這一天,2000年來的懸案得以解決,怎不令人高興!日韓併合!提燈行列=慶祝大會。讓我們盡情歡呼、盡情暢飲,以紀念這個日子。無論怎麼喝,只要有『財務』,就不必擔心。」這裡所說的「財務」,指的是一種清涼飲料。企業也參差機會,通過廣告形式加入到了日韓併合的狂歡之中。

同一天,《中外商業新報》這樣說道:「如果把國家的膨脹發展視為國力旺盛的表現,那麼對於大日本帝國的這種膨脹,我們國家的國民人人都應為之歡呼。」

當時,在日本全國範圍內,人人都認為日本統治朝鮮是正當之舉,並一致支持日本政府的殖民統治政策。

新聞媒體鼓吹的併合禮讚論認為,隨著日本獲得「韓國14000平方里」的土地,日本獲得了超過原有國土一半的土地。日本國民因此而陷入歡樂的海洋,人們沉浸在「大陸雄飛」的侵略之夢中。

9月1日,日本國內的小學,通過開學典禮,進行了「強化日韓併合」的教育,以慶祝日本帝國版圖的擴張。

就連《武士道》的作者新渡戶稻造(其肖像被印在五千日圓紙幣上),也都對日韓併合大加稱讚。在9月13日舉辦的一場高中入學儀式上的演講中,他這樣說道:「令人無法忘記的是『日韓併合』。正如字面所表達的意思那樣,這是千載難逢的一件大事。我們國家一躍而成為比德國、法國、西班牙的國土面積還大的國家……總之,我們國家成為比歐洲諸國更大的大國。大家都在這一過程中急劇成長起來。」

日本人田中信一曾這樣指出:在此之前,新渡戶稻造便應伊藤博文邀請,於1906年訪問韓國,考察那裡的農業情況,並認為自己「帶著對朝鮮停滯社會觀和民族蔑視觀回到日本。我只是一味為併合一事高

興，而且對帝國的膨脹充滿期待。」

在日本遮掩其吞併朝鮮的侵略本質，對其大加禮讚的時候，在朝鮮的學校發生了一件有趣的事情。1910年9月9日，《東京朝日新聞》第二版發表了這樣一篇報導：「不知是何人開的玩笑，蓋有共和門郵局郵戳的檄文，發到了各公立學校學生手中。『我們不能忍受大韓帝國的滅亡，以及日本帝國主義的統治，所以只要是個男兒，就應該共同罷課。』在這篇檄文的鼓動下，公立示範學校的學生已經開始動搖，而其他學校的學生，也開始躍躍欲試。因此，政府部門採取了非常戒嚴措施，檢舉了20多名師範學校學生，並對其進行嚴格審問。」

根據京城特派員7日的報導，在5日晚間11時，北部員警所羈押了首犯黃載熙。黃載熙自己切斷了一根手指，寫下了鼓動同盟罷課的檄文。

當時日本出版的報紙，也出現了這種朝鮮熱血青年的抵抗內容。這說明在森嚴的戒備狀態下，被掠奪了國家的朝鮮青年以這種方式表達了自己的反抗。

1910年10月初，朝鮮總督府總督寺內正毅發表了自己的施政方針。他這樣說道：「我們大日本帝國的版圖，跨過海洋，擴展到了東亞大陸。雖說我們因此新擴充了1000多萬人口，但圖謀改善朝鮮，是以獲得帝國的安寧和東洋的和平果實為目的的。其勝敗將影響國威的消長……現下，當務之急是維持新領土的秩序，開拓富源。」

他在這篇施政方針中，表達了成功侵略朝鮮的喜悅之情，同時也赤裸裸地表白了「帝國的野心」。

對於朝鮮人而言，1910年8月29日成為他們的國恥日。可是對日本來說，這一天卻是一個毫無顧忌地歡慶和讚美侵略的日子。從此，拉開了日本對朝鮮長達35年之久的統治，尤其是寺內正毅的殘酷統治。

20.「被玷污的朝鮮地圖」

　　1910年8月29日，隨著《日韓併合條約》公開發布，日本舉國上下同慶，同聲讚美日本對朝鮮的侵略。其間，只有一個日本人，對日韓併合提出了批判。

　　這個人正是當時日本的國民詩人、年僅25歲的石川啄木（1885-1912）。8月29日以後，石川啄木在書店通過大眾傳媒，對日本併合朝鮮一事提出批判，並對朝鮮民族給予極大的同情。

　　「用墨汁玷污地圖上的朝鮮，颯颯秋風撲面而來。」這是石川啄木於1910年9月9日所作的短詩。用經常使用於喪事的黑色墨汁，把朝鮮地圖塗黑，然後從中感受著寒氣襲人的秋風——詩人當時的心情一覽無遺。石川啄木在詩中批判了日本對朝鮮的併合，並對飽嘗亡國之恨的朝鮮人民給予了極大的同情。在全日本國民爭先恐後地爬上插滿鮮花的遊行車，手舉著燈籠沉浸在歡樂的海洋之際，石川啄木卻從正面提出了異議，並果敢地對帝國主義侵略行徑提出了批判。其膽量和見識都可謂是獨一無二的。

　　事實上，早在一年前的1909年10月，安重根在哈爾濱擊斃伊藤博文之後，石川啄木便寫下了讚美安重根英雄之舉的詩句。

　　　　視死如歸的英雄壯舉傳遍大街小巷。
　　　　你們隨便拿手槍朝我開槍，我一定會像伊藤博文那樣甘願一死。

　　石川啄木對「視死如歸」、以身殉國的安重根，懷著崇敬之心。雖然他是如此尊重伊藤博文，卻也對朝鮮民族英雄表達了充分的敬意。

　　當時，石川啄木就伊藤博文被安重根擊斃一事，這樣沉痛地寫道：「一個偉大政治家的偉大心臟，為了日本的經營和東洋的和平而停止了

跳動。」儘管如此，他也直言表白，自己還不清楚是否應該「真的憎惡」射殺伊藤博文的那個「韓人」。一直關注著失敗者和弱者的石川啄木認為，日本強制執行的統治政策，才是招致伊藤博文被擊斃的根本原因。他試圖站在弱者的立場上，理解他們，同情他們。因此對他而言，沒理由去「憎惡」他們。

所以，作為一個日本人，如果有哪一個被統治的朝鮮人拔出手槍向他開火，他也會「甘願一死」。他的表白，實際上也是一種負罪感的流露。

作為置身明治維新洪流中的見證人，石川啄木在審視當時日本的殖民地統治、膨脹的國家主義過程中，產生了對弱小民族強烈的同情之心。因此可以說，他是一個勇敢地批判了膨脹的殖民擴張、統治的日本人。

1910年8月29日，日本官方報紙在號外發表了明治天皇有關日韓併合的詔書。這意味著任何一個國民都不應對其加以批判或反駁。

當時，絕大多數日本國民，甚至是知識份子，也都被膨脹的國家主義沖昏了頭腦。即使是在這種情況下，石川啄木等日本人對日本的國家主義、帝國主義進行正面對決，這確實不是一件容易的事情。

29日，他寫下了日本是一個「時代的閉塞國家」的批評文章，對明治天皇詔書中言及的「將設置朝鮮總督府統帥陸軍，總管諸般政務」的軍政宣言，表達了深深的厭惡。

8月30日，《東京朝日新聞》上出現了「前日本帝國版圖」和「新版圖朝鮮」地圖。上面的日本地圖和朝鮮地圖，都是用同樣的紅色標出的。這是被納入日本版圖的朝鮮地圖。

近藤典彥在論文中認為，石川啄木實際上也展開朝鮮地圖，並在上面塗上黑墨之後寫下了為後人所熟知的詩句。他把被日本帝國主義吞併的朝鮮視為不幸的地獄，從中感受著撲面而來的淒涼的「秋風」。

隨後，石川啄木寫下了幾首題為《9月夜的不平》的組詩。這組詩共有34首，其中有很多都是對日本併合朝鮮進行批判的詩作。

　　「明治四十三年（1910）的秋天，我的心無比淒涼。」

　　「不知何故，秋風掠過我國人粗野的面孔之上。」

　　「秋風安撫著因我們明治青年的危機而悲傷的面孔，向我們吹來。」

　　石川啄木以淒涼的秋風和悲哀為中心，在詠歎日本帝國、國家主義的悲哀的同時，詠歎著因日本帝國主義的膨脹而淪為殖民地的朝鮮的悲哀。

　　1906年，在社會主義者幸德秋水的影響下，石川啄木以自由、平等、博愛為基礎，開始批判日本的國家主義，譴責「朝鮮輕蔑論」。

　　在創作於1911年6月的一首詩中，石川啄木這樣寫道：「我知道，我知道槍手的悲傷。」這裡所說的「槍手」指的就是擊斃了伊藤博文的安重根。他就是這樣公開表達對「日本公敵」的理解和同情的。這實際上也是對所有朝鮮民族的同情和理解。

　　日本現在的著名知識份子鶴見俊輔，在其《現代日本思想史》中這樣高度評價石川啄木：「石川啄木從各個角度出發，去思考這個被稱為日韓併合的政府行為，給日本人和朝鮮人帶來怎樣嚴重的後果。像他一樣具有這種反思能力的日本人，在當時是罕見的。石川啄木正是這樣一位罕見的詩人。」

　　在韓國，有些知識份子和詩人，也從很早開始就敬慕這樣的日本詩人。著名文學家金基鎮自稱，自己在1920年留學日本期間，受到了石川啄木很大的影響。1932年，金相回翻譯了石川啄木的詩集《無盡的議論以後》，並將其發表在《新東亞日報》上。1906年，韓日基本條約簽訂以前，《石川啄木詩集》就被金龍濟翻譯成韓國語，在韓國正式出版。此後，也有多首石川啄木的詩作，被以日韓對照的形式，介紹到韓國。

　　但是，對石川啄木的思想與人物的了解，依然相當於是一片未開墾的「處女地」。韓國人雖然一直在批判日本在百年前併合其國家，但更多的韓國人，並不十分清楚在當時也有像石川啄木這樣的日本人，對日本帝國主義進行批判的歷史事實。可以說，石川啄木是一位值得朝鮮人和被壓迫的民族永遠回憶的具備了良知的日本人。

21. 日本的「中國熱」

　　在「日韓併合」的1910年，居住在中國的日本人總數多達65434名。

　　雖然在1890年，這一數字僅為863名，但到了1895年中日甲午戰爭以後，卻增加到了1125名。而到了1905年日俄戰爭結束以後，增加到了11090名，大幅增加了近10倍。1916年辛亥革命爆發5年以後，居住在中國的日本人總數則達到了104275名。

　　在25年間，居住在中國的日本人總數增加了120倍。滯留中國境內的日本人總數如此之多，說明當時在日本已經興起了「中國熱」。

　　中日甲午戰爭以後，日本政府名義上提出了「保全」清國、「變革援助」的口號，並判斷中國要想成功實現近代化，就需要接受日本的「扶持」。於是，日本政府開始實施獎勵日本人移民中國的政策。

　　在「日韓併合」後的1910年年末，居住在朝鮮全境的日本人總數為171543名。也就是說，在把朝鮮變成日本殖民國家的同一年，中國熱也在日本掀起。

　　當時，在高漲的「中國熱」形勢下，來到中國的日本人，都是哪一階層的人呢？正如在今天這個國際化時代，大量中國人投入出國浪潮裡一樣，當時前來中國的日本人，基本上也是以留學、創業、貿易和商業為目的。

　　百年前，在踏上中國土地的日本人當中，從事商業、貿易的階層佔據了壓倒性的絕大多數。當然，其中也混雜著深深沉醉於「大亞洲主義」美夢，想要真正幫助中國使其與日本一道形成亞洲共同體，對抗西方的日本浪人和大亞洲主義人物。

　　日本在明治維新以後，變成一個近代化國家的主要原因，就在於教育的普及。在亞洲日本是最早、最優秀地確立近代教育體制的，而這也原封不動地傳入了中國和朝鮮。1899年的東文學堂，是日本人在清朝時期在中國建立的最早的學校。此外，還有1901年在北京建立的東文學社，以及同一年在南京建立的東文學堂，1905年在上海建立的高等預備學堂等。

　　這些學校的負責人都是由中國人擔任的，但教學主要是由日本人執行的。這些學校雖然說不上具備了今天的教育水準，但卻向中國提供了近代學校的教育模式。從這一點上看，其作用也是不容小覷的。

　　北京東文學堂的經營者中島裁之在該校擔任日本語教員一職，同時致力於培養各領域人才。中島裁之隨同實業家兼文學家岸田吟香一起，來往於中國各地，在考察中國的同時，師從洋務派代表學者吳汝綸，並在其訓導下，建立了這所學校。學校在當時具有很高的聲望，以至於前來報名擔任志願者的人數，遠遠超過了僅為30人的定員。中島裁之認為，日本自古以來一直受惠於中國，因此免去了所有的學費。

　　對此，直隸總督李鴻章及其繼任袁世凱，也都在一定程度上對中島裁之給予了支持。李鴻章從自己的機密費中，每月向中島裁之提供200塊大洋的援助，而袁世凱則每月提供了100塊大洋。因此，到1906年被收編為直隸省公立中學以前，這所學校培養了大批優秀人才。

　　辛亥革命前夜，在受到中國革命者熱烈歡迎的人物當中，國際法領域的權威寺尾亨教授，和憲法學專家副島義一教授，也是值得一提的人物。當時，中國革命政府還不太熟悉有關憲法的知識，所以雖然安排

宋教仁起草了憲法，但未能如願。於是革命政府決定聘請法律專家寺尾亨。寺尾亨身為東京大學最優秀的在職教授，卻傾盡自己的財產，為中國軍事留學生建立了東斌學堂。可以說，他是一個為中國革命事業付出自己餘生的人物。

他稱，「支那革命家是我的同志。我個人的事情會變成什麼樣，已經無關緊要了。」寺尾亨就這樣辭去了東京大學教授職務，帶著他的大學同事副島義一，到中國南京臨時政府赴任，開始著手起草「略法」（臨時憲法）。

日本人阪谷芳郎、原口要被當時的臨時政府聘請為財政顧問，而各地陸軍學校，也聘請了很多的日本教官。

此外，孫中山、黃興、宋教仁等也聘請池亨吉、萱野長知、北一輝等人為自己的秘書兼顧問，請他們前來幫助中國的革命事業。

1912年1月7日，成為中華民國臨時大總統的孫中山，接見了日本參謀本部派來的谷川岩太郎等人，並表明「如果沒有依靠日本方面，中國革命的成功將很難實現。」可以說，這是他坦誠地承認日本人對中國革命做出重要貢獻的歷史談話。

22. 在東洋三國成為暢銷書的《大東合邦論》

百年前，梁啟超以及後來成為北京大學校長的蔡元培，交口稱讚一本由日本人所作的書為「真正的傑作」。這本書在韓國也同樣受到了一致好評。它在日後形成東亞的「亞洲主義」思想過程中，起到了極大的影響。

這本書就是《大東合邦論》。它出自年僅36歲的日本知識份子、革命家樽井藤吉（1850-1922）這個奇才之手。足可傲視當時日本學術界

的頂級知識份子福澤諭吉的《脫亞論》出版於1885年。而在同一年，36歲的樽井藤吉便推出了自己的《大東合邦論》。與福澤諭吉在《脫亞論》中提倡「脫離固陋的朝鮮和清國，加入歐洲序列」的主旨相比，後者可以說是站在了對立的立場上。

樽井藤吉究竟是一個什麼樣的人物呢？與出生於1835年的福澤諭吉相比，樽井藤吉小了整整一代。樽井藤吉於1850年誕生在日本奈良縣，從小便拜在西鄉隆盛門下學習國學以拓展自己的國際視野。東洋的德治主義和對外發展，正是他的政治理想。他原本打算逃到朝鮮，投身於朝鮮的革命事業，卻一直未能如願以償。於是，他便和自己的同志結成了「東洋社會黨」。追求平等與公眾利益的東洋社會黨，也是日本最早成立的社會黨。

他的舉動引起日本政府的警惕，因此社會黨很快就遭到解散了。而樽井藤吉也在獄中度過了一年鐵窗生活。出獄後，樽井藤吉獲得著名政治家副島種臣的支持，來到中國和朝鮮支援兩國的革命事業。上海東洋學館的建立以及他對朝鮮開化派領袖人物金玉均的支持，足可說明他對亞洲革命事業的支持態度。

此後，樽井藤吉當選為日本國會議員，在政界展開活動。但他的性格原本就不適合議員生活，最終辭去了議員職務，開始著書立說。在這一期間，他寫出了流芳百世的《大東合邦論》。到了晚年，樽井藤吉也曾在朝鮮經營一家礦山，卻遭到失敗。

1922年，「日韓併合」整整過了12年，樽井藤吉以73歲高齡闔然長逝。

樽井藤吉的《大東合邦論》與1885年出版的福澤諭吉的《脫亞論》針鋒相對，提出不應將朝鮮視為「惡友」而應與其聯合，和中國一道形成亞洲勢力以對抗西洋這個共同威脅。

和日本同一時期其他思想家一樣，樽井藤吉也對當時的日本和亞洲

所處的現狀，充滿了強烈的憂患意識。與福澤諭吉把西方文明視為絕對的優越文明相比，樽井藤吉卻沒有將其視為絕對的價值。為了應對來自西洋的危機，樽井藤吉提出了「親和主義」主張。既然西方一味強調競爭，而遺忘了相互之間的親和，日本和朝鮮就應該親和起來，團結一致復興東方之氣。他強調的是復興西方文明所缺乏的東方的優點。

朝鮮和日本要想發展知識體系，實現文明開化，就不應彼此爭鬥，而應該團結一致，親合為一體，形成「合邦」之勢。這是樽井藤吉主張的重點。

在這裡我們首先應該關注的是，樽井藤吉主張的「合邦」，並非是日本以西洋方式單方面吞併朝鮮。在他看來，「合邦」就是日朝兩國在對等的立場上，在保持原有國家體制的情況下，設立共同政府。樽井藤吉的構想，並非是蠶食朝鮮的那種不平等思想，而是兩國在完全平等的前提下，形成一個新的國家體制。可是，令人遺憾的是，歷史的車輪卻朝著完全相反的方向駛去，並最終導致日本以殖民統治的形式，實現了「日韓併合」。

樽井藤吉將按照他的構想合邦而成的國家稱為「大東國」，並標榜其為亞洲東方具有平等立場的國家。他闡述道，這種「合邦」，將使民族平等和軍事力量提高到一個前所未有的水準之上，並使亞洲成為一個能確保其自身發展的亞洲。

他提出的合邦，是按照如下三個步驟實現的。

①首先，日本和朝鮮簽訂合約，創立一個名為「大東國」的合邦國；

②大東國與清國結成同盟關係，以對抗西方；

③大東國和清國共同解放南方的殖民地，最終實現大亞洲聯邦。

哪怕是從今天的角度上看，樽井藤吉的構想也是氣吞山河的，具有明顯的「大亞洲共同體」特點。

樽井藤吉舉出了世界史上的合邦例子，對日朝合邦提出了具體的方

案。①擁戴共同君主而成功合邦的有希臘、荷蘭、芬蘭、俄羅斯等為例；②作為聯邦制的實例有德國聯邦、瑞士聯邦、墨西哥聯邦等；③帶著主權合邦的實例有愛爾蘭、英格蘭、蘇格蘭等。他認為，這些都可以成為日朝之間值得借鑑和參考的例子。

樽井藤吉熟知大清國在東亞的重要性，也很好地把握了與清國之間關係的主軸。在他看來，日本和大清，就是「東方的海陸兩強」，因此兩者之間的對立，無異於是向西方提供了侵略亞洲的機會。他解釋說，即使在大清國看來，日朝兩國合邦，也是有益於與西方對抗的一條道路。

亞洲的聯合、團結——《大東合邦論》正是以此為目的而寫作的。樽井藤吉從一開始就帶著明確的目標和方法，用漢文進行創作的。這是為了便於這本書能在更廣泛的範圍內被人們閱讀。

當初，日本國內對這本書的反應十分冷淡。但它在中國和朝鮮，卻引起巨大迴響，從而一度成為暢銷書。這本由梁啟超作序的書，僅在清國便銷售了10萬冊。在朝鮮，這本書也刊印了1000多冊，但仍然出現了供不應求的現象。

在朝鮮，一進會的李容九、宋秉畯等人在這本書的影響下，展開了「韓日合邦論」實踐活動。從事實上看，他們的所作所為並不完全是一種賣國的行為。他們是在樽井藤吉的理論影響下，試圖實現日韓兩國的平等合邦。

梁啟超也對樽井藤吉的「大亞洲主義」思想產生了共鳴，而在1898年維新變法時，曾任翰林院編輯的蔡元培，也對這本書讚賞有加。事實上，安重根，金玉均等人的「東洋和平」思想，也是在樽井藤吉影響下產生的。此後由孫中山等人繼續向前推進的「亞洲主義」，其思想根源也都是發源於這個年輕俊才樽井藤吉身上的。

23. 近代中日韓三國的「亞洲主義」譜系

百年前的19世紀末期，在一度成為東亞學知、言論大熔爐的日本產生「亞洲主義」思想，是一件自然的事情。

即便是在回顧近代中日韓三國東亞歷史流向過程中，我們也會發現亞洲主義思想的建設，也是具有極大現實意義的。因為亞洲近代史就是在與西方列強的遭遇、衝突過程中展開的，而具有亞洲聯合特徵的亞洲主義，也正是在思考如何平穩消解這一衝突過程中誕生的。

在已經步入21世紀的今天，我們頻繁提到的「亞洲共同體」的構想，實際上是以百年前亞洲的先覺者首先提出、並予以實踐的亞洲主義思想為基礎發展起來的。最近，在中日韓等東亞國家，亞洲主義言論被人們舊話重提。與此同時，人們開始強調亞洲的聯合。從這個角度出發（這也是另一種應對歐盟的方式之一），對過去曾盛極一時的亞洲主義譜系進行反思，明顯具有現實意義。回顧這一譜系，對我們創建一個新的「東亞共同體」，顯然具有諸多啟示意義。

由於亞洲主義是在日本誕生的，因此在中韓兩國學界，基本上是將其視為「由華麗辭藻包裝的侵略思想」。亞洲主義被利用於日本的侵略活動，這一點我們當然應該予以批判。但不容我們忘記的是其中也存在著難以僅用批判一概而論的內容。我們不妨回想一下孫中山高舉著「亞洲主義」旗幟，大聲疾呼通過中國革命來實現亞洲聯盟的歷史。直到20世紀前半葉，很多中國的知識份子、革命家和改革派以及韓國各個階層，也都是積極擁護和吸納亞洲主義為各自國家的近代化進程添柴加火的。

亞洲主義在中韓兩國曾延續寫了相當長的譜系。其中儘管存在相互之間的批評，但卻都吸納了其中具有積極意義的因素。

作為一本具有劃時代意義的書，和《脫亞論》同時出現的《大東合

邦論》，提出了理想的亞洲主義思想，並主張日韓兩國通過「合邦」的形式，與中國聯合起來共同對抗敵人。

樽井藤吉在書中提倡的亞洲主義，並非是日本在亞洲的「獨善」，而是與中韓兩國聯合起來的亞洲主義，它超越了一國主義的局限。其中也包含著同一的文化、文明、民族（*種族*）等話題，所以才能在當時吸引亞洲各民族的心。

尤其是對已經淪為西方列強的殖民地的清國而言，亞洲主義所標榜的與西方文明的對抗、黃色人種和白色人種之間的對抗思想，很容易就引起了當時中國政治家、知識份子階層的共鳴。

第一任駐日公使何如璋很早就了解到了亞洲主義，而且也是最早對此表示擁護的人之一。在他之後的擁護者有梁啟超、章太炎、蔡元培、孫中山等中國風雲人物。

章太炎經常對外標榜通過強化亞洲各弱小民族的聯合與同盟，與白種人對抗的亞洲主義。1907年，他召集了陳獨秀等革命同志，與流亡印度的知識份子一起，設立了「亞洲和親會」，並提出了「反帝獨立」的口號。

孫中山一生當中1/3的時間是在日本度過的。在日本流亡、繼續展開革命活動期間，亞洲主義對他來說是極具誘惑性的。孫中山和日本的亞洲主義運動領袖、國家主義者頭山滿、內田良平等人，以及高喊著亞洲主義的大陸浪人保持著密切的關係。他既是一個亞洲主義的宣導者，同時也是一個實踐者。

另外，極端親日的孫中山也對日本獲得明治維新的成功，以及此後在兩場戰爭（*中日甲午戰爭、日俄戰爭*）中獲得的勝利充滿了喜悅之情，並從「亞洲主義」中尋找推翻清政府，建立一個漢民族國家的積極因素。

因此，孫中山積極回應和吸納日本的亞洲主義，通過亞洲的聯合，

努力去實現他的革命戰略。1912年，中華民國成立以後，孫中山在因袁世凱而退出總統府，展開反袁鬥爭之際，他仍然頻繁提起亞洲主義。即使是在此後看到日本的侵略擴張，孫中山始終主張和談論他的亞洲主義，並希望日本人能夠實踐。

1913年，孫中山在訪問日本時發表的演講中說，「日本的文明體系和民國的文明系統是同一的。」他高聲吶喊，「亞洲應由亞洲人管理。」此後終於發現日本利用了亞洲主義的「一國獨善」真面目以後，他才對日本的政策感到失望。但他仍然沒有放棄亞洲主義。1924年，在神戶發表的演講中，他仍然希望通過「亞洲主義的聯合」，阻止日本的侵略。

在朝鮮，亞洲主義首先於1884年引起了甲申政變的領導者、開化派金玉均的共鳴。在流亡日本期間，引起金玉均共鳴的「三和主義」，實際上是從東亞視角上出發，思考朝鮮革命問題的。其實質乃是「清日韓三國協作，以防禦歐美東漸」。

在這裡，成為其思想根源的，正是樽井藤吉的《大東合邦論》式的亞洲同盟思想。

此後，一進會的李容九積極吸納了亞洲主義思想，並試圖促進韓日合邦。他認為通過日韓同盟可以阻止俄羅斯力量的南下，他選擇的實際上是通過復興亞洲而促進朝鮮改革的道路。從民族史角度上講，一進會和他的合邦構想，很容易被視為是一種「賣國」的行為，從而對其大加撻伐。但對他的亞洲主義思想，我們還是有必要做進一步的深入了解。

1910年，安重根在旅順監獄未能完成的文稿《東洋和平論》，實際上是包含著金玉均「三和主義」思想的「亞洲主義」的產物。生前，一向很喜歡日本的安重根，在日本得知日本獲得日俄戰爭勝利的時候，還曾為此高聲歡呼。他在獄中這樣構想：「韓清日三國聯合起來，把旅順定為共同管理的地區，並以此地為東洋和平本部，設立三國的共同銀

行，結成三國青年共同軍團，而清韓兩國在日本的指導下，圖謀商業的發展」，以對抗西方列強。

亞洲主義的聯合思想，即使是在經過了百年的今天，依然是形成「東亞共同體」的一種積極因素，是一種智慧的指導方針。

24. 岩倉使團出訪西洋

1871年12月23日（農曆11月12日），誕生僅3年的明治政府任命岩倉具視為特命全權大使，並任命木戶考允、大久保利通以及年僅31歲的伊藤博文為副特使，向西方派出了日本使團。在這個包括日本政府高層官員的使團中，共有50多名政府官員。

從1871年的世界史年譜中我們可以看出，德意志帝國在這一年誕生，巴黎革命公社也於這一年成立，俄羅斯在這一年佔領了大清國的伊犁地區，《清日修好條約》簽署，而日本開始實施了「廢藩置縣」的近代革命。可以說，在這一年，世界上發生了震天動地的變化。

在這個尋訪了歐美多個國家的日本「岩倉使團」當中，除了政府官員以外，還包括中江兆民等傑出俊才和津田梅子等留學生。全團由107名日本各階層精英組成，明治政府花費數百萬美元，向西方派出這個耗時近兩年的使團以全面考察外國。明治政府這一暗含著龐大設想的大手筆，至今也是令人驚歎不已的。中國或韓國人經常認為日本人辦事規模不大，在很多方面都顯得小氣。但近代亞洲史表明，日本人並非是這種小裡小氣的。相反，他們表現出了罕見的大氣。

日本明治政府派出岩倉使團的真正目的是什麼呢？如果按照日本的歷史書籍內容對此加以說明，其目的有如下兩點：首先，這是為了修正與歐美列強簽訂的不平等條約，並向西方展示日本也將實行文明開化政

策的雄心；其次，當時的明治維新精英作為政治宣傳，提出「為了應對世界性列強競爭時代，而向西方學習。」而這正是徹底吸納西方文明的態度。

也就是說，日本明治政府當務之急是學習西方的法律、財政、外交，並為了實地考察這些領域的實際情況才派出了岩倉使團。通過模仿、吸納西方近代文明，使日本脫胎換骨為一個與西方一樣具有強大力量的近代國家，以阻止西方列強主導的殖民化進程，並確保日本的獨立。這就是明治政府派出使團的目的所在。

當初原本計畫僅為10個月的考察，後來被日本政府大幅延長，變成了為期22個月的長期巡訪，從而使這次使團的出訪在日本近代史上產生了決定性的影響。

岩倉使團出訪的第一個國家是美國。美國政府在他們下榻的舊金山大飯店舉辦了歡迎儀式。年僅31歲的伊藤博文作為副特使，在儀式上進行了宣傳日本開明政策的演講。他在20多歲的時候，曾到英國留學，因此他是以帶有長州口音的英語向美國民眾演講的。

「今天，我們日本明治政府及國民所期望的，是達到歐美文明的最高峰。為了實現這一目標，我們國家已經在陸軍、海軍、學校、教育制度上採納了西方的方式，貿易也得到極大發展。文明知識正在源源不絕地流入日本。」他這樣誇讚了日本學習西方文明的成果以後，繼續強調日本學習西歐的強烈欲望。

「我們國旗中的旭日，並非是大家所熟悉用來密封信封的蠟封，而是名副其實地將在未來冉冉升起的一輪旭日。我們將很快站在世界文明諸國的佇列之中，並大步向前。」（《伊藤博文傳記》）又被人們稱為「伊藤博文演講」的這一次英語演講，強烈地表達了新興日本的氣概，和岩倉使團的使命。作為日本針對西方列強發出的宣言，它給人留下了極為深刻的印象。雖然已經晚了一步，但日本還是強烈希望在亞洲率先

成為一個文明強國以匹敵西方列強。伊藤博文的演講，充分表達了日本的這種自信。

岩倉使團在美國考察了以毛紡廠為首的近代化工廠、電信設施、學校、公園等。然後在乘坐列車橫貫大陸、前往首府華盛頓的途中，為美國的開拓精神深深感動。他們開始回顧和反省日本展望祖國的飛躍，並從「民力」中尋找兩者之間的存在的差距。他們深刻認識到日本的前近代是一個「人沒有作為一個人的價值」的時代。

岩倉使團一一巡訪美國、英國、法國、比利時、荷蘭等國家，詳細調查這些先進國家的文化、產業、制度，並積極與這些國家的領導人和普通市民接觸，以掌握國際形勢的相關知識、資訊。

岩倉使團在美國停留了8個月。然後越過大西洋，在英國停留4個月、法國停留2個月；在比利時、荷蘭、德國共停留3周，在俄羅斯停留2周。丹麥、瑞典、義大利、奧地利、瑞士等國也都在他們的訪問行程之列。他們停留日期長短的順序為美國、英國、法國、德國。從中我們可以看出，他們對當時世界最先進國家的關注態度。

在歸途，岩倉使團經過地中海、蘇伊士運河，訪問了亞洲各地，如新加坡、越南、香港、中國等地。但與他們在西歐停留的時間相比，在亞洲停留的時間實在是過於短暫。這是因為他們認為，在這些落後國家沒什麼可學的東西。他們就這樣於1873年9月13日回到了兩年前的出發點——橫濱港，結束了這次漫長的考察活動。

岩倉使團的書記官久米邦武執筆的《米歐回覽實記》（1878年出版）多達5卷。這是一份分量極大的報告書。報告書稱，岩倉使團在美國等歐美先進國家，對通信系統、產業、法律、財政、教育、學術等各方面都進行了詳細的調查研究。從此，他們深切感受到了《萬國公法》的威力，領悟到所謂的文明其實是在工業和貿易領域積蓄起來的並以富裕為基礎而形成的產物。以文明化為目標的明治政府，從此開始由一個

中國儒教文化體系中的「禮儀之邦」，轉變為一個西歐文明體系秩序中的「富裕」國家。

當時，西方世界對日本的岩倉使團給予了很高的評價。岩倉使團在巡訪美國的時候，英國的《時代週刊》便反覆對此予以報導。早在1861年日本的幕府使團訪問英國的時候，他們就對其進行了跟蹤報導。英國人對1871年日本派出的岩倉使團這樣評價道：「也許這是迄今為止亞洲國家派出的最引人矚目的使團。」他們對日本這次派出規模龐大的使團，不吝讚美之詞：「日本通過實地考察，相信自己已經踏上了亞洲先覺者的道路。通過實地考察，日本覺悟到應該首先致力於模仿和改善，而不是創造。明治維新政府就是在這樣的理解基礎上迅速採納了西歐文明。這種實例在亞洲其他國家是難以找到的。」（《日本有戲》）

25. 清末時期襲擊日本本土計畫

在回顧近代東亞百年歷史之際，雖說日本侵略、佔領、統治過中國和朝鮮，但中國和朝鮮卻一次都沒有侵略、襲擊過日本。

中國近現代史學家說，從1937年到1945年間的抗日戰爭期間，尤其是在1945年8月日本無條件投降以後，中國是有機會打擊日本本土，給日本毀滅性一擊的。

當時能把日本侵略者趕出中國的決定性因素何在？對此，學者們的看法因不同的國家立場而表現出各自不同的觀點。日本人認為，他們不是被中國人打敗的；而中國人卻高度評價中國軍隊和共產黨的力量。俄羅斯學者則從自己的立場上出發，過高地評價蘇聯軍隊參戰的意義與作用。而美國學者則認為，美國在日本投下的原子彈，才是日本投降的決定性因素。

筆者認為更妥當的看法是：這四個國家的因素綜合起來，才是導致日本失敗的原因所在。

可是，戰勝國國民的腦海中始終有這樣一個疑問：當時，中國軍隊為什麼沒有乘勝追擊，直接打到日本本土？

復旦大學國際關係及公共事務學院教授郭定平說，「其實，蘇聯當時本想襲擊日本本土，但由於美軍的作戰過於迅速，所以才擱置了這一計畫。」

蘇聯認為，日本已經像一堵浸透了水的泥牆一樣坍塌，因此向日本發起全面襲擊作戰失去了意義。而日本也已承諾，只要保留天皇，就宣布無條件投降。因此，美國方面和蔣介石協商結果，中止了全面進攻日本本土的計畫。這是學者彭訓厚做出的解釋。

結果，美國的GHQ（駐日盟軍總司令部）佔領日本長達7年之久，並將其改變成一個美國式的民主國家。

然而在百年前的清朝末期中日甲午戰爭期間，清政府也曾計畫襲擊日本本土。

當時清朝政府的外交官宋育仁（1857-1931），向清政府提交了「襲擊日本本土計畫」，襲擊日本的計畫由此拉開序幕。

讓我們首先來了解一下宋育仁究竟是一個什麼樣的人物。《宋育仁思想評傳》（黃宗凱等著）中說，宋育仁出生於四川省自貢市，是清末「新學鉅子」之一。他是一位維新思想家、知識份子，同時也是當時清政府的外交官。他的思想涵蓋了政治、經濟、文化、軍事、教育、初版、外交、法律等諸多領域。1886年，宋育仁中舉，出任翰林院庶吉士，並在北京接受維新思想過程中，與黃遵憲等改良派知識份子建立了友好關係。從此，他的思想產生了巨大變化。

1887年，宋育仁對中國近30年來的洋務運動進行反思，對洋務派提出批評，並執筆主張維新變法的《時務論》，強調中國除了改革別無

他路。

《時務論》主張，中國應在經濟上發展民族工業，以阻止外國的侵略；在政治上學習歐洲的君主立憲制，實行君民共治的政治制度。他還高聲呼籲，在軍事、文化等領域進行改良。

1889年，血氣方剛的宋育仁出任翰林院檢討一職。他的文章一度引來眾人的嫉妒，但卻受到光緒皇帝的讚賞，並將其介紹給巨匠級學者翁同龢。

1891年，宋育仁作為科舉考試監考官視察廣西，認識到清政府改革的緊迫性。於是在1892年向恭親王提出了改革經濟、開放新聞、發展教育的改革方案。

1894年，宋育仁以公使身分出使歐洲，開始積極調查和接觸外國的政治、經濟、社會、文化等情況，並將其經由寫成《采風錄》4卷予以出版。書中，他在介紹西方的政治、風俗習慣、文化的同時，大力提倡維新變法思想。

中日甲午戰爭爆發期間，宋育仁在倫敦身兼中國駐英國、法國、義大利、比利時等四國公使職務。宋育仁上書清政府，歷陳具體戰略。

黃海海戰失敗以後，宋育仁立刻提出了大膽的戰略構想。購買英國等西方國家的軍艦和魚雷快艇10艘，召集外國水兵2000名，組成水軍旅團，偽裝成外國商業船隊，襲擊日本的東京和長崎。

宋育仁向清政府提出這一策略，並希望清政府提前做好準備。同時與當時清政府實權派人物張之洞聯繫，請求對此予以支持。與此同時，他在歐洲積極籌畫向美國、英國等國銀行家貸款，準備購買軍艦和雇傭外國軍人。在他熱情洋溢的努力下，終於成功購買了軍艦和武器，也完成了雇傭外國軍人的準備工作，組建了一支強大的海軍力量。然後他將這支海軍力量轉給北洋水師提督琅威理。

但是，在黃海海戰中失敗的清政府已經開始計畫與日本講和，因此

李鴻章徹底否決了宋育仁等人的襲擊計畫。慈禧太后也對宋育仁「惹是生非」的做法大發雷霆，責令其立刻回國。1895年3月，清政府與日本簽署了屈辱的《馬關條約》。而宋育仁則被貶為四品官員。

此後，宋育仁撰寫了《借籌記》，以發洩自己壯志未酬的悲憤。

26. 康有為的兩副面孔

作為戊戌變法領導者的康有為（1858-1927），真實地感受到了近代中國和世界之間差異。但在中國近代史上，恐怕再也找不出第二位像他這樣具有複雜性格的知識份子。

人物詞典上，對康有為的介紹大體上是這樣的：「康有為，字廣廈，號更生，廣東海南人氏。他是一位近代著名政治家、思想家、社會改革家和書法家。他同時也是一位著名學者。主要著述有《新學偽經考》、《孔子改制考》、《日本變政考》、《大同書》、《歐洲十一國遊記》等。」

但是，人物詞典中的內容，根本不足以充分展示康有為複雜、多重的性格和面貌。在閱讀大量近代史資料過程中，筆者發現康有為是一個具有極端矛盾性格的人物。一言以蔽之，康有為既是一個偉大的變革家，同時也是一個固執守舊的保守派。表面上看，雖然給人以翩翩君子的印象，但其實他不過是一個齷齪小人和庸人。

1895年，在簽訂《馬關條約》時，康有為正在北京準備參加會試。聽到有關馬關條約的消息，康有為召集1300多名舉人，向清政府聯名上書，上演了一場「公車上書」的活話劇。關於這一事件，已經成為一段歷史佳話，深深烙印在中國人的腦海之中。

此後，康有為協助光緒皇帝，試圖展開舉世聞名的「戊戌變法」，

但僅僅堅持了103天，便草草收場了。以日本明治維新為藍本的戊戌變法運動，雖然具有劃時代的意義，但由於中國的社會原因，最後以失敗告終。即便如此，在百年後的今天重新回顧這次變法的時候，我們也應對此給予充分肯定。

中華民國成立剛滿一年的1913年，康有為結束了漫長的國外流亡生涯回到中國。但他卻成為中國最大的保皇黨領袖，反對新的共和制度，試圖扶植清朝廢帝溥儀，復辟帝國。

戊戌變法失敗以後他所走過的道路，與他的愛徒梁啟超截然相反。到了晚年，康有為對梁啟超的傾軋，實際上也正是兩者所選擇的不同道路導致的悲劇。

在閱讀大量有關康有為的歷史資料過程中，筆者終於發現了他的真實面孔以及極深的城府。與梁啟超不同的是，盤踞在康有為的內心深處的，是與「君子」和「聖人」背道而馳的「俗人」和「庸人」。

最近，中國史學界也有茅海建等中堅學者對康有為的「公車上書」提出了懷疑的觀點。但即便如此，他作為維新派領袖的地位，卻是無法撼動的。他從一個革新派變成流亡海外的亡命之徒，後來又變成一個保皇派、保守派，淪為共和革命的敵人……他的這幾次轉身，無法不讓人對其立場、人格產生嚴重的質疑。

在康有為的內心深處，潛藏著與一個知識份子、文化人格格不入的功利主義思想。康有為的功利性，首先表現在他對權勢的阿諛奉承。1888年，到北京參加順天鄉試，藉機第一次上書光緒帝請求變法，但受阻未上達。當然，保守派官僚的觀念也是其上書未達的原因之一。但從另一方面講，他阿諛奉承的卑劣和「囂張卑蹈」，引起官僚的反感也是另一個重要原因。

上海的鄭觀應、北京的蔡元培、羅家倫等當代一流的知識份子或實業家也對康有為的功利性頗為反感，因此也都沒有加入他的上書活動。

　　有很多知識份子都先後指出康有為「好大喜功」的品性，也有很多後學之士對他的政治學意義上的「剽竊武斷」予以譴責。梁漱溟也在《東西文化及其哲學》中直言，「我尊重除了康南海以外的所有人。」國學鉅子錢穆也曾指出，康有為的《新學偽經考》是剽竊了經學大師廖平的作品。

　　「綜合各個不同身分的人對康有為的為人及學術活動的評價，我們便可以據此描畫出一個具有連貫性的形象。雖說康有為的勇氣和維新思想值得肯定，但他也是一個在自負、浮躁、功利性，以及過度的主觀意志下行動的人。這也是事實。」（五常）

　　事實上，猛烈抨擊一夫多妻制的康有為，自己本身就有六個小妾。到了晚年，出於功利目的、貪圖浮華奢侈的生活，他曾把巨額資金納入囊中。

　　1906年，正在遊歷世界各國的康有為投身於功利性的商業活動。在訪問墨西哥期間，康有為拿著華僑的捐款購買了大量土地，並從中獲得巨大利益。換算成今天的現金，康有為通過這次齷齪交易，一夜之間收入了700萬元巨額資金。他也是中國近代史上遊歷了最多國家的旅行家。

　　到了晚年，康有為回到國內以高價租賃上海實業家盛宣懷的花園，1921年又耗費巨資購買了超豪華的園林式住宅。15年間，康有為用他在各地巧取豪奪的資金在杭州、上海、青島等地修建別墅，享受這奢侈的生活。

　　在遊覽黃河、長江南北10餘處名山大川過程中，康有為庸庸碌碌地虛度了他的晚年。不僅如此，1927年3月8日，康有為在上海舉辦了70壽宴，並在21日到達青島。30日，康有為客死他鄉。位於廣東省佛山市的康有為故居，成為一個舉世聞名的文化遺跡，他在死去以後也同樣地享受著榮華富貴。

27. 孫中山和李鴻章密謀「兩廣獨立」

在《國父年譜初考》中有這樣一段內容：1894年6月，孫中山「率領陸皓東上書李鴻章」。在國民黨出版的有關孫中山的傳記中，總會出現孫中山上書李鴻章的內容。這些資料稱，孫中山向李鴻章提出了「工商業發展、教育制度改革、人才選拔制度的改革等理想的計畫」。流傳至今的一段趣聞說，對此，李鴻章對孫中山非常冷淡，這樣回答他：「你連官話（北京話）都不會說，怎麼進行管理？」於是孫中山失望至極，決定自己組織革命力量，開始投入他的革命事業。

但是，李敖在他的《孫中山研究》中考證認為，這種趣聞只是國民黨為了美化孫中山而捏造出來的。

對於這事件的真偽，至今還沒有定論。但是，1900年孫中山與李鴻章聯合圖謀兩廣獨立，卻是存在於歷史事實當中的。筆者也是通過中國史學家發表的研究資料才了解到這段歷史。

在中國，孫中山素有「國父」之稱，他是一位中國民主革命的先驅。而李鴻章則作為一個清末元老重臣，是和當時的俾斯麥（Otto von Bismarck）、伊藤博文並稱為「世界三大帝相」的大政治家、外交家。

孫中山和李鴻章這兩個風格迥異的政治家之間，曾有過怎樣玄妙的關係呢？這不能不說是近代史上最引人矚目的事件之一。根據筆者多年來接觸的近代史資料，可以得出這樣一種結論：這二人之間，確實曾就兩廣獨立一事有過交集。

從時間上看，策劃兩廣獨立是在義和團起義時期，並因此引起連鎖反應。八國聯軍入侵北京，而清政府的勢力也因此而得到弱化。

準確的時間為1900年。由於清政府在中日甲午戰爭中敗北，與日本簽訂了屈辱的《馬關條約》，李鴻章被國人罵為「賣國賊」。經過幾年沉淪以後李鴻章終於挺過來，重新得到慈禧太后的重用，將其提拔為

兩廣總督。李鴻章東山再起,並在慈禧太后的指示下挑起了鎮壓「康、梁」維新黨的重擔。

可是,李鴻章在掘「康‧梁」祖墳的同時,暗地裡不但與二人保持著間接來往,而且保持著書信來往。這種關係真可謂是玄妙無比。

義和團運動的爆發,使李鴻章和孫中山之間的關係也變得更加複雜和微妙。由於義和團運動,社會正經歷著史無前例的動盪。一直在計畫推翻清政府的孫中山認為時機已到,並為之精神振奮。

於是在決定發起革命武裝起義的同時,孫中山也打算與李鴻章合作,密謀兩廣獨立事宜。

孫中山為何看上了李鴻章呢?這是因為很久以來,孫中山認為李鴻章是清政府當中最為開明、最具有國際眼光且清醒的政治家(而且也同樣是漢族),並對其懷有一定的信任。因此,孫中山對李鴻章的期待是很大的。

從另一方面講,渴望並積極促進兩廣獨立的勢力,正是生活在香港和廣東的上流階層。他們認為北方的動盪一旦波及到兩廣和香港,就可能危及到他們自身的政治、經濟利益。所以他們才決定利用李鴻章,維持社會的穩定秩序。

詹姆斯的《日本和孫逸仙》中說,廣東商人希望用2500萬兩大洋,阻止李鴻章北上,使其繼續駐守兩廣。

當時,一個名叫河啟的香港上流社會人物,與香港總督布萊克有著一定的因緣關係。而河啟希望藉助布萊克的力量,勸誘李鴻章促成兩廣獨立。他們首先找到李鴻章的心腹劉學詢與之交涉,並告訴他說只要李鴻章有意獨立,他們便把孫中山從日本召回國內。

對於這一極其敏感的話題,李鴻章沒有發話,只是默默點了點頭。於是,劉學詢立刻給孫中山發函稱,李鴻章因北方義和團之亂,有意在廣東獨立,希望孫中山盡快回國。

在這些人的慫恿之下，孫中山於1900年6月11日，率領日本人宮崎滔天、鄭士良等三名助手由日本出發，並於17日到達香港。孫中山擔心李鴻章設計逮捕自己，便派日本朋友先行與劉學詢接觸，而自己則乘船來到越南，在準備武裝起義的同時策劃李鴻章的兩廣獨立。

可是，6月15日，清政府致電李鴻章，命其「速速返京」。李鴻章對此產生戒備之心，便一再推遲北上，因為他認為此時返京不利於自身安全。

6月21日，清政府終於向外國聯軍宣戰。李鴻章和兩廣總督劉坤一（1830-1902）、湖廣總督張之洞簽署了《東南互保協定》。

7月8日，在盛宣懷的努力下，李鴻章官復原職，就任直隸總督兼北洋大臣。7月16日，一直推遲北上的李鴻章終於啟程返京。

當時，從廣州北上返京必須經由香港。仍然對李鴻章抱著獨立希望的孫中山和布萊克，準備向其最後建言。

前一天到達香港海灣的孫中山期待著能與李鴻章面談。但是，香港當局根據英國政府的指示，拒絕孫中山登陸香港。香港方面稱，只有李鴻章贊同兩廣獨立，才允許孫中山上岸與李鴻章面談。

但大勢已去。此時的李鴻章更為關心的是自己掌握的中國全境的局面，而不再是廣東和香港的利益。於是，就像從未和孫中山密謀過一樣，放棄了兩廣獨立一事。李鴻章甚至下令逮捕孫中山。

李鴻章缺乏對孫中山的革命的了解，而且也沒有信心放棄眼前的既得利益。與孫中山相比，這是李鴻章的弱點之一。

28. 日本為什麼能夠避免被殖民的命運？

從19世紀中期到20世紀中期，由西方列強主導的近代百年歷史，是

殖民的歷史。在東亞地區，朝鮮淪為了殖民地，中國也淪為了半殖民地，可為什麼日本卻沒有淪為殖民地呢？

首先，讓我們來了解一下當時世界諸國的具體情況。日本開放港口是在1850年至1860年間。我們應該對這一時期世界列強的情況做一番了解。在這一時期，無論是日本、大清還是朝鮮，都處於前近代的停滯時期，整個社會的弱化程度足以遭到揶揄。就是在這一時期，英國已經進入資本主義的巔峰階段，而且也建構起世界上最強大的海軍力量。

英國海軍力量之所以強大，是因為他們需要保護其出口前沿的航海安全。英國成為了世界最強大帝國，在統治了印度以後，於1840年透過鴉片戰爭成功折服了東亞大國中國。他們本想從中國進口茶葉及出口鴉片。可對於英國而言，除了中國的出口法以外，大清朝的關稅也成為一道壁壘，於是出於拆除這道壁壘的目的，英國向清政府施加了壓力。英國以自己強大的海軍力量為後盾，強迫世界接受它的自由貿易主張。

因此，凡是對英國的貿易提供協作或不大予以干預的國家，也就沒有必要對其施行佔領或殖民統治。1860年代，日本不論是江戶幕府或是之後的明治政府都表示願意遵循國際法，對於西方列強來說日本是一個容易對付的國家。

另外一點是，日本積極適應了國際環境的變化，主動開放了港口。1860年代，是自由貿易主義佔據世界主要潮流的時代，日本既然已經開放港口，局勢便也有利於日本避免殖民統治了。

此外，日本為了具備先進國條件，已經在致力於培養開明的官僚。從1880年起，帝國大學法學部就開始正式培養官僚階層，而到了1890年，日本已經形成了近代官僚階層。到了1910年，更是完善了作為官僚啟用制度的高等文官考試制。

直到這時，大清國和朝鮮仍然在通過傳統的科舉考試制度選拔官員，因此極其缺乏真正意義上的近代官僚。1889年，日本頒布帝國憲

法，次年成立帝國會議。另外，隨著資產階級的成長，政治、商業、財閥也逐漸興盛起來。

在進入1890年以後，世界列強乘著帝國主義對外擴張的風潮，大肆侵略弱小國家。而航海技術和鐵路的發達，使他們對亞洲的滲透變得更加容易。

在這種形式下，俄羅斯試圖併吞朝鮮半島，但朝鮮半島關係到日本的生存，日本又豈能袖手旁觀？

為了國家利益，西方列強開始擴充國防經費、軍費，佔領和統治殖民地變成了一種風潮。

在中日甲午戰爭中敗北的清政府，最終變成了一道獻給西方列強的美味祭品。在近代化道路上落後的大清帝國就這樣走上了下坡路。

日本在1860年代順應了世界潮流，但大清帝國卻沒有改變，這是一個決定性的差異。從1853年到1856年，英法聯合艦隊在和俄羅斯艦隊進行的戰爭期間，英國掌握了日本海峽的相關資料，並意識到這一地區乃是關係到他們勝負的戰略要地。

因此，日本成為一個獨立的強大國家，對英國來說是一件好事，所以西方國家希望保持日本的獨立。日本就是這樣在自身的努力和客觀上的運氣下避免了被殖民統治。

能避免遭到西方的殖民統治，可謂是日本的幸運。日本的文明史學家這樣總結當時日本的條件：①日本對外來文明的寬容態度。接受能力很強的日本對西方的態度比較溫和；②與中國和朝鮮相比，日本的國民素質相對較高，因此在吸收西方文明過程中具備了堅實的群眾基礎；③日本當時的社會不像中國或朝鮮那樣，沒有派系之間的爭鬥和內訌。而自江戶時代以來，日本國內幾乎沒有發生過民族紛爭，因此也具備了團結的力量；④由於沒有過度浸淫於儒教文化，統治階層的思想轉變非常迅速。而且近代官僚精英數量也很龐大，因此得以平穩地適應世界潮

流。（野島裕史）

可是，大清和朝鮮卻未能具備以上4個條件。

29. 康有為發起的「公車上書」之謎

公車上書，是指清光緒二十一年（1895年），梁啟超等數千名舉人聯名上書清光緒皇帝，反對在甲午戰爭中敗於日本的清政府簽訂喪權辱國的《馬關條約》。公車上書被認為是維新派登上歷史舞台的標誌，也被認為是中國群眾政治運動的開端。

首先簡單介紹一下事件的始末。1895年，康有為為了參加科舉考試的終試（會試）而來到北京。因反對《馬關條約》，他聯合了1200（乃至1300名）舉人，上書光緒皇帝，要求拒絕承認與日本簽署的協議，號召變法。

公車上書事件，早已升級為中國近代史上的大事件，以至於幾乎所有歷史教科書或歷史書籍都有記載。在這些記述中，公車上書被描述為近代史上一件具有重要意義的事件。

可是最近有一些學者、作家紛紛指出：公車上書其實是康有為和他的大弟子梁啟超等人人為的操作。

中國著名近代史研究學者、北京大學教授毛海建說，對康有為的公車上書提出質疑的中國學者、文人不只一二。很多研究結果表明，公車上書不過是康有為等人以自我包裝為目的所進行的宣傳行為。

某學者認為，中國近代史上經常出現的公車上書，大都是以康有為執筆的《我史》為基本歷史材料，對其加以描述的。「……（清政府）命令大學士李鴻章，將遼東和臺灣割讓給日本，並賠償日本白銀2億兩。3月21日，電報發到北京以後，我首先獲知了這一消息，於是決定

讓梁啟超煽動各省舉人。我們決定首先鼓動廣東舉人聯名上書，以拒絕政府與日本進行的議和。湖南舉人積極回應了這一號召……我們召集起18省舉人，在松筠庵召開會議。1200多名舉人經過一晝兩夜的議論，起草了民言書。我們提出的要求有：拒絕議和、遷移首都、變法……」

茅海建教授認為，第一個對康有為的說法提出質疑的是黃彰健。他在1970年出版的著作《戊戌變法研究》中，對康有為提議召開會議的內容，以及「公車上書」的內容、簽名者數量、松筠庵能否容得下1200多人等提出了自己的質疑。

此後，孔祥吉先生於1988年發表了《康有為變法主義研究》一文，提出了與黃彰健相同的看法。王淑子、王凡於1987年、1990年分別發表論文《康有為領導的「公車上書」辨偽》及《公車上書的真相》，提出了更有深度的質疑。他們認為，「《公車上書》是康有為等人出於宣傳和包裝自己的目的而刊行的冊子，稱其銷售量達數萬份，這也是難以令人相信的資料。」

茅海建教授認為，上述學者的論文具備了考證意義上的資料性質，已經基本上反駁了康有為自己的說法。

1996年姜鳴先生出版的《被調整的眼光》，可以稱得上是一本頗具影響力的隨筆集。其中的《康有為的「公車上書」的真相》一文這樣指出：當時，對與日本議和提出反對的主要是官僚階層，而舉人們的上書受到阻礙。而且，康有為起草這份上書，本想首先在上海發表。因此，康有為試圖透過這份上書，操作轟動效應的可能性是極高的。

1999年7月，《光明日報》（讀書週刊）上發表了一篇以姜鳴的文章為依據的《果真有過「公車上書」嗎？》，立刻引起熱烈的議論。2003年，湯志鈞出版了《戊戌變法史》，對姜鳴的觀點進行了反駁。

2006年，姜鳴又出版《天公不語對枯棋》，並斷言「公車上書」是人為操作的產物。他認為，簽訂《馬關條約》是眾多中國人反對的事

情，因此人們都是爭先恐後上書反對的，因此上書也談不上是一件需要多大勇氣的事情，康有為操作「公車上書」其實是另有目的的。作為維新的先驅，康有為是一個非常善於自我包裝與宣傳的人，他希望通過操作這個事件，提高自己的政治影響力和政治地位。

康有為十分熟悉科舉制度以及等級制度，所以選擇了以自己的想像力和行動能力為資本的、晉升官僚階層的手段。到達北京以後，在踏上官路的同時，以一個職業政治人的身分反覆參與政治。這次公車上書，便是他一手策劃的精彩的政治表演。

2007年，茅海建教授在發表於2005年的《公車上書考證補》基礎上，發表了《史料的主觀解讀與史家的價值判斷——覆房德鄰先生兼答賈小葉先生》（《近代史研究》2007年第5期）。在這篇文章中，茅海建教授指出：康有為「通過梁啟超等人反覆在『公車上書』上塗色，給這件原本不值一提的小事塗上了一層漂亮的外衣，並賦予戲劇色彩，更加引起史學家們的興趣。」

茅海建教授援引了《總理衙門章京上書》、《劉大鵬日記》以及《康有為親筆年譜手稿本》等豐富的史料，同時運用《直報》的報導資料，論證了「公車上書」的虛偽性。

對此，中國的中青年學者也發表了各自的見解。學者傅國涌發表了題為《康有為的神話》的文章，指出康有為的《新學偽經考》、《孔子改制考》等名作，都是剽竊了他人的作品，並據此斷言：100多年來感動了整個民族乃至中國的「公車上書」並非是歷史事實。

此外，還有很多國內知識份子也對姜鳴的論點表示贊同，認為考慮到康有為人格上的諸多問題，姜鳴的意見可能更接近事實。綜合上述各家之言，康有為的「公車上書」更可能是由他一手操作的一個歷史謎語。

30. 慈禧太后的政治遺產

　　慈禧太后是在清末隱伏著內憂外患之時登臨中國政治舞台的，直到今天仍是很多人茶餘飯後的談資，人們對「稀世惡女」慈禧太后更多的是負面的看法。

　　作為同治皇帝的親生母親、光緒皇帝的親姑姑，慈禧太后曾以「皇太后」的身分垂簾聽政，左右著中國的政治命運。在臨死之前，慈禧太后指定年幼的溥儀為皇太子以確定大清朝的未來命運，或許她已經看到了大清朝日落西山的明天。

　　慈禧太后在活著的時候享盡了人間的榮華富貴，其權力也已達到了巔峰，但她在死去以後的境遇卻十分悲慘。因為在她死去以後，中國人對她的評價幾乎確定為「人民的敵人」，因此在近代史上對於她的功過也未能得到正確的評價。

　　至今為止，對慈禧太后的評價依然是以「腐敗」、「無能」為主的，幾乎成為一種反面教材。1983年，《火燒圓明園》、《垂簾聽政》、《慈禧太后》等影片和電視連續劇的上映，使慈禧太后的「無能」與「腐敗」形象進一步深入人心。

　　1908年，慈禧太后敏銳地感覺大清朝的沒落趨勢時，是否也預見到自己在20年後的悲慘遭遇？

　　民國17年，即1928年的7月，駐紮在北京郊外的國民軍第二軍軍長孫殿英掘開了位於東陵的慈禧太后陵墓。被金銀財寶沖昏了頭的孫殿英命令自己的手下譚溫江炸開慈禧太后陵墓的外壁，進入地下陵寢。孫殿英出身於清軍軍夫，後來在馮玉祥手下開始得到重用逐漸出人頭地。實際上，他是一個物欲很強的武夫。

　　他們砸開慈禧太后的棺槨，吃驚地發現雖然經過了20年，但她看上去只是在沉睡。相傳她的皮膚甚至還保持著彈性，但在接觸到空氣中

的氧氣以後膚色開始迅速變黑。在她的屍體周圍擺滿了各種珍貴的陪葬品。無知的士兵們把慈禧太后的屍體抬出來放在了棺蓋上，用他們的刀槍撬開她的嘴，把她口中含著的珍珠取了出來。他們甚至脫光了慈禧太后屍體上的衣服，將她身上佩戴的珠寶搶掠一空。

與此同時，孫殿英手下的旅長韓大保也開始盜掘乾隆皇帝的陵寢。他們把皇帝、皇后、后妃的屍體從棺槨內搬出來，將裡面陪葬的金銀財寶搶掠一空。當時正在天津日本租界地的溥儀對外聲稱，這一消息對他產生的衝擊「遠甚於自己被趕出紫禁城」。有關這件事，溥儀在後來的《我的前半生》中也做過交代。

筆者在這裡刻意記述盜掘慈禧太后陵寢的野蠻行徑，是想表明當時這種令人痛心的社會現實：僅憑這些死者是滿族人——異族，後來的中國人就可以對她的屍體肆意凌辱，而對她曾經留下的政治遺產視若無睹。

至今為止，漢族知識份子或普通百姓，仍然對清朝末期的異族權勢人物全部予以否定，並把他們當成反面歷史教材。他們對慈禧太后留下來的政治遺產一直採取回避態度，表現出一種對歷史的無知性。

反而是日本一些學者，對慈禧太后主政時期的清末政治，持有更加透徹、客觀的看法。曾有過留學北大經歷的日本學者加藤徹教授，在他的著作《慈禧太后》（2005）中曾這樣指出：

「與明治時期的日本相比，慈禧太后的治世看來是失敗的。實際上，現代中國人對慈禧太后都沒有很高的評價。但與奧斯曼帝國遭遇的悲慘命運相比較，也可以認為清朝處境還算不錯。在那白熱化的帝國主義侵略和分割世界的競爭時代，印度完全變成了殖民地，奧斯曼土耳其則分崩離析，但清朝卻勉強保全了大部分疆土。至少，慈禧太后成功地將這樣一片國土傳給了現在的中國。慈禧太后為了對抗西方列強或自己的政敵而始創的各種策略，至今還在明暗兩面影響著中國。從各種意義上看，慈禧太后的治世是現代中國的起點。

　　慈禧太后留下的政治遺產，首先是她的「獨裁政治開發」模式。從27歲開始便君臨獨裁君主制之上，並在40歲的時候第二次垂簾聽政。當時，慈禧太后為洋務運動的順利進行，奠定了穩定的基礎。洋務運動的本質實際上是在維持獨裁政權的情況下發展經濟的「獨裁政治開發」的起點。亞洲的韓國、印尼、菲律賓等國的模式，都是「獨裁政治開發」模式。

　　今天，中國的領土仍然是慈禧太后遺留下來的遺產。現在的中國除了屬於外蒙的領土以外，都是對慈禧太后統治時期疆土的繼承。在慈禧太后統治時期，清政府把臺灣割讓給了日本，並把香港租給英國99年。從今天中國人的認識角度上講，慈禧太后統治時期中國的疆土，便是中國認知的領土範圍標準。因此，中國政府絕對不會認可新疆或西藏的獨立要求。

　　清末慈禧太后進行的新政改革，是在沒有改變清朝宗法的情況下，對經濟、產業、教育等領域進行的改革。這與中國共產黨在確保黨的領導體制下，發展經濟的「和平崛起」方針是一脈相承的。因此，今天中國在現有政策體制下實行的經濟發展模式，實際上在百年前就已經存在了。但是，今天的狀況要比清末使其更明朗、有效，經濟也得到了更快的發展，在這些方面具有一定的優越性。

31. 日本人對殖民地的「帝國」目光

　　100多年前，日本把朝鮮、臺灣變成其殖民地。隨著殖民統治的進展，日本政府開始把國民派往這些殖民地，對其進行「帝國」意識教育。

　　日本率先從西方近代性中窺探到了帝國主義的優越意識，並在吸納以後，從這種「文明」的優越性高度出發，歧視中國人、朝鮮人和臺灣

人。在這種歧視目光中，隱含著宗主國意識。

　　日本人對殖民地的目光，可以通過當時的史料、報紙、雜誌解讀出來。當時，隨著日本和殖民地之間人員往來的增加，日本人並沒有把兩者之間在文化習俗、思考方式方面的差異，理解為是一種「文化相對主義」現象，而是將其理解為一種優劣感。這使他們在無意識當中表現出了日本的大國、帝國意識。

　　20世紀初，是日本人的帝國主義思想氾濫時期。而這種思潮，又催生了具有象徵意義的雜誌。1908年創刊的《殖民世界》便是這樣一份雜誌。在發刊詞上，他們這樣鼓吹道：「滿洲大地、朝鮮大地、南美的沃土」以及「新的領土臺灣」，都在等待著「我們日本國民前往居住。」

　　著名的俳句詩人高濱虛子在1911年訪問了釜山和大邱以後，對朝鮮人成為「衰亡國家國民」的現狀給予了憐憫與同情，同時也毫不掩飾自己的大國意識：「日本人確實是優秀的。」

　　1914年，日本廣島高等師範學校學生到上海、東北以及朝鮮進行修學旅行。在他們編寫的《修學旅行記》中，也曾出現這樣的文字：「熹微的晨光下，站在賓館3層房間的視窗遙望街區，就會看到有無數支那人在那裡來來往往。其中有3/4的人赤身裸體，身上僅僅穿了一條褲子而已。」這些學生在他們的文字中指出，中國人喝的是一種「骯髒的茶粥」。他們例舉了中國人的行為舉止和道路狀況，並將其與日本加以比較，最終得出中國人缺乏獨立自主性的結論。

　　這些學生也訪問了日本在日俄戰爭中獲得勝利的戰場——「旅順陣地」。日本學生在這裡感受到了日本的無上光榮，並為「大日本帝國」的榮光深深陶醉。當他們來到朝鮮，發現朝鮮興盛的教育現狀，開始擔心起基督教教育是否會毒害朝鮮人的「愛國心」。

　　在殖民地朝鮮的城市京城（漢城），將日本人和朝鮮人的居住地以

清溪川為界劃分開來，朝鮮人居住在「北村」，而日本人則居住在「南村」。1914年，日本殖民者用「洞」和「町」區分了朝鮮人和日本人居住區域的街道。繁華街區的情況也是一樣的。鍾路街北側聚居著朝鮮人，而南側本町、黃金町、明治町則都是穿著木屐在行走的日本人。

1880年代開始，殖民者在漢城設定了日本人居住區，並從日本帶來妓女，於是朝鮮也出現了紅燈區。1916年，日本殖民統治者開始實施公娼制度。而這些紅燈區，也都分為日本人經營區和朝鮮人經營區。當時，朝鮮人和日本人出入的妓院都被嚴格區分開來。

「三一運動」以後，日本人在漢城南山設立神社，把日本的天照大神和明治天皇的靈位請進神社。隨著日軍大量進駐朝鮮，日本的神社和紅燈區等「配套設施」也無一遺漏地出現在朝鮮，成為殖民地時期朝鮮特有的景觀。

《京城導遊》（1915）是一個名叫石原留吉的日本人寫的漢城導遊冊。由京城協會負責發行的這份導遊冊，這樣介紹自日韓併合以後便更名為京城的漢城：京城人口為241085名，其中，日本人佔了62914人。

這份導遊冊在介紹漢城的景福宮、德壽宮等「名勝」的同時，也這樣介紹了日韓併合以後殖民地城市的變化：「在當局（總督府）長遠的規劃下，設備改良已得到認真落實；如今已大功告成，城市面貌煥然一新。」此外，也建成了呈放射狀的市區主幹線，電車路線、馬車路線、人行道都被嚴格區分開來。主要道路交叉路口上設置的行控裝置，也成為作者引以為豪的成果。「彷彿看到歐美國家的城市景觀」——作者再三這樣強調的同時，並把「歐美」視為一項衡量標準，極力讚美殖民地朝鮮的發展。

在作者看來，日本帶來了文明，使「尚處於中世紀時期社會結構」中的朝鮮開始步入近代化。導遊冊大肆宣揚日本殖民政策對朝鮮醫療現狀的改善：朝鮮原本清潔觀念薄弱，迷信思想到處蔓延，飲用水水質極

差，但日韓併合以後，「臭氣薰天」、流行病四處蔓延的現象的到了改善和有效控制。這一切都是在總督府的治理下得以實現的。

石原留吉大聲讚美日本的殖民統治：在日本的統治下，朝鮮掌握了明治精神，社會秩序也得到了保障。

當時，《東京朝日新聞》也對朝鮮總督府施政5年來的「成績」進行了多達6次的跟蹤報導。評論者站在當時的產業現狀和日本文明的高度，對「落後」的朝鮮發表評論，赤裸裸地暴露出其帝國意識。

評論例舉了釜山市內日本色彩濃厚的城市建設、商業機關、海路交通設備及建設，對朝鮮人的茅草屋冷嘲熱諷；認為朝鮮仍然很「貧弱」，「富裕程度」過低。

評論者也借用長駐朝鮮的日本律師之口，對朝鮮婦女生存現狀大加指責：朝鮮婦女「屈從」於男人，完全是一種「奴隸制度」。作者據此提出，朝鮮婦女應該拿出勇氣，早日從家庭的「紀綱」中解放出來，「擺脫社會桎梏」。

日本人觀察殖民地朝鮮的目光中，雖說也包含著一定程度的同情和反省，但更多的是一種冷冰冰的、差別化了的態度。伊藤博文最初的設想，是用他成功引領日本走上近代化國家道路的方法，實現朝鮮的近代化。但是日本帝國主義的傲慢與偏見卻表現出更多的宗主國意識，導致日本人只能以文明的交叉目光觀察和歧視朝鮮及朝鮮人。

32.「韓日併合」與日本向朝鮮的布道

從1910年開始到1945年，在這35年期間，日本在殖民統治朝鮮過程中，在朝鮮展開了基督教布道活動。

如果從文化人類學角度加以觀察，那麼殖民地統治不是一種單純的

佔領式統治，它定然會以各種形式把殖民宗主國的傳統文化、宗教、意識形態移植到被殖民國家。殖民地朝鮮的近代性，就是經過日本的殖民文化得以形成的。這在今天看來，也是具有諷刺意味的。

當然，基督教向朝鮮的布道，最初是以移居到朝鮮半島的日本人為主要對象展開的。但這種布道範圍，後來逐漸擴散到朝鮮人民。

那麼，日本人為什麼會向朝鮮人傳播基督教義呢？其中，含有日本濃厚的殖民政策意圖。

1910年，日本吞併了韓國以後，韓國統監部立刻升級為朝鮮總督府。那麼，第一任朝鮮總督寺內正毅究竟實施了哪種統治政策呢？從1905年開始的10年時間裡，朝鮮各地的獨立運動風起雲湧。寺內正毅當然採取了嚴厲的武裝鎮壓政策。寺內正毅考慮的是通過基督教來治理朝鮮這個新的殖民地。

當時，在朝鮮進行布道活動的都是美國的傳教士，因此寺內正毅認為，「如果把布道這項工作交給美國人來做，那麼反抗日本殖民統治的朝鮮人將進一步增加。所以，無論如何都應該由日本的傳教士來展開布道活動。」於是，寺內正毅以每年提供6000日圓（相當於現在的6百萬日圓）的條件，秘密交代日本的基督教會代表植村正久向朝鮮派遣日本傳教士，但這一要求遭到植村正久的拒絕。於是，寺內正毅轉而委託日本組合教會的海老名彈正（1856-1937）。海老名彈正是日本著名的基督教精英人物，也是同志社大學第8任校長，是一位立足於自由主義基督教的思想家、演說家。

從1904年開始，海老名彈正就認為，日本人和朝鮮人從民族性上講是屬於同一民族的。他主張，既然日本的皇族身上流著朝鮮人的血，日本和朝鮮就應該併合起來把朝鮮打造成一個文明國家。這樣就可以確保日本人和朝鮮人都能過上幸福生活。

因此，在1910年日韓併合以後，海老名彈正就開始四處宣揚：民族

同化不應該僅僅是政治上的同化要想實現完全的同化，也應該追求精神上的同化。

按照海老名彈正的主張，中國長期以來像統治屬國一樣統治朝鮮，並不是通過軍事力量、政治力量等手段，而是通過儒教這種精神因素進行的。也正因如此，中國對朝鮮的統治才得以長期化。那麼，日韓併合以後，朝鮮將從什麼地方尋找自己的精神支柱呢？他得出的結論正是基督教。他認為基督教中出現的愛之神、唯一的神，將使日韓的融合變得可能。因為儒教思想宣揚的是一種封建道德，不可能成為將來韓國人的精神；而日本的祖先崇拜也表現為天皇崇拜或神道等形式，被限定為日本民族信仰，因此也不能成為朝鮮人的精神支柱。

於是，海老名彈正在1910年召開的日本組合教會年會上，決定向朝鮮派遣傳教士，並在朝鮮設置了相應的傳教部。朝鮮總督府提供了6000日圓的傳道經費，但海老名彈正認為僅有這些還不夠。朝鮮傳道部主任渡瀨常吉擔負起了朝鮮傳道工作，於是他向日本政界和財界發起了募捐活動。結果1917年募集了25000日圓專項資金。

渡瀨常吉於1911年來到朝鮮，在京城（漢城）和平壤新建了教堂，並在當年11月以前，共建起了10餘個教會。第二年（1912）有20多個教會加盟。從1913年到1917年牧師人數從原來的22名增加到了98名，教會從45個增加到了143個，教會成員也從3600名增加到了12670名。（《朝鮮教化成績報告》渡瀨常吉 1917）

渡瀨常吉曾於1913年出版過有關朝鮮布道事業的專著《朝鮮教化的當務之急》。讀過這本書就會明白渡瀨常吉是處於什麼樣的動機，開始向朝鮮宣講基督教的。

渡瀨常吉這樣說道：「日本人向朝鮮人布道有兩個目的。一個是把朝鮮人培養成優秀的基督教徒；另一個則是把朝鮮人打造成優秀的日本臣民。」也就是說，渡瀨常吉的目的和海老名彈正是一致的。

1919年3月1日，朝鮮爆發了著名的獨立運動。在獨立宣言上簽名的33人中，有16人是基督教徒。但據說，通過日本組合教會朝鮮傳道部接受基督教思想的朝鮮人根本沒有參與，渡瀨常吉對比很是引以為豪。在他看來，日本組合教會對朝鮮的布道是成功的。

但是，也有人對渡瀨常吉的主張提出正面批評。而這個人就是反戰和平主義者柏木義圓。柏木義圓也是同志社大學出身的牧師，但他對在朝鮮布道一事（同化、統治目的）提出了批評。他認為在朝鮮布道，不應被朝鮮總督府的政治利用。

柏木義圓指出，朝鮮總督府試圖抹殺朝鮮民族的民族性是錯誤的路線，因為基督教不應參與統治朝鮮事務。

在柏木義圓看來，基督教提倡的是「愛你的鄰居」，這也意味著應該保存朝鮮人的民族性。但是，渡瀨常吉的做法與基督教義是相互矛盾的，後來總督府於1921年終止了對日本組合教會朝鮮傳道部的援助。本來日本政府是想把朝鮮人打造成忠誠於日本天皇的臣民，但沒想到在基督教「神的子民」精神影響下反而培養了他們的獨立精神。

33. 為什麼八國聯軍中還有中國人？

在100年前，義和團運動爆發以後，慈禧太后於1900年6月21日匆忙向西方列強宣戰。此後，清政府軍隊包圍北京外國公使館區域長達50天以上。在向西方列強宣戰前一天，清政府軍隊已經向北京的東交民巷發起進攻；德國駐華公使克林德（Clemens Freiherr von Ketteler）代表各國前去總理衙門尋求保護，在返回途中遭清兵伏擊身亡（由於克林德曾經槍殺義和團眾，此次行為被認為是報復）。

當時，西方列強派駐軍隊的動作延遲了很長時間。這是因為波耳

戰爭（Boer War）和菲律賓獨立運動，使英國和美國處於焦頭爛額的境地。另外，日本也在觀望著西方列強的態度。

最終，以日本10000名軍隊為主力，八國聯軍共組織起20000人的軍隊，攻克了天津。這已經是7月中旬的事情了。直到7月14日，西方列強才開始與清政府交涉，但戰爭同時也在繼續。8月14日，八國聯軍攻入北京，解救了受困的公使館。9月14日，八國聯軍開始在北京大肆掠奪。這時，清政府突然發布鎮壓義和團的命令。但義和團仍然對抗這一命令，高喊著他們的「扶清滅洋」口號繼續鬥爭，最後被袁世凱徹底鎮壓。

可是，八國聯軍隊伍裡還包括了中國軍隊。這實在是一件令人震驚的事情。9月5日《華北捷報》刊登了一篇英國隨軍記者蘭德爾撰寫的報導文章。「隨著華勇營4連連長一聲令下，眾將士冒著槍林彈雨奔向街道。有一個士兵拉著一隻負載彈藥的騾馬趕到了戰場。直到連長和騾子中彈倒下，這個士兵仍堅守在陣地，最後也不幸中彈犧牲。目睹了這一場面的人都認為應該向這些勇敢的士兵授予維多利亞十字勳章。」

日本人和中國人所寫的歷史資料中可以證實，在八國聯軍中確實有一支由中國人組成的「中國人軍團」。當然，他們不屬於清政府。這支部隊被稱為威海衛華勇營，是一支招募於威海衛地區的雇傭軍。

曾參與鎮壓威海衛地區義和團運動的400名華勇營士兵，於6月下旬坐上英國軍艦向天津進發。登陸以後，他們便被編入英國作戰部隊。

6月27日，抵達天津不久的華勇營負責向聯軍運輸大炮。聯軍利用他們運送的大炮，大敗了清軍和義和團。

7月13日，華勇營士兵高舉著大英帝國國旗，充當聯軍攻克天津的先頭部隊衝鋒陷陣。英軍隨軍記者蘭德爾報導的，正是此後發生的一場戰爭實況。

蘭德爾說，攻陷天津以後，華勇營「光榮地成為攻克天津的英軍唯

一代表。」英國陸軍部門為了表彰他們英勇頑強的作戰精神，向他們頒發了以天津城門為標誌的徽章，讓他們將其佩戴在自己的軍帽上。

另外，他們也與八國聯軍一起參加了進攻北京的戰鬥。他們在戰鬥中表現出來的英勇精神，使八國聯軍官兵禁不住對他們稱讚不止。

這支特殊的雇傭兵軍隊，得到了當時英國軍隊世界最高水準的職業軍事訓練，因此其軍事素質和戰鬥力遠遠超過了清軍。

1989年7月，英國根據與清政府簽署的《訂租威海衛專條》，把威海衛地區變成了他們的殖民地。但是由於英國的殖民地太多，無法一一調遣軍隊，所以英國政府借鑑他們在印度的統治經驗，在威海衛當地招募了雇傭兵。華勇營士兵的軍餉達到清軍軍餉的3倍甚至5倍，也為他們解決了吃住問題。於是，張貼在各處的招兵啟事面前擠滿了前來應徵的中國人。

英國政府向他們免費供應肉食、蔬菜、米飯、麵包、牛奶等食物，同時也按季節免費發放軍服。除此而外，也向他們發放西裝和便裝。這與清軍的生活相比，簡直是天壤之別。

在近代西方文明和近代生活方式的誘惑面前，又有幾個年輕人不為之動搖？於是，由600名中國年輕人組成的裝備精良的軍隊就此誕生。從某種意義上講，他們是以西方文明武裝起來的近代中國特殊的模範部隊。

從民族、國家的理念上講，當然可以把這支部隊稱為「漢奸部隊」。但他們無疑是一支用近代文明系統武裝起來的軍隊，從這個意義上講，他們不過是一群需要解決衣食住行問題的中國人。同時，這支部隊也暗示著只要吸納西方近代文明就可以變成一支高品質的軍隊，可以享受到高品質的生活。他們的出現，在這個意義上講也起到了先驅者的作用。

34. 暗殺時代

　　從19世紀末到20世紀初（1910年代-1920年代），作為武裝鬥爭的一個環節，東亞革命史中充滿了暗殺活動。

　　日本在經過明治維新走向近代化過程中，彼此對立的勢力之間，展開了史無前例的暗殺活動。朝鮮的情況尤其嚴重，為了反抗日本帝國主義的侵略、殖民統治，朝鮮獨立運動中的暗殺活動達到了高潮。安重根擊斃伊藤博文，便是其代表性的一次事件。朝鮮在近代變成日本殖民地，在這一過程中朝鮮也吸納了近代文明。與此同時，具有民族獨立傾向的革命，表現出「近代+民族獨立」這樣一種結構特徵。所以，把近代朝鮮史說成「獨立運動暗殺史」似乎也不為過。

　　同一時期，中國境內的暗殺活動也比以往任何時期都更為頻繁，也構成了另一部「暗殺革命史」。

　　辛亥革命爆發前後，中國的暗殺鬥爭把矛頭指向了滿清。也就是說，這種暗殺活動具有濃厚的「漢民族革命」色彩。同時，中國革命也顯示出這樣一種特徵：立志於建設一個西歐共和制國民國家。對外而言，中國革命也是一種試圖擺脫西方列強和日本帝國主義魔爪的流血革命。

　　奇妙的是，中國近代的暗殺革命活動是中國留日學生拉開序幕的。正如梁啟超曾指出的那樣，這些人在日本已經覺悟到了國家、民族，而且也意識到了愛國主義的內容。1903年，俄羅斯入侵中國東三省，於是在日中國留學生自發地組織起「抗俄義勇隊」。後來抗俄義勇隊改稱為「軍國民教育會」。這個團體以「養成尚武精神，實行民族主義」為宗旨，鼓吹以起義、暗殺等方式進行革命活動。

　　1905年，同盟會成立以後，數次起義都遭到失敗，於是革命黨人確定了通過暗殺手段實現革命的方向。同盟會機關報《民報》1906年春季特刊發表了烈士吳越的《暗殺時代》。文章專門介紹了暗殺的目的、

手法以及宗旨等內容，其「反清興漢」思想暴露無遺。

吳越（1878-1905）是早年留學日本的中國近代年輕知識份子，他計畫暗殺清政府五大臣，因暗殺行動失敗而壯烈犧牲。

眾所周知，孫中山、黃興、汪精衛、宋教仁、胡漢民、陳天華、秋瑾等無數革命家也都把暗殺視為一種革命手段，並積極指導、實踐各種暗殺活動。黃興甚至還曾提到：「革命與暗殺兩者相輔而行，其收效至豐且速。」

這些革命者認為，暗殺是傳播革命火種的有力手段。辛亥革命時期的革命鬥士們高舉起「暗殺主義」旗幟，認真學習俄羅斯民意黨的革命手段，和近代無產階級的革命手段。

革命黨暗殺團負責人不是那些莽撞的刺客，其中大多數成員都是留日學生或有教養的知識份子。他們都是熱血的愛國青年，而且奮不顧身地投入到反清獨立革命之中。

當時的暗殺組織光復會的上海、安徽分支機構分別由蔡元培和陳獨秀領導。

吳越也是光復會成員之一，與蔡元培、陳獨秀、章太炎、秋瑾等人的關係十分密切。1905年9月，他向出國考察的清政府五大臣投出了炸彈，試圖置其於死地。但這五大臣中，只有一人身負輕傷，其餘則全都平安無事，吳越最終沒能實現自己的暗殺目的便中彈身亡了。吳越的未婚妻隨後也自殺身亡。

浙江省紹興的徐錫麟（1873-1907）也是一位留日學生。1907年7月6日，徐錫麟在安慶刺殺安徽巡撫恩銘，率領學生軍起義，攻佔軍械所，激戰4小時，失敗被捕，次日慷慨就義。徐錫麟與秋瑾是同鄉。為中國的革命事業，徐錫麟獻出了自己的青春年華。僅一周以後，女革命家秋瑾在參加革命起義過程中被清政府逮捕並英勇就義。

汪精衛也曾在孫中山的指示下，於1910年遷入北京，計畫刺殺肅親

王（善者）。雖然暗殺行動失敗以後，汪精衛被逮捕入獄，但肅親王為汪精衛雄辯的口才和凜然正氣所感動下令釋放了他。

這些爆炸聲、槍聲是否喚起了那些沉睡著的中國民眾的革命意識呢？吳越曾說「奴隸以生，何如不奴隸而死？以吾一身而為我漢族倡不奴隸之首，其功不亦偉耶？」譚嗣同也曾在英勇就義之前仰天長嘯：「我自橫刀向天笑，去留肝膽兩崑崙。」他們視死如歸的革命精神被更多的後來者繼承下來，終於推翻了滿清，建立了新中國。

35. 日本有識之士為何要支援辛亥革命

在辛亥革命前後，日本的有識之士支援了中國的近代革命，而且也有人直接參與了辛亥革命起義。可是中國的教科書或相關歷史書籍，卻幾乎從不提及這個歷史事實。這不能不說是一種遺憾。在民國以後的1930年代，日本對中國發動了侵略戰爭，但即便如此，毛澤東和周恩來等中國第一代領導人也曾提及「應該區別軍國主義和日本人民」這一「二分法」。所以筆者認為也應該區別對待日本軍國主義和抗日戰爭爆發以前獻身於中國革命事業的日本人，這才是一種妥當的做法。

至今為止，仍有部分日本人作為自願者積極投身於中國的環境保護事業，有些人甚至還參與到植樹造林活動。與此相同，在100多年前後，除了輕蔑中國的日本人以外，還有部分日本人是真誠地支援中國革命事業的。如果把這部分日本人的行為也看成是「出於某種目的（陰謀）」才幫助中國，那顯然是與事實不符的。這不僅是一種幼稚的思維方式，而且也有悖於「實事求是」地對待歷史事實的原則。

那些被稱為大陸浪人的日本有識之士、實業家、政治家當中，有不少人都是無私地投身於中國的「反滿興漢」獨立運動。在本書中經常提

及的孫中山的朋友頭山滿、宮崎滔天、犬養毅、內田良平、平山周、山田良政、末永節……這些日本人可以列出一長串名單。

那麼，日本人為何要支援辛亥革命呢？這些具備了教養和人格的日本人，希望中國盡快成為一個近代民主國家；他們一直熱愛漢文化和漢文教養，因此對他們來說，支援中國近代革命實際上是一種志願服務性質的行為。在日本發生3・11海嘯之後，日本人展示出高度的教養和素質、秩序觀念，在這方面日本都是世界一流的，而這種素質不是一朝一夕所能養成的。正因為日本具有深厚的教養主義文化背景，才可能在全民族形成這種素質。當時，那些無私地支援中國近代革命事業的人，也正是現在日本人的先輩。

1898年，戊戌變法失敗以後，日本人成功救出康有為，使其逃離死亡線。時任北京日本公使館武官的瀧川具和大佐，透過到公使館避難的王照了解到康有為、梁啟超身陷險境的情況，並毅然踏上營救道路。平山周雖然為了營救光緒皇帝出宮而竭盡全力，但由於譚嗣同被捕而未能如願。

成功將康有為經過香港送到日本的正是宮崎滔天。對此，康有為稱讚道：「日本壯士有義氣，其壯烈千古無雙。」當時，宮崎滔天就曾說道：「我一個人也可以消滅慈禧太后。日本有很多想要刺殺秦始皇的荊軻。」

正是有一批這樣的日本勇士投身到中國辛亥革命第一線。1911年10月10日，駐紮在位於長江中下游武昌市的新軍將士為支援革命發動政變，以此打響了辛亥革命第一槍。大量日本有識之士參加了這次武裝起義。

關於這個歷史事實，大多數中國歷史書籍從未談及。作為日本志士，萱野長知（1873-1947）率先從大連趕到武昌。黃興曾給他拍電報，請求日本人給予支援。萱野長知是孫中山最早的朋友之一，也曾參

加過1896年的廣州武裝起義。在此後的30多年時間裡，他一直以孫中山的戰友、秘書或顧問身分在中國活動。因此可以說，萱野長知是一位社會活動家，同時也是一位熱愛中國的人物。

辛亥革命爆發之際，孫中山正滯留美國，也正是萱野長知向他通報了國內局勢並敦促他早日回國。

在接到黃興的電報以後，萱野長知立刻率領金子克己、三原千尋、龜井祥晃、岩田愛之助、布施茂、加納清藏等日本壯士投入漢陽戰線。

在這場戰爭中，身為湖北陸軍顧問的寺西秀武中佐在現場指揮革命軍。在位於江畔的停車場附近，革命軍遭到失敗，於是寺西秀武下令召集全軍向敵發動反攻。他向武昌新軍旅團長黎元洪和黃興分別贈送軍刀，並要求其發誓「寧死也將保證起義成功。」

在革命初期，日本人就是這樣在戰場上發揮了主導作用。由於德國軍艦向清政府提供支援，漢口一帶評價這場戰爭為一場「日德之間的戰爭」。

在漢陽戰敗以後，黃興在南京攻堅戰中藉助日本老志士岡本柳之助的戰術，於12月2日成功佔領了南京。據說，在這場戰爭中，黃興的兒子黃一歐用日本軍刀砍死了36名清軍士兵。總之，在這場戰爭中，萱野長知等日本人在周圍輔佐了黃興。

筆者認為，我們似乎也應該公正地評價這些通過實際行動支援辛亥革命的日本志士。

36. 日本妓女間諜在中國進行的間諜活動

日本的妓女如影隨形地隨著日本人移居到亞洲各地。不僅是在中國，在19世紀末期朝鮮開埠以後，隨著日本商人、工人、軍人進駐朝

鮮，日本的妓女便開始在朝鮮秘密進行性交易。

　　中日甲午戰爭時期（1894-1895），日本軍隊駐紮地區漢城龍山一帶以及日本人聚居區密布著日本的妓院。此外，在1902年獲得日本政府許可的公娼已開始出現在釜山、元山等地。

　　1910年1月25日，《大韓每日新聞》發表文章稱，1909年末，內部衛生局進行了一項專門調查，結果發現，韓國賣淫女人數為2468名，日本賣淫女人數則為2830名。日本政府希望通過實施公娼制度，從國家層面上管理性交易以加強軍隊的紀律，控制性病蔓延，同時謀取相應的商業利益。

　　有趣的是，日本的妓女、娼女除了正常營業行為以外，還被賦予一項特殊的使命：充當間諜，負責收集當地資訊，並將其提供給日本政府和軍隊。

　　縱觀世界戰爭史，通過實施美人計，獲取對方軍事秘密、政治情報的事情是非常流行的做法。但沒有哪個國家，像日本這樣把大量美女偽裝成妓女以進行諜報活動。

　　北京大學出身的中國作家王俊彥（1940-）先生考證認為，在100多年前，日本經朝鮮，向中國的滿洲、上海、北京、漢口等地，派遣了大量美女間諜，進駐當地的妓院展開諜報活動。這些偽裝成妓女的間諜年輕漂亮，俘獲了大量中國貴族、政要、軍人、秘密組織頭目的心，並將其視為間諜機構的獵物。

　　當時，日本專門設立了培養這種妓女間諜的學校，其中最為著名的是「札幌妓女間諜學校」。這所學校當然不會對外掛出「妓女間諜學校」的招牌了。據說，他們當時掛出的是「俄語學校」的招牌，以語言學校的名義遮人耳目。創建這所學校的機構，正是日本著名的民間組織玄洋社。玄洋社的本部位於福岡，是日本近代最強大的民間國家主義團體、右翼社團。關於玄洋社，筆者將在本書另外章節詳加介紹，但在這

裡也有必要略微說明一下。

《玄洋社社史》中說，該社在1880年發跡於福岡，其章程三原則為：①尊敬皇室；②熱愛國家；③固守人民主權。

當時，自由民權思想在日本盛極一時，於是福岡的平崗浩太郎、頭山滿等人發起組織了玄洋社。

玄洋社高舉國家主義和大亞洲主義的旗幟展開活動，因此與朝鮮合邦運動和中國的孫中山的革命事業，發生了千絲萬縷的聯繫。玄洋社曾支持、參與金玉均、孫中山、黃興等人宣導的革命活動，也支援過印度的革命事業。筆者認為，從這一點上看，也有必要重新評價玄洋社。

玄洋社於1896年在日本北端的札幌設立了「俄語學校」，按50%的比例，招收將校軍官和民間學員。然後向她們傳授語言文化知識，並進行有關中國和俄羅斯的基本間諜訓練。畢業實習期間，她們被派往西伯利亞和中國的黑龍江地區進行實戰練習。

隨著在中國展開的活動日益頻繁，玄洋社把學校更名為「俄華語言學校」，並增設了中文、朝鮮語課程。這所學校側重於培養女間諜，並向她們傳授通過美人計，從對方身上獲取重要情報的專業技巧。

這所學校畢業生中，有一個著名女間諜山本紀久子。她自幼家庭貧寒，6歲的時候就被賣到了妓院。後來，在一個偶然的機會，山本紀久子結識了玄洋社黑龍會的頭目內田良平於是進入該校，開始接受間諜訓練。1904年，在日俄戰爭期間，山本紀久子在西伯利亞、黑龍江等地以妓女身分展開間諜活動，成功收集了大量有關俄羅斯軍隊的情報。山本紀久子可以熟練運用俄羅斯語、中文、朝鮮語，因此她充分利用自己的語言天賦和天生美貌，通過俄羅斯高級將領和秘密組織獲取了大量情報。

在滿洲地區最為著名的日本妓女間諜則是河村菊子。河村菊子早年失去雙親，在這所學校接受間諜培訓。在14歲那年，她成為日本男間

諜的情人。後來，河村菊子的情人被俄羅斯軍隊處死，於是她決心為自己的情人報仇。日俄戰爭時期，河村菊子潛入滿洲地區，以小金鳳的藝名與中國的土匪楊大新成親。在她的慫恿之下，楊大新的土匪隊伍向俄軍後方發起進攻，有力地牽制了俄軍的軍事行動。不僅如此，河村菊子也向日本軍方提供了大量有價值的軍事情報。

日本在日俄戰爭中獲得勝利，這些妓女間諜是功不可沒的。女性的美貌，有時會變成比刀槍更可怕的武器。

37. 朝鮮皇太子的悲劇

朝鮮皇太子李垠是一個象徵著近代日韓兩國歷史的人物。

1909年10月26日，在被安重根擊斃之前，伊藤博文都是對朝鮮近代史有著舉足輕重影響力的中心人物。皇太子李垠就像一隻無力的飛蛾，無法逃脫伊藤博文為他編織的蛛網。

《乙巳條約》簽署以後，朝鮮擺脫了清政府的從屬國地位，並於1905年淪為日本的「被保護國」。伊藤博文親自前往韓國，幾乎是通過威脅與恐嚇手段，逼迫高宗在條約上簽字。由於韓國認為這是在日本人用武力勒逼下所簽署的，因此《乙巳條約》也被韓國人稱為《乙巳勒約》。

老奸巨猾的伊藤博文把目光轉向了剛被冊封為皇太子不久的李垠。高宗一生有妻妾六人，生有八男二女。其中大多數孩子都在早年夭折，平安長大的只有三男一女，英親王李垠（1897-1970）是高宗的第七個兒子。高宗即位以後，英親王李垠力排比自己年長20歲的義親王李堈於1907年被封皇太子。

伊藤博文開始著手制定利用日韓兩國皇室的政策。這時，伊藤博文

開始打起兩國皇太子的主意。他首先邀請日本皇太子嘉仁親王（大正親王）於1907年訪問韓國，然後派英親王李垠到日本留學。

或許高宗已經看穿了伊藤博文的伎倆，於是斷然反對派李垠到日本留學。李垠的生母純獻皇貴妃也對此表示反對：「這和人質沒什麼區別，絕對不可以。」

但是，伊藤博文以他雄辯的口才說服了他們。伊藤博文認為，普通百姓都紛紛前往日本留學，何況是韓國的皇族，為了韓國未來的發展就更應該到日本留學，接受先進的教育。伊藤博文甚至搬出日本天皇，強調這一切都是「為了把皇太子教育成一個優秀的領導者」。最終，高宗夫妻只得同意。

1907年12月，李垠留學日本一事已成定局，於是伊藤博文以太子太師的身分帶領李垠離開漢城。

到達日本以後，伊藤博文聘請末松謙澄擔任李垠的老師，負責向其傳授漢學。伊藤博文經常拜訪李垠的住所，安撫年幼的李垠在異鄉他國的孤獨，並帶著他四處旅行。

筆者曾看過當時拍攝的紀錄片。在日本鎌倉海濱，在眾多隨行人員簇擁下，伊藤博文帶領李垠欣賞海景。看到大海波濤洶湧，少年李垠拍手歡呼。這個場面給我留下了深刻的印象。當時，伊藤博文帶領李垠遊覽各地時也曾寫下好幾首漢詩。

從伊藤博文的傳記資料中可以發現，伊藤博文確實像對待自己的孩子那樣對李垠關愛備至。即使是出於某種政治目的，但人和人之間在交往過程中，總會彼此熟稔，相互產生感情。據說，李垠也把伊藤博文視為自己的日本父親，對他言聽計從。

1909年10月26日，當聽到伊藤博文在哈爾濱被安重根擊斃，少年英親王李垠深受打擊，連續3個月為他披麻戴孝。

伊藤博文死後，日本一改他曾經制定的漸進式保護政策，趁機對韓

國實施了高壓政策。

1910年8月，軍人出身的寺內正毅出任韓國統監，並將朝鮮徹底變成了日本的殖民地。由於伊藤博文猝死，李垠也從皇太子變成了王世子。

日韓併合以後，悲慘的命運開始降臨皇太子李垠的身上。經過大正、昭和時期，李垠的命運變得更加悲慘。在學習院（日本皇族教育機關）、陸軍中央幼年學校、陸軍士官學校等院校畢業以後，李垠進入陸軍大學。從此，李垠被日本當局要求成為一名日本軍人。

1920年，李垠迎娶日本王族梨本宮家的長女梨本宮方子（李方子），成為「政略結婚」的犧牲品。沒過多久，李方子先後生下了兩個兒子。長子在出生後數月，便在訪問韓國期間病死。

1938年，李垠甚至以日本北支那方面軍司令部少將身分，在中國陝西、山東等地參戰。1945年，李垠晉升為陸軍中將，並以第一航空軍司令官身分迎接韓國光復。

失去祖國以後，李垠一直是以一個日本人的身分接受教育的，因此在20多歲時，他仍然念念不忘伊藤博文：「如果伊藤公還活著，該有多好。」這可以說是他對伊藤博文流露出的一種近似於親情的情感。從中我們也不難看出李垠對伊藤博文的尊重與懷念。

韓國光復以後，李垠很想回到自己的祖國，並為此多方努力。但是，以李承晚總統為首的韓國政府拒絕了他的回國請求。筆者認為，這無異於是英親王的第二場悲劇。韓國一直以來都自詡為儒教文化傳統的繼承者，並宣稱敬重民族本源，可韓國為什麼竟會如此怠慢朝鮮的皇太子？

為了自己眼前的政治利益而怠慢皇族，韓國政府的這種行為是不負責任的。1961年，李垠因腦梗塞病倒以後，又過了2年，才回到闊別的祖國。但在回到祖國以後，李垠因半身不遂一直臥病在床。1970年，李垠病逝。在臨終之際，李垠是否抱怨過什麼人呢？

38. 革命旗幟高高飄揚

　　有一部名為《太極旗飄揚》的韓國影片。影片表現了爆發於1950年6月25日的朝鮮戰爭（中國方面稱為抗美援朝戰爭）期間，普通韓國家庭的兩兄弟在戰爭中的手足情，同時也再現了這場戰爭給南北朝鮮人民帶來的深重災難。影片中，太極旗和朝鮮國旗在戰火中獵獵飛揚，彼此向敵軍陣地前進的場面也非常壯觀。哥哥為了能讓弟弟活著回家，奮不顧身地揮舞著太極旗英勇作戰，最後在槍林彈雨中壯烈犧牲。

　　在這裡，太極旗和朝鮮國旗分別象徵著南北分裂的朝鮮國家。事實上，國旗本身也是近代的產物。但在國旗誕生以前，旗幟象徵的是各集團、地區、家族，因此自古就被廣泛使用於各種戰爭。

　　在《三國志》或《水滸傳》中，各路英雄豪傑也都是高舉大旗衝鋒陷陣，或者是高舉義旗，發動武裝起義。由此可見，旗幟是一種自我身分的象徵，是一種凝聚力量的神聖之物。

　　筆者在這裡想要介紹的是中國近代辛亥革命時期，中國的革命狀態。不過有趣的是，武裝起義以及在此後展開的革命活動過程中，旗幟的種類過於繁雜，幾乎令人目不暇接。

　　革命軍在武昌發動武裝起義時，打出的是十八星旗。但十八星旗並非是全體革命軍的象徵，它只是共進會的會旗。雖然說，十八星旗象徵著18個省份，但共進會僅是同盟會的一個分會，所以這支軍隊不過是從同盟會獨立出來的一個組織。有部分學者認為，辛亥革命與孫中山的同盟會並沒有十分緊密的關係。

　　武昌起義以後，中國各地革命軍、革命組織打出的旗幟形態各異，彷彿是在舉辦「萬國國旗博覽會」一般。當時，革命軍的旗幟以白色為主流，而平民百姓對這種白色的解釋是：滅清復明，向明朝崇禎皇帝盡孝。

　　白色旗幟佔據主流，意味著各路革命軍都希望以此來區別於清政府

的黃底青龍旗，也就是說他們是針對清政府舉起反旗的，這一點不容置疑。南方的江蘇、浙江地區革命軍打出的是五色旗。可是，陳炯明在廣東發動起義時，打出的卻是井字旗。但廣東省很多地方的武裝力量並沒有使用井字旗，而是使用了青天白日滿地紅旗幟。而有些地區打出的則是孫中山的興中會使用的青天白日旗。

1895年，第一次武裝起義時，打出的就是青天白日旗。直到1905年同盟會成立之時，孫中山使用的也仍是青天白日旗。但是，孫中山的得力助手黃興認為，青天白日旗很容易使人聯想到日本的太陽旗，因此予以反對。也正因為黃興的反對，孫中山才決定在青天白日的圖案基礎上，採用紅色底色，使其變成了「青天白日滿地紅」。據說，其中的紅、白、藍三色各自象徵著自由、平等、博愛。不過，革命期間各路武裝力量並沒有統一使用青天白日滿地紅，而是打出了形色各異、令人眼花撩亂的旗幟。

武裝起義取得勝利以後，十八星旗未能成為新生中華民國國旗。相關部門將十八顆星濃縮為一顆星，把它變成陸軍軍旗。中華民國成立時，在眾多的國旗設計方案中，呼聲最高的是清朝海軍軍旗——五色旗和同盟會的青天白日滿地紅。

當時，臨時大總統孫中山堅決主張以青天白日滿地紅為中華民國國旗，但大多數人還是傾向於採用五色旗。於是，袁世凱正式當選為第一任民國大總統以後，過了兩個月，便要求臨時參議院提出「統一國旗」的要求。最終，於1912年6月8日頒布大總統令，確定以五色旗為國旗，並確定十八星旗為陸軍軍旗，青天白日滿地紅為海軍軍旗。

袁世凱就任民國大總統以後不久，上海的教會學校聖約翰大學校刊《約翰聲》曾於1912年4月刊載過國旗設計方案。第一個方案與美國國旗類似，設計有22個白色的五角星；第二方案為五色旗，上面設計有五條傾斜排列的色帶。

這些國旗圖案是當時的中國學生設計出來的，是以西方國家民主、自由思想為理念設計而成的。當然，這些學生的設計也沒有被政府採納。

總之，在百年前的近代中國革命運動過程中，旗幟種類繁多，這也從另一個側面證明了這樣一個事實：當時各組織、團體之間，還未形成統一的思想。

這些形態各異的旗幟也表明有很多人的主張，有別於孫中山的革命思想。換句話說，辛亥革命期間，各種革命主張尚未達成一致。所以，把辛亥革命理解為孫中山的革命顯然是有失公允的。筆者認為，我們有必要從不同的視角去重新思考這一段歷史時期。

39. 孫中山不在場的辛亥革命

重新審視有關辛亥革命的那段歷史，辛亥革命和孫中山之間的關係變得越發明朗起來。

1911年12月3日，獨立的17個省（山東省是在此以後獨立的，因此不算在內）代表聚集在一起，召開了各省都督府代表聯合會議。在這次會議中，確定了《中華民國臨時政府大綱》。

這就是最初的革命政府框架。當時他們參考了美國的總統制，決定由臨時大總統和一院制參議院構成共和體制。強調各省獨立性的聯邦制遭到否決，但孫中山在軍事獨裁下建立軍事政府的設想也遭到了否決。

在組建起來的新體制下的各省都督府代表聯合會中，革命派的勢力微乎其微，即便如此，聯合會還是匆忙決定採用民主議會制度下的大總統制。

眾所周知，在辛亥革命促進過程中，孫中山當時並不在中國。有關武昌武裝起義的消息，孫中山是在美國通過報紙了解到的。而孫中山回

國，則是在1911年12月末。

　　孫中山在香港與興中會成員協商時，胡漢民等人對新政府的構想與同盟會的「三序」構想之間存在極大差距，所以孫中山才滯留在廣東，以促進他的革命事業——這似乎才是當時的實際情況。因為周圍的同僚也不贊同他前往武昌。

　　但孫中山非常自負，認為只有自己才能執行這樣的革命，於是無視革命同志們的勸阻和忠告毅然前往上海，參加正在召開的各省都督府代表聯合會議。

　　12月26日，在新政府確定為首都的南京市召開臨時大總統選舉會議，孫中山成功當選。這也是一件奇妙的事情。成功實現辛亥革命的核心力量絕非是以孫中山為首的同盟會，而是我們在前面提到過的各種勢力的混成軍。以中國同盟會為中心的革命派的影響力非常薄弱。另外，有趣的是，和革命派薄弱的影響力相仿，混成軍僅憑自身的力量還無法產生決定性的影響。

　　在這種情況下，究竟該怎麼辦呢？長期以來從事反清革命運動的孫中山作為團結各派勢力的中心人物，被推選為臨時大總統。

　　但是，這同樣也是一種政治妥協的產物，所以新政府與同盟會的軍事獨裁構想之間還是存在相當的距離。孫中山的軍政構想是以軍政府的大元帥身分收拾革命以後出現的混亂局面，但孫中山未能如願當選為大元帥，而是當選為大總統。因此，對於孫中山來說，辛亥革命的實際狀況有可能是一種失誤。

　　1912年1月1日，孫中山就任南京臨時政府的臨時大總統，並宣告中華民國正式成立。在臨時政府內閣中，除了臨時大總統孫中山以外，還有黎元洪當選為副總統；另外，在臨時政府內閣中，革命派僅佔5個席位。大多數內閣成員都由各地過去的官僚、立憲派擔任。但這些人並沒有到南京就任，而是繼續留在原地觀望事態發展。

引入美國議會制度的政治體制，屬於國會組建以前的暫定議會；因此在南京設置了由各地派來的代議員組成的參議院。隨後，以立法機構參議院為中心，制定「臨時約法」。

孫中山雖然當選為臨時大總統，但由於國會的存在，他的權力大幅縮水。這並非孫中山所希望的結局。掌握了制定「臨時約法」主導權的宋教仁雖然也是同盟會成員，但他卻曾反抗孫中山，成立過中國同盟會中部總會。也就是說，宋教仁反對孫中山的軍事獨裁構想。

總之，南京臨時政府和議會，並不是孫中山一手創建的理想的革命政府。與此相反，南京臨時政府是有悖於孫中山革命理想的政府，所以孫中山並不贊同有違自己革命構想的「臨時約法」。但他也沒有理由對此提出反對意見。

「臨時約法」商定的議院內閣制度的創設，與當時的政治背景是相衝突的。南京臨時政府雖然宣告成立，但它可以有效控制的範圍僅為17個省份。北方大多數省份，依然是由清政府控制的。

如果按照原來的設想，革命軍理應向北京進軍，但事實上南京臨時政府還沒有足夠的軍力和財力。

於是，臨時政府與北洋軍閥巨頭袁世凱接觸，與其討價還價。1月15日，孫中山與袁世凱探討以維持共和體制為條件，迫使末代皇帝退位，給滿清王朝畫上休止符的方案。

按照他們的約定，袁世凱於2月12日迫使宣統皇帝溥儀退位。孫中山也如約於次日辭掉了臨時大總統職務，於是參議院重新推選袁世凱為臨時大總統。

宋教仁擔心袁世凱會採取獨裁政策，大力促進立法工作，並試圖以此來建立一個穩健的、美國式的立法共和制。從結果上看，立法制與孫中山曾經構想的革命理想（三序），表現出截然不同的特徵。

所以，武昌武裝起義雖然是在孫中山的同盟會提出的願景影響下爆

發，但從結果上看，辛亥革命的結果與孫中山的革命理想之間存在著巨大距離。

40. 辛亥革命是一場「未完成的革命」

以辛亥革命100周年（2011）為契機，國內外的經濟、學術界，針對辛亥革命的實際樣貌和性質展開了規模空前的、各種形式的反思。

在討論辛亥革命的性質時，有很多人認為：這是一場「未完成的革命」，因為它具有很多缺陷及很大的局限性。

辛亥革命是一場兼備兩種性質的革命運動。其一，辛亥革命是一場典型的中國革命。這是一場腰斬「天命」的革命，它推翻了由其他民族統治的清王朝，恢復了漢民族的統治地位。這也可以說是一種推翻王朝的「易姓革命」。其二，從20世紀的世界角度加以觀察，辛亥革命也是一場在西方革命的價值觀影響下進行的西方式革命的一個環節。

日本的橫山宏章教授（明治大學、南京大學教授）在談及辛亥革命的性質這一問題時，曾這樣指出：「辛亥革命兼備中國式革命和西方式Revolution 這兩種性質。」此外，他也在其他著作中指出：中國的辛亥革命不是動員了普通群眾的革命，而僅是少數精英階層展開的一場「英雄式的革命」。因為當時不僅還沒有形成西方意義上的「市民」階層，而且在革命過程中，大眾（老百姓）是被排斥在外的。從這一點上看，辛亥革命是具有很大局限性的。

最近，國內學術界也普遍認為辛亥革命是一場頗具局限性的革命。社會學家、評論家傅國涌先生則乾脆點明，辛亥革命是一場「有限革命」。

「中華民國雖然是亞洲最早成立的共和國，但並不是我們的第一次

共和政治的實踐。失敗的原因很多。原來，我們已經很順利地從帝國進入民國，但民國實際上是軍國。1927年在南京城裡的國民政府正是黨國。當時，黨國是位於國家之上的。中國近代雖然從帝國過渡到了民國，但在變成軍國的過程中重新轉變為黨國。百年近代史的陣痛至今還未停止。」（《大話民國》）

眾所周知，在進入民國時期的前夜，中國社會的政治力量主要有如下三個派別：第一個派別是中國人非常熟悉的以孫中山、黃興為代表的革命派；第二個派別是以袁世凱為中心的保守勢力——北洋派；第三個派別是以梁啟超、張謇為代表的立憲派。

這三個派別看上去彼此之間存在很大的差異，但在一點上是共通的：那就是通過改良、改革，重建國家的目標。

1894年中國在甲午戰爭中遭到慘敗以後，他們都在不同程度上受到了衝擊，並意識到中國之所以被「極東小島國」打敗，其根本原因就在於中國落後於近代化進程，未能完成西方式的大革命、大改革。

這三股勢力在1894年至1895年間陸續登場，成為中國社會舞台上的主流。這是因為他們在甲午戰爭中深刻意識到民族危機。

孫中山的激進式革命、梁啟超的穩健改革以及袁世凱的實用性改革，這三者在這種形勢下找到了「公約數」。

認真觀察中國歷史，我們就會發現其邏輯乃是一種暴力、武力的「土匪原理」。但在進入辛亥革命時期以後，這三股勢力就像「石頭剪刀布」一樣，沒有哪一股勢力是佔據絕對優勢的。所以，辛亥革命並不僅僅是一場暴力革命，而且還是一場彼此依賴、妥協或牽制的革命。

這場革命是以推翻眼前的清政府為目標的，所以最近一些學者明確指出它具有一定的局限性。辛亥革命雖然是一場顛覆清王朝的革命，但並沒能轉變整個社會的結構，而且也不是一場從根本上顛覆整個社會的徹底的革命。也就是說，這是一場「相對節制」的革命。

　　首先，辛亥革命的第一目標是迫使清王朝皇帝退位。這種頗具局限性的目標，不過是把帝國轉變為民國，把清王朝專制轉變為共和制。因此很難說這是一場徹底革掉「儒教文化價值體系之命」的革命。辛亥革命缺乏徹底性，未能成為日本明治維新那種革掉「祖先和父輩之命」的革命。

　　辛亥革命僅停留在政治革命層面上。武昌武裝起義獲得成功以後，三股勢力彼此妥協又彼此牽制，所以僅僅成為一場過於受限的革命。因此，這三股勢力經過妥協與協商，最終選擇了以對話的方式決定中國的未來。袁世凱把末代皇帝溥儀拉下皇位，以及孫中山把臨時大總統之位讓給袁世凱，這實際上都是一種彼此間的妥協、對話。

　　最終，這三股勢力一致選擇了立憲制，而沒有選擇血腥的流血革命。民國是這三股勢力之間對話的產物，所以注定無法擺脫「半新半舊」的局限。從這種意義上講，辛亥革命和民國，實際上是一場東洋式類似於「剪刀石頭布」的妥協、對話遊戲。

41. 為何要對袁世凱寄予厚望

　　辛亥革命的目的是推翻清王朝的異民族統治，重建漢民族的統一國家。為了跟上近代的潮流，在20世紀世界秩序中獲得生存的機會，就必須建立一個有異於舊王朝的共和國。

　　但是，辛亥革命的成功帶來的現實結果，與原來的理想之間存在相當的距離。西部和南部17個省份，成功脫離了清王朝的統治，實現了獨立，但並沒能成功建立一個可以替代清王朝的強大的統一國家。

　　相反，辛亥革命反而招致各方勢力最為顧忌的分裂危機。以武昌武裝起義為起點的辛亥革命，使17個省從清王朝統治中獨立出來，並成立了它們的聯合政權——南京臨時政府；1912年元旦，中華民國宣布成立。

　　這雖說是革命曾希望獲得的成果，但同時也導致中國陷入分裂危機之中。當時，殘存於北京的清朝朝廷與南京的革命政權出現了對峙的情況。如果這二者展開一場一決雌雄的「南北戰爭」，以消除天下分裂的危機，那或許會出現理想的結果。但不幸的是，南北政權都不具備通過武力一決雌雄的條件。南京臨時政府的財力非常薄弱，無法組織軍隊進行北伐。另外，從當時的形勢上看，中國國內的國際環境也不允許進行一場長期的分裂戰爭。換句話說，中國在西方列強的侵略下，名義上雖然保存著國家主權，但實際上西方列強在中國隨心所欲地在各自的勢力範圍內各行其是。

　　如果內戰變得長期化，中國將更容易遭到西方列強的蠶食，而且極有可能完全喪失國家主權。這才是中國真正意義上的分裂危機。考慮到當時的局勢，當務之急便是擺脫國家分裂的危機，而要想擺脫這種危機，最好的政治選擇就是找出一位能實現統一天下的優秀領導人。這個人物必須具備能夠統一北京政府和南京臨時政府的能力。

　　事實上，時任南京臨時政府大總統的孫中山雖然擁有一定的「聲望」，但他不具備在短時間內終止南北戰爭（北伐）的軍力和財力。

　　在這種實際情況下，大家只能寄希望於袁世凱，希望他領導國民政府，克服因辛亥革命而導致的國家分裂危機。當然，這是因為大家一致認為袁世凱具備了克服這種危機的能力。

　　為什麼會出現這種「民心所向」？因為袁世凱統帥著北洋軍閥——中國最強大的近代軍事集團，而且也以清朝的內閣總理身分掌握著朝廷政權。不僅如此，袁世凱也是清王朝滿族政權內部少數漢族實權派人物之一，所以在辛亥革命時期，漢族精英才紛紛寄希望於他。

　　所以，除了袁世凱以外，似乎沒有一個人能夠重新統一已然南北分裂的中國。事實上，無論是孫中山的革命派，還是梁啟超的立憲派，都不具備統一中國的實力。

發現孫中山缺乏統一中國的實力以後，革命派也只能頗具諷刺性地把統一中國的希望寄託在袁世凱身上。在有關中國近代史的記述中，通常認為袁世凱竊取了革命果實，但這並不符合事實。當時，全國的革命派或民族精英寄予厚望的人，並非是孫中山而是擁有強大實力的袁世凱。

既然把希望寄託在宿敵袁世凱身上，臨時政府也不得不追加兩個條件：袁世凱必須親手推翻清王朝，建立一個漢族人的統一國家；另一個條件是應延續共和革命的意志，繼承中華民國的正統性。

臨時政府認為，只要袁世凱能滿足這兩個條件，中國就能夠擺脫四分五裂的危機。於是，臨時政府向袁世凱轉達了有意向其轉讓臨時大總統的職位。

1912年2月12日，袁世凱不負眾望，終於將末代皇帝溥儀拉下皇位，宣告繼承中華民國的正統性。於是，南京參議院於次日推舉袁世凱為第二任臨時大總統。選舉是參議院通過合法的手續進行的。所以，說袁世凱竊取了孫中山的總統寶座是不切實際的。

眾望所歸之下，袁世凱趾高氣昂地登上了中國近代最高的統治地位，但是中國隨後並沒能實現統一，反而陷入更大的混亂狀態。

42. 百年前是如何評價「辛亥革命」的？

「辛亥革命」是中國近代和前近代的分水嶺。正如教科書中記述的那樣，辛亥革命是「中國的資產階級領導的舊民主主義革命。」它「推翻了延續2000多年的封建統治，建立了民國」，是一場具有劃時代意義的革命。

爆發於1911年的辛亥革命，至今已過去了100多年。以中國為中心，在東亞文化圈範圍內，頻繁舉辦各種紀念辛亥革命的政治、社會及

學術紀念活動和相關學術研討會。「辛亥革命史」這個名詞本身，也隨之成為中國當代（21世紀）的一個「革命標識」。

但是，在當時中國社會又是如何評價和解釋辛亥革命的呢？

「辛亥革命」也是近代史上的一大爭論點。隨著時間的流逝，對辛亥革命的解釋、解讀、評價也表現出各種不同形態。

這至少說明，我們可以從各種視角去解釋和理解辛亥革命，也表明了這場革命還有很多我們尚未完全揭示出來的真相。辛亥革命武昌起義紀念館何廣先生考察認為，「辛亥革命」這個詞語首次出現於1912年6月出版的《辛亥革命始末記》（渤海壽臣者編輯）一書。書中收錄了從1911年10月11日開始，一直到1912年2月12日期間，各報刊雜誌發表的相關報導和新聞資料。

1912年出版的另一本書《辛亥革命大事錄》（草莽餘生編輯）中，也出現了「辛亥革命」這個詞語。有學者考證認為，草莽餘生正是廖少游。廖少游又稱為廖宇春，是一位閱歷豐富的革命家。在辛亥革命期間，廖少游等奔走南北，遊說北洋將官接受共和，並勸說馮國璋等人不要反對南北密約。

即便如此，在中華民國開國之初，「辛亥革命」這個名詞並沒有被人們廣為使用。當時，這個名詞僅限於指稱「辛亥年通過武昌武裝起義，推翻清王朝的歷史事實。」

在民國初期頗具影響力的報紙《申報》、《大公報》，或其他政府公報中，用來指稱「辛亥革命」的用語種類繁多，有「武昌首義」、「光華成立」、「民國肇生」、「辛亥之役」等詞語，但鮮見「辛亥革命」這樣的表述。

孫中山本人在談及辛亥革命的時候，也沒有使用「辛亥革命」這種表達方式。在擔任民國臨時大總統期間，以孫中山的名義發布的公文中，常見「民國光復」、「武昌首義」等表現形式，卻未見出現「辛

亥革命」這樣的詞語。甚至在1917年孫中山發表的演講中，也沒出現
「辛亥革命」。進入1920年以後，「辛亥革命」這個名詞才開始被人
們廣為使用。到了1927年，國民黨中央制定的宣傳大綱，第一條便明
確規定「繼續辛亥革命的精神，矯正辛亥革命的缺陷。」直到這時，
「辛亥革命」才正式粉墨登場。

1930年7月10日，國民黨中央執行委員會常務委員會第100次會議
中通過了《革命紀念日簡明表》和《革命紀念日史略及宣傳要點》。文
件明文規定紀念辛亥革命的相關制度，從此以後，「辛亥革命」才成為
流行語固定下來。

那麼，在民國初期，人們又是如何評價辛亥革命的呢？

首先，孫中山等革命黨人（1912年9月3日，孫中山在北京五族共
和會與西北協進會上發表演說）認為，「中國去年之革命，是種族革
命，亦是政治革命。」1919年10月10日，在紀念文章中，孫中山明確
指出：革命軍成功起義，隨後成立了民國，但革命事業尚未成功；革命
的目的尚未達到。

不過，在民國初期，北京的北洋系統對辛亥革命的解釋和評價卻
是曖昧不清的。1912年10月10日，在北京政府內務部舉行的祭禮儀式
中，國務總理趙秉鈞代替袁世凱宣讀祭文。在這份祭文中，僅提到了民
國的創立，以及眾多為推翻清王朝而壯烈犧牲的烈士們的功績，卻幾乎
沒有評價民族革命的性質。1913年，袁世凱就任正式大總統的時候，
發表了長達5萬餘言的長篇大論，但對從武昌武裝起義到自己出任臨時
大總統的過程一筆帶過，反而突出了「五族共和」的主題。

北洋軍閥系統在紀念辛亥革命過程中，刻意淡化其「革命性」的意
味非常濃厚。以袁世凱為首的北洋軍北京政府，為了民國初期國家局勢
的穩定，刻意淡化「革命」的因素，轉而將「五族共和」作為國家的發
展前景。他們強調「共和」的同時，忽視了「革命」，這種為國家前景

考慮的做法，在民國初期國家處於混亂期間無疑是一劑良方。在百年前的民國初期，中國各界對辛亥革命的評價並不像現在這樣旗幟鮮明，也沒有出現更多的觀點。這也是當時的歷史背景使然。

43. 辛亥革命是如何影響日本的？

　　百年前的辛亥革命是一場具有世界史意義的重大事件。擁有4億人口的東洋大國，推翻了2000多年來的封建統治，成立了亞洲最早的共和國，當然會成為震驚中外的重大事件。當時，因辛亥革命的爆發而受到刺激並產生重大影響的並非是那些西方列強，而是與中國一衣帶水、隔海相望的島國日本。

　　1911年10月10日，武昌武裝起義爆發，幾乎與此同時相關消息便傳到了日本。從某種意義上講，日本人比中國的普通老百姓更早得到了武昌起義的消息。首先，從當時的報紙上看，《東京朝日新聞》、《橫濱每日新聞》、《時事新報》等於10月13日刊發了號外，以特大新聞的形式報導了辛亥革命。10月14日，日本國內所有報紙都以大幅版面報導了武昌武裝起義，並發表了社論文章。

　　北京大學王曉秋教授的統計資料表明，到10月12日為止，日本有關辛亥革命的社論文章，多達38篇。不僅是這些報紙，就連日本頗具影響力的雜誌社也大舉發表了有關辛亥革命的評論文章。1911年11月1日的《中央公論》、《新日報》、《大國民》等雜誌，發表了多達39篇有關辛亥革命事件、人物的文章。

　　當時，著名的《日本和日本人》雜誌刊發了辛亥革命特輯，這些發表的文章從各自不同的角度分析介紹了辛亥革命的原因、清朝社會背景、革命軍軍事力量以及世界各國的態度等。

　　社論和人物評論文章，重點介紹了孫中山和黃興兩位革命派領袖，同時配發了數篇介紹和分析辛亥革命的文章。此外，這份雜誌也發表了評論家平山周的《中國革命黨和秘密結社》，以介紹同盟會組織、反清秘密結社等內容。除此而外，雜誌還附錄了介紹陳天華、鄒容等革命烈士的傳記。

　　當然，日本的普通民眾也對他們的鄰邦中國發生的革命表現出極大的關注。早稻田大學在1911年11月2日特別舉辦了一場「中國事變演講會」，參加演講會的聽眾多達1200名。著名知識份子分別以《對中國革命的考察》、《中國最近的政治變遷》等為題，發表了演講。這次演講會的發言稿，未過多久就被編輯成冊公開出版了。早稻田大學政治系學生們在宣統皇帝退位以後，還曾以《新中國建設問題》為主題，舉辦過專題討論會議。

　　在日本的政界也引起巨大迴響。由於中國與日本的相互關係（侵略中國），辛亥革命之變不能不成為他們密切關注的焦點。《日本外交文件》中提到，日本駐漢口總領事松村貞雄在武昌武裝起義爆發的第二天，便立刻將這個消息報告給日本外務大臣。緊隨其後，日本駐中國各地公使，也紛紛將中國革命的動向及進展情況報告給日本政府。

　　日本政府部門數次召開內閣會議討論中國形勢，甚至連日本天皇都召集了政界元老討論對華政策。他們討論的具體內容繁雜而冗長，從整體上看，日本舉國上下都對中國的辛亥革命以及中國的發展方向表現出極大的關注，並努力思考日本將來的對華政策。

　　辛亥革命推翻了延續2000年之久的君主制，並建立起漢族的共和國。對此，日本軍部甚至產生了恐懼，因為他們擔心在朝鮮、臺灣等殖民地有可能發生連鎖反應，擔心這些地區發生民族獨立運動。

　　但是，日本的進步人士和一些有識之士，卻對辛亥革命表現出同情，有些人甚至還予以聲援。《日本和日本人》雜誌發表文章預言道：

清政府已然變成一具乾枯的木乃伊，革命軍將獲得最後的勝利。著名雜誌《太陽》也發表了題為《東方第一共和國》的議論文章，高聲疾呼：作為一個日本人，應該對中國革命表示同情。

辛亥革命作為一場漢族的獨立革命運動，是一種民族、自由的革命，所以獲得了日本有識之士的同情。此外，由於孫中山等無數革命派和留學生為了革命曾展開了長期的活動，所以日本人對中國革命有了一種親近感，同時也對清王朝的專制產生了厭惡感。對於那些一直以來憧憬漢文化的日本有識之士來說，滿族的專制統治是不妥當的。

辛亥革命爆發以後，日本國內無數有關中國研究的社團像雨後春筍般湧現出來。政治家、議員、企業家、記者、大學教授、學者、軍人、浪人等，各階層形色各異的日本人帶著對中國問題的極大關心，試圖進一步深入研究中國。其中最為著名的社團有教詢社、有鄰會、中國問題同志會、太平洋會、善鄰同志會等。

1911年11月上旬，由小川平吉、內田良平等人發起組織的有鄰會從政治上支持中國革命，並組建「渡清團」將著名人士派到中國，使其與中國各地革命黨聯繫以實際行動援助中國革命。

辛亥革命同時也激勵了日本國內的民主自由運動，直接促進了日本大正初年的護憲運動和大正政變。《日本和日本人》在提到辛亥革命對大正政變的影響時，曾這樣直言道：「大正新時代的政治之一就是，去除『藩閥』、官僚遺留下來的弊端，並從政治上引發了一場革命。換言之，大正維新亦即意味著另一場中國革命。」

44. 革命黨放棄「北伐」的原因

辛亥革命設定的目標是推翻清王朝這個外來民族統治的封建帝國，

創建一個新的國民國家。但事實上，辛亥革命爆發以後表現出來的社會現實，卻與辛亥革命設定的目標有著相當一段差距。從清王朝中獨立出來的目標雖然達成，但並未能成功建立一個足以替代清王朝的、強有力的統一國家。

很多人誤以為中華民國是一個強有力的統一國家，但實際上，在1912年建國之初，這不過是由17個獨立省份的聯合政權而已，而在北京依然殘留著清政府的殘餘勢力。袁世凱的北京政府和孫中山的南京政府，形成了南北對峙的局面。如果南北政權決定發起一場一決雌雄的「南北戰爭」，那麼天下統一大業有可能獲得成功。

這裡就涉及到一個問題，孫中山的南京政府為何沒有進行北伐戰爭？這是一個巨大的疑問。在中國近代史相關記述中，往往將其歸為孫中山革命黨的「軟弱、妥協」，並試圖由此出發去解釋未能進行北伐的原因。但事實上卻是另有原因的。

中國社會科學院研究生院教授、中央文史研究館研究員楊天石先生在相關論著中指出：當時，革命黨人確實是計畫通過北伐，直接攻打北京，徹底顛覆清王朝統治的。

那麼，他們為何放棄了北伐計畫呢？放棄北伐的根本原因在於資金短缺。1911年10月10日，武昌武裝起義爆發以後，漢陽於27日遭到袁世凱北洋軍閥的鎮壓，湖北軍也面臨危機。

美國陸軍參謀部相關資料表明，北洋軍閥系部隊共有16萬4千將士，這是當時中國最精銳的軍隊。日本陸軍武官的統計資料表明，與此相比，南方軍雖然擁有大約40萬人的軍隊，但其中大多數軍隊都沒有接受過正規的軍事訓練，他們不僅軍紀渙散，而且武器裝備也十分老舊。所以他們的戰鬥力十分有限，只是在浪費軍糧。

南方革命雖然獲得成功，但還不具備掌控全國的力量。1912年1月1日，南京政府（中華民國）倉促成立，但在財政方面遇到了極大的麻煩。

　　當時，曾有位記者採訪過孫中山。他這樣向孫中山單刀直入問道：「總統先生這次從海外歸國，帶來了多少軍需資金和武器呢？」對此，孫中山回答說：「很遺憾，我是空手而歸的。但我帶來的是我國人民最需要的，即革命精神。」

　　此後，在中華民國成立以後，政府依然未能擺脫財政上的窘境。胡漢明曾回憶說，有一次，安徽前線發來電報稱，急需軍費和軍糧。當時，孫中山下令支付20萬元。但實際上，孫中山還不知道國庫中僅有10塊銀元這樣令人絕望的現狀。「革命精神」雖然寶貴，但僅憑革命精神革命也是無法獲得成功的。

　　其實，在武昌武裝起義爆發以後，身居美國的孫中山並沒有緊急趕回國內指揮戰鬥，而是首先來到英國和法國，請求英法政府予以資金援助。孫中山本想從西方列強手裡借到用於北伐戰爭的資金，但他們並沒有痛快地給予幫助。於是，回到國內以後他所做的第一件重要的事情，就是籌措軍費。孫中山希望能以漢冶萍公司做抵押，從日本企業那裡借到所需資金。日本人的態度倒很痛快，但部分革命黨人對此表示反對。

　　因此，這個中日合資計畫也宣告失敗。後來，孫中山在情急之下，想把滿洲出租給日本，以此為代價從日本人手裡借貸1000萬元，以解燃眉之急。他認為有了這1000萬元軍費就足以打到北京去，統一全中國。一直以來對滿洲虎視眈眈的日本，立刻答應借錢給他。

　　但是，日本的陸軍軍部卻不同意借錢給孫中山。因為他們認為在中日甲午戰爭以後，日本已經實際上控制了滿洲，沒必要再用錢去從孫中山那裡租借過來。於是，「出讓滿洲」的計畫也化為了泡影。

　　從上述內容中，我們可以得出這樣一個結論：孫中山在極度窘迫的財政狀態下，不得不同意進行南北和談，並被迫放棄了北伐計畫。所以，把孫中山的北伐遭遇挫折歸於「資產階級的軟弱性和妥協性」，是不夠妥當的。在財政壓力下，孫中山與袁世凱達成和解，並暗自打算首

先實現推翻清政府的目標，其他問題留待以後解決。

　　但是，此後的民國走向了有悖於孫中山意願的方向。

45. 百年前的中國是如何看待「日韓併合」的？

　　辛亥革命發生之前的1910年8月，東亞發生了一件重大歷史事件──「日韓併合」。對於生活在朝鮮半島的朝鮮民族來說，這是歷史上永遠的陰影和無法癒合的創傷。

　　與中國大陸唇齒相依的朝鮮半島上發生的這一重大歷史事件，也對中日關係產生了深遠的影響。至今為止，史學界或社會上並不關注當時的歷史樣貌，這實在是一件令人遺憾的事情。

　　日韓併合對中國產生了什麼樣的影響？中國人又是以什麼樣的目光，看待自己的鄰國朝鮮被殖民統治的現實的呢？筆者認為，這些主題將成為日後歷史學家或文明史學家研究的課題。

　　首先介紹一下，當時的中國人，是如何看待辛亥革命爆發前夕發生的日韓併合事件的。

　　日本對韓國的併合（殖民統治），是導致中日關係惡化的一個轉捩點。因為「日本不僅促進了對朝鮮半島的殖民化進程，而且也動搖了東亞國際政治格局。這是一個重大歷史事件。」（村田雄二郎）

　　從中國的角度上看，日本在通過「日韓併合」方式吞併與中國唇齒相依的朝鮮，也給中國帶來新的危機──中國的領土和權利也可能隨之遭到侵蝕。這種危機意識，也成為中國醞釀辛亥革命的原因之一；中國近代史結構也從此發生了質的改變。

　　有趣的是，當時正在促進辛亥革命的革命派對朝鮮問題的認識並不十分透徹，中國同盟會並沒有對日韓併合表現出應有的關注。同盟會機

關報《民報》幾乎沒有報導過有關日本對韓國殖民統治動向的內容。這也表明，以孫中山為首在海外展開革命活動的革命派人士，基本上是不關心日韓併合的。

雖說不能排除在日本發行的《民報》遭到日本政府部門監視的因素，但日韓併合並沒有引起革命黨人的重視。這是無法否認的事實。

當然，中國方面也有像宋教仁那樣的革命家一直在關注「間島問題」（現在的延邊地區），並時刻關注日本吞併朝鮮以後隨之而來的領土問題、國境紛爭問題等。

但從另一方面講，1907年章太炎等人組織發起的「亞洲和親會」，雖有中國人、印度人、越南人、菲律賓人，以及堺利彥、山川均、大杉榮等日本的社會主義者參與，卻沒有朝鮮人參與其中。有一種說法認為，當時流亡中國的朝鮮活動家們有鑑於章太炎的偏見，憤而退出了該組織。

革命派並沒有就日本吞併朝鮮一事，表現出更多的關注。但是，成為保皇派的梁啟超等人，卻對19世紀以來圍繞著朝鮮半島展開的中日間的較量表現出極大的關注，並積極就此展開議論。他們尤其關注中日甲午戰爭以後日本的勢力擴張動態，並在機關報上發表了多篇評論文章。《新民總報》在日俄戰爭爆發以後，立刻連載了《朝鮮亡國史略》（第53-54期）。在文中，梁啟超針對中日甲午戰爭以來，圍繞著朝鮮半島的國際關係樣貌進行了詳細論述，並大膽預言：朝鮮將日益變成「日本的朝鮮」。

比如說，梁啟超明確指出：第一次日韓協約簽署以後，日本掌握了朝鮮的財政大權。「以後，朝鮮的外交主權不會掌握在漢城，而將轉移到東京。」他進一步指出，外交權和軍事權被日本剝奪只是時間問題。顯然，在梁啟超看來，日本吞併朝鮮與中國未來的命運是息息相關的，所以他才如此高度關注朝鮮問題。

在《乙巳條約》尚未簽署之際，梁啟超便在1910年早些時候創刊的

《國風報》上發表了大量有關日韓併合的報導和評論文章。《日本併吞朝鮮記》從朝鮮古代以來的歷史開始寫起，客觀論述了進入近代以後中日兩國間的「中日爭韓」過程，以及中日、日俄間圍繞著朝鮮半島展開的角逐。

梁啟超經常以「滄江」的筆名發表文章，而以這個筆名發表的《朝鮮滅亡之原因》（第一年第22期）中，則明確指出：「朝鮮滅亡最大之原因，實惟宮廷。」在他看來，這是朝鮮的悲哀，也是未能實現立憲制的朝鮮的宿命。

梁啟超透徹的洞察力，促使朝鮮反省這樣一個事實：日本吞併朝鮮，完全是由於朝鮮自己的原因導致的。在分析朝鮮亡國原因時，梁啟超沒有局限於譴責日本，而是強調朝鮮需要反省自己。

46. 大韓純宗皇帝的南北巡視

1909年1月4日，在伊藤博文的勸導下，純宗皇帝開始了對朝鮮全境的巡視。就在他們啟程兩天前的1月2日，伊藤博文把當時的朝鮮首相李完用叫到自己家裡，一邊向他例舉日本天皇在明治初年巡視各地的情況，一邊向他建議純宗皇帝巡視朝鮮，並表明自己也將隨同前往。

伊藤博文為什麼要建議純宗皇帝巡視朝鮮各地呢？伊藤博文希望通過這次的政治表演，爭取韓國人支持並理解自己對韓國的統治，並促使韓國自行進行改革。

伊藤博文把希望寄託在了純宗皇帝身上。眾所周知，當時伊藤博文已經高齡66歲，但即便如此他還是毛遂自薦，從1906年開始擔任了韓國統監職務。其目的在於他希望按照自己曾經把日本打造成一個近代國家的模式，促使韓國成為一個同樣水準的近代國家。伊藤博文的演說、

書函、談話內容，很好地反映了他的這種政治動機。

1908年7月，在全羅道、京畿道、黃海道等特定地區，義兵的活動達到高潮。到了1909年年中，義兵活動逐漸平息。於是伊藤博文認為韓國人已經在一定程度上了解並理解了自己描畫的韓國近代化設想，所以反日、排日活動才得以平息。伊藤博文認為自己的政治理想已經實現了。

不過，在1908年7月，伊藤博文曾向日本駐朝鮮軍總司令長谷川好道表示，希望辭去韓國統監職務並由長谷川好道接任。此後，伊藤博文在回國期間（1908年7月21日至11月14日），正式辭去了韓國統監職務。因為他年屆68歲，以他的體力和精力已經很難頻繁往來於日韓兩國。此外，義兵的活動也在一定程度上得到平息，所以伊藤博文才認為自己隱退的時機已到。

雖然伊藤博文辭去了韓國統監職務，但這絕不意味著他已經放棄了對韓國的統治欲望。儘管韓國自發的協作也很充分，但伊藤博文還是以總督的身分，把日本與西方列強之間的關係考慮在內，制定了韓國近代化的發展方向。

伊藤博文研究學者、日本京都大學的伊藤之雄在相關論著中指出：雖然有這樣的時代背景，並且伊藤博文實際上也辭去了統監職務，但他仍是施行最大權力的政治元老。

1908年11月25日，伊藤博文重新回到韓國。在大約一個月時間內，他出席了4場施政改善會議，繼續發揮自己的政治影響力。

12月8日，在第63次施政改善會議上，伊藤博文提出略微減少日本員警官，並相應增加韓國巡查的方案。他認為鐵路、電信、郵政、交通等情況一旦有所好轉，日本人和韓國人將更容易接觸，消極現象也將隨之逐漸減少。伊藤博文盡可能促使日本人和韓國人頻繁接觸，並極力排斥以併合為前提的統治方式。「從長遠意義上講，伊藤博文考慮的不是

區別對待韓國人的統治方針。」

　　伊藤博文建議純宗皇帝巡視全國，也正是為了向韓國人展示日本和韓國之間的親密關係。從1月7日開始到13日為止，巡視活動首先在韓國南部進行。他們從漢城出發，依次巡視了大邱、釜山、馬山等地。據說，大邱地區有5萬多名當地民眾夾道歡迎他們的到來。釜山、馬山地區前來歡迎他們的民眾也分別達到了7萬名和3萬名。

　　當時，純宗皇帝已經留了短髮。在大田，純宗皇帝和伊藤博文分別向當地的貴族階層發表了「敕諭」和「訓誡」。此後，韓國留短髮的男人數量急劇增加。在韓國南部，也有部分人對皇帝的巡視感到不安，但從整體上看並沒有突出的排日行動。

　　於是，在伊藤博文的建議下，巡視活動（1月27日至2月3日）繼續進行。1月25日，伊藤博文給當時的日本首相桂太郎發去的信件中這樣說道：「皇帝與以往截然不同，露出了真正信賴日本的表情。」

　　他們巡視了平壤、新義州、義州、開城等朝鮮北部城市。然而，即使戒備森嚴，在巡視朝鮮北部地方過程中，還是發生了試圖用炸彈暗殺伊藤博文的反日運動。雖然政府部門向學校發布了政府令，要求他們組織學生帶著日韓兩國國旗夾道歡迎，但韓國人並沒有帶著日本國旗，而歡迎隊伍中的大多數日本人也沒有帶著韓國國旗。皇帝一行通過以後，有不少韓國人將日本國旗扔在地上揚長而去。

　　從這些現象中可以看出，有不少韓國人還是反感日本的統治。跟巡視朝鮮南部地區的情況相比，對北部地方的巡視顯得危機四伏。韓國的日語報紙也曾報導過相關內容。

　　伊藤博文雖然興致勃勃地開始了對朝鮮各地的巡視，但最終他還是受到打擊，於2月10日離開漢城返回日本。通過這次巡視活動，伊藤博文真切地意識到韓國人並不積極支持自己的統治。從此伊藤博文也意識到僅憑日本對韓國的「保護政策」，無法實現韓國的近代化，他終於開

始考慮日韓併合政策。

47. 日本曾想「統監」中國嗎?

100多年前,日本即將開始對朝鮮進行殖民統治之際,由此而產生的危機意識也波及到了中國。有不少中國的精英認為,日本在吞併了朝鮮以後,接下來就要對中國進行殖民統治。清末立憲運動中的核心人物張謇就是其中之一。

1909年12月,張謇在向清政府提交的「意見書」中明言,日本有意蠶食中國。張謇指出:日本的大隈重信向前往朝鮮就任統監的伊藤博文說,日本將「統監」中國。而聽到這個消息的中國人,無不為之義憤填膺。他首先從列強瓜分中國與聯合統監中國之海外言論談起,繼而說道國家面臨的危險形勢。當此危局「外則海軍未立,陸軍不足,海疆要塞不能自固,船艦槍炮聽命於人。內則至艱極巨之責任,悉加於監國一身。」

那麼,張謇在這裡所說的日本要「統監中國」的話,是如何流傳開來的呢?首先,我們在文獻資料中還沒有發現張謇言及的「統監中國」的相關報導。當然,在中國方面的外交文件等官方資料中也沒有發現。

原為大隈重信的秘書青柳篤恒(1877-1951)在日後回憶說,當時的文件中確實曾有過這樣的文字記載:「伊藤博文在成為韓國統監之際,曾提到過在不久的將來,大隈重信將成為清國統監。」

伊藤博文出任韓國統監是在1906年的2月份,所以我們可以大致上判斷,「清國統監說」也就是出現在這一時期。大隈重信將成為「清國統監」的傳言,也出現於此後出版的《亡國鑑》(1915年, 殷汝驪編,泰東圖書局)中劉彥的相關文章《朝鮮亡國鑑附錄》。

當時,也有「韓國學生」反對日本併合韓國,於是為了獲得清政府

的援助，給時任軍務大臣的載濤寫了一封信。信中有這樣的段落：「我們聽聞，大隈重信曾說，伊藤博文若是成為朝鮮統監，我將成為清國統監。」可問題在於，這個「韓國學生」寫給載濤的書信，至今尚未找到出處。但這也表明，大隈重信的「清國統監」流言是在日韓併合以前開始流傳開來的。

在此之前，大隈重信雖然身居總理要職，但並不是日本政府內閣成員，而且其政治影響力也已開始減弱。1907年，大隈重信表示自己將退出政界。即便如此，作為一個精力旺盛的知識份子，他仍然積極展開各種演講活動，發表了無數有關清政府的政治、社會或朝鮮、東亞形勢的言論。

日俄戰爭以後，大隈重信的政治理念被世人稱為「大隈重信東洋門羅主義」。他反對分割統治中國的政策，其政治理念的精髓乃是「保全支那」。他主張，從主體上看中國的政治正在向立憲——共和方向發展，而且西方列強也希望中國的覺醒，因此日本應該幫助清政府的政治革新。他明確指出，日本從地理上與中國相鄰，而且和中國「同文同種」，因此只有日本才可能「誘導支那，對其進行開發」，並將「支那引上文明道路。」（《論東亞的和平》）

在這裡，大隈重信所說的「開發」，指的是「滿韓殖民政策」。在題為《論滿韓殖民政策》的演講中，大隈重信對英國的殖民統治給予高度評價，並認為日本對亞洲大陸的作用，正如英國之於歐洲大陸。從他的演講（1909）內容中可以發現，他的主張是一種典型的「帝國」式的殖民主義思想。「總之，朝鮮屬於我們國家的殖民範圍，滿洲最終也將成為帝國的領土。南方支那數十萬里沃土，正如我在前面提到的那樣，實際上確實需要日本的支援和幫助。」

從大隈重信這種對外擴張理論上看，他的「支那保存論」實際上在暗示著把滿洲或支那變成「第二個朝鮮」的可能性。在他看來，即使朝

鮮真正亡國,這也不是「日本滅亡朝鮮的」,而只是「朝鮮自行滅亡的。因此,對支那而言也是同樣的道理。儘管日本已經盡最大努力向支那表示了友好態度,但如果支那君臣對此懷有疑心,採用權謀手段加害日本,那麼到那時,這是絕對不可饒恕的。」(《論東亞和平》)

當時早稻田大學(早稻田大學的創始人即為大隈重信)的中國留學生聽到這樣的演講內容,又該做何感想呢?或者是聽過他演講的留學生,或者是從相關記錄中了解到他演講內容的留學生,把「大隈重信將統監中國」的資訊發布到中國──這種可能性是極高的。傳言終歸只是傳言,但「統監中國」的傳言在日後卻真的變成了歷史事實。這真可謂是歷史的一種絕妙諷刺。

48. 伊藤博文為何要關注中國?

1898年8月,中國發生了戊戌變法運動。在此後兩個月時間內,伊藤博文啟程訪問中韓兩國。和在韓國的情況類似,伊藤博文抵達中國以後受到清政府舉國上下的歡迎。伊藤博文尤其受到了希望進行改革的變法運動家、知識份子們的熱烈歡迎。相關內容也體現在伊藤博文寫給妻子的書信中,「清國上下歡迎我的情形,簡直難以用文字來表達。」

中國人對伊藤博文的歡迎,與其說僅是對一位外國知名人物禮節性的友好態度,還不如說對他的到來寄予了厚望。為什麼呢?當時,伊藤博文在寫給妻子的書信內容中給出了很好的回答:「在持續到深夜的晚宴中,無數支那人紛紛走上前來,希望我能為支那獻計獻策。到今天為止,一直都聽說皇帝是一位非常英明的君主,年紀僅27歲。因此有人說一旦到達北京,皇帝也極有可能下問於我。」(1898年9月13日,《伊藤博文傳》第396-397頁)

　　從中我們不難看出，中國方面也把伊藤博文尊奉為一位近代化的領導者。信中說，「一旦到達北京，皇帝也極有可能下問於我。」直到9月8日，伊藤博文一直滯留在韓國，11日抵達天津，並於14日來到北京。這時，康有為的變法運動正入佳境，因此光緒皇帝也對立憲制充滿渴望。在這種情況下，成功實現日本的近代化並把日本打造成一個近代強國的伊藤博文，自然成為中國的偶像和榜樣。

　　中國首屈一指的開明知識份子嚴復主辦的日報《國聞報》發表文章稱，北京方面正在制定一項計畫以挽留伊藤博文，使其擔任政府部門的顧問官。（丁文江、趙豐田，《梁啟超年譜長編》）

　　到達北京後的次日，伊藤博文與乾隆皇帝的曾孫、清朝最初也是最後一位總理大臣慶親王奕劻會談。20日，伊藤博文拜謁光緒皇帝，並進行會談。從伊藤博文的書函中可以看出，光緒皇帝把伊藤博文請到自己的座位旁坐下，給予他破格的待遇。（王曉秋《近代中日啟示錄》）

　　戊戌變法運動於伊藤博文拜謁光緒皇帝的第二天，即21日爆發。眾所周知，此後以慈禧太后為首的保守勢力開始肅清變法派，事態演變為一場政變。光緒皇帝遭到幽禁，戊戌六君子被推上斷頭台，而康有為、梁啟超二人好不容易留住一條性命逃往日本。

　　對此，伊藤博文驚詫萬分。他在寫給夫人梅子的信中這樣說道：「支那實在難以理解！」原本把他推舉為指導者的改革環境，一夜之間灰飛煙滅。伊藤博文見此狀況，啞然無語。

　　在北京意外遭遇政變的伊藤博文，並沒有改變他計畫中的行程。10月2日，他動身前往上海，並於5日安全到達。13日，伊藤博文沿長江逆流而上，前往武漢。這是為了在漢口與兩廣總督張之洞會面，因為他收到了張之洞的邀請。張之洞在聽到伊藤博文到達上海的消息以後，向他發出了見面邀請。與張之洞之間的會面，和戊戌變法一起成為伊藤博文訪問中國的重要事件。張之洞和伊藤博文都進行了哪些對話呢？中日

兩國的巨頭都交換了哪些意見呢？這是一個非常引人關注的問題。

17日，伊藤博文離開漢口，並於19日抵達南京。在南京，伊藤博文拜會與張之洞齊名的中國地方政治實權派人物劉坤一，然後於22日回到上海。當時，伊藤博文本打算繼續考察中國南方各地，但由於得到日本內閣瓦解的消息便匆忙啟程回國。11月7日，伊藤博文回到長崎。

從上面的行程中可以看出，中國方面確實希望奉伊藤博文為近代立憲、創建國家的顧問，並希望得到他的指導。而伊藤博文本人，也有意將自己成功促使日本變成近代化國家的經驗傳授給中國。

可是，由於戊戌變法意外遭到失敗，伊藤博文不得不調整自己對中國的看法。伊藤博文認為，在觀察中國之際，應採用政經分離的觀點。應該分別把握中國的政治和經濟領域；中國的政治日後還將繼續混亂，但在經濟上與中國交往還是有可能的。於是伊藤博文認為，當務之急首先應強化與中國的經濟協作。他提出，中國的政治改革也應避免激進式的改革，而應在成熟領導指示下加以調整，採取漸進式的改革方法。

從這裡，我們可以看出伊藤博文是一個反對戰爭，並主張以文明和平方式促進改革的國際政治家。

1898年10月，伊藤博文和張之洞在談話中，就日本進口中國的鐵礦和煤炭一事達成了協定。《張之洞年譜》（光緒24年9月條目）內容表明，張之洞和伊藤博文會談時，確實就中國鐵礦石、煤炭交易一事達成協定。

從各個意義上講，伊藤博文和張之洞之間的會面，不僅僅是中日兩國政治家的會面，而是決定此後兩國關係且具有重大歷史意義的事件。日本八幡製鐵所和中國漢冶萍公司之間的關係，開創了日本對中國經濟掠奪的先河。這也是日本帝國主義對中國進行經濟掠奪的一幕。

49. 日本為何更熱衷於統治朝鮮

當時，伊藤博文對中國的整體評價是，他對中國「統治性的政治能力」頗為失望。他一針見血地指出：中國的「風俗、人情、古代的習俗或者是他們推崇備至的學問等，根本不允許他們接納今日世界一日千里的變化元素，更遑論進行改革。」因此，「他們在現在的情況下，不可能接受我的建議，並將其付諸實施。」「我是抱著極大的遺憾回到日本的。」（《伊藤博文演說集》）

從戊戌變法失敗的原因上看，伊藤博文認為無論是保守還是改革中國都過於激進。在伊藤博文看來，戊戌變法失敗的原因在於還沒有形成足以進行改革的能力。中國經過體制改革，確保獨立地位，這也有益於東洋的安全。但是，他認為「這幾乎陷入毫無指望的困境之中。」

其結果，會招來什麼樣的後果呢？伊藤博文做出這樣的判斷：中國被西方列強瓜分，而日本也將與「一水之隔的歐洲列強相遇。」

從中可以看出伊藤博文對清政府失望之深，他預言中國即將被歐洲各國瓜分。伊藤博文通過親身體驗所了解到的情況是，中國不遠的將來並不明朗。結果，後來發生的事情被伊藤博文不幸言中，中國淪為列強的半殖民地國家。

與對中國政治失望的情況相反，伊藤博文在中國經濟的發展上得到了重大啟發。他這樣說道：「儘管（中國）政府如此疲憊，中國人民卻十分勤勉地從事各自的工作，這種實例在世界上都是找不到的。普通民眾獲得財富仍然是遙不可及的，所以應該改革財政方針，實現整體的改良。如此，支那帝國將得到更大發展。」（《伊藤博文演說集》（1））

伊藤博文認為，清政府的政治統治能力十分脆弱，但從經濟層面上復興國家的可能性卻很高。伊藤博文之所以高度評價中國的經濟，是因

為他認識到這樣一種可能：流入中國的西方資本，一旦與中國本土的勞動力相結合，將會形成一個龐大經濟圈。

伊藤博文據此提倡，應允許中國作為一個國家在政治上自治，但在經濟上日本應該採取積極接近的政策。從收錄於《伊藤博文演說集》內的相關內容中我們也能發現，他認為中國的經濟需求將從現在開始大幅增加，而日本經濟絕不應無視這種趨勢。「位於和中國相鄰地理位置的日本，針對中國發展工商業，這是關係到日本生死存亡的大問題。」

伊藤博文曾這樣直言不諱：他考慮的不是中國的領土，而「不過是獲得工商利益的手段。」伊藤博文這樣積極抑制對中國的侵略，並認為獲取經濟利益更為重要。

據傳，伊藤博文是一個對領土非常淡泊的政治家。更為重要的是，他認為這是日本國民的福利事業。對日本來說，使（中國）領土與外國資本相脫節，從長遠意義上看是不利於（日本）國家利益的。因此在這一期間他積極發表演說，主張日本應積極向東亞國家輸出西方文明以促進其近代化進程。

1899年2月14日，在大日本海外教育會發表的演講中，他進一步強調應將與文明相關的學問輸出到中國和韓國，並大聲疾呼這是「東洋領導者日本」道義上的義務。此後，伊藤博文於1906年赴任韓國統監，親自投身於對韓國的統治，並自詡為一個「文明傳教士」。

據說，伊藤博文對中國立憲派的態度非常積極。在遭到暗殺之前，伊藤博文在離開日本時曾對伊東已代治說：「明年我很想前往北京，去協助立憲派。」（伊東已代治《清國和我國》）

或許，伊藤博文是希望把自己獲得的立憲制成果廣泛傳播到中國和韓國，並通過指導這兩個國家的立憲過程，實現東亞地區的政治穩定。

1906年，伊藤博文在與清政府的載澤會面時也曾勸他，「清國」應該以日本為榜樣建立立憲制。但同時強調，清政府所處的（多民族、多

文化的）現實環境，使得實現立憲制成為一個棘手的事情。

　　和韓國相比，伊藤博文一貫消極對待中國的政治改革，因為他對中國的國民性、國民素質持有懷疑態度。但是，伊藤博文卻親自出任韓國統監一職，積極投身於韓國的文明化進程。他對清政府的態度是消極的，但他對促進韓國近代化進程卻充滿了熱情。筆者推測，這是因為伊藤博文從文化上與韓國更為親近；或許，他對韓國背負著某種類似於來自血緣關係的「使命感」。

50. 從民國到軍國

　　1911年，辛亥革命爆發，末代皇帝溥儀被袁世凱拉下皇位，皇帝統治制度頃刻間灰飛煙滅，以中華民國為國號的嶄新國家莊嚴誕生。但是，民國並非真正近代意義上的共和國家，實際上它是一個淪為被「軍紳」（軍閥）統治的國家。這真可謂是歷史的嘲諷。

　　加拿大的華裔學者陳志讓在其所著的《軍紳政權》一書中，首先提出了「軍紳」這個概念。按照他的說法，軍紳是軍閥和紳士相融合之意。陳志讓先生指出，在從清朝末期進入民國階段的歷史轉變過程中，表現出來的權力結構，實際上也確實是由「紳軍」轉變為「軍紳」的過程，而軍人在這一過程中掌握著最強大的權力。

　　北洋軍閥的統帥袁世凱於1916年6月猝死以後，國會逐漸正常化，但這並沒能帶來民主化；軍閥之間圍繞著統治權，展開了全力交替的混戰。也就是說，從民國進入「軍國」時代。進入軍國時代以後，國民黨蔣介石於1926年發動北伐戰爭，並最終獲得勝利，以此摧毀了北京政府。

　　但事實上，事情並沒有就此結束。即使是在國民黨執政時期，抗爭仍在繼續。有時，人們也把這一時期稱為「新軍閥混戰時期」。

　　那麼，軍閥究竟是什麼意思呢？有關軍閥的定義分為好幾種。綜合前面提到的陳志讓的《軍紳政權》、張伯鋒及李宗一主筆的《北洋軍閥：1912-1928》（第一卷）等著作相關內容，可以將軍閥的定義歸納如下（橫山宏章《中華民國》）：

　　①從歷史角度看，這是組建於清朝末期與北洋軍閥有著淵源關係的近代化軍事集團；

　　②從經濟角度看，他們和地主階級有著千絲萬縷的關係，具有濃厚的封建主義色彩；

　　③從國際角度看，他們透過與帝國主義勾結，確保勢力並獲得援助；

　　④從國內角度看，中央政府缺乏對他們的控制能力，而且軍費也有自己負責調度，因此具有很強的獨立性；

　　⑤從意識層面看，他們的國防意識薄弱，更強調忠誠個人，因此具有私人軍事集團特徵。

　　由此我們不難看出，在軍法時代，和中國曾經奢望的國民國家建設存在著相當一段距離。事實上，在這個時期，各軍閥更傾向於軍事割據。這有悖於革命的初衷，因為這與建設一個近代意義上的統一集權國家是背道而馳的。

　　所以，克服軍閥割據、軍閥統治現狀，建設一個全國統一的近代國民國家，就成為中國革命的基本目標。（橫山宏章）

1912年03月-1916年06月：袁世凱
1916年07月-1917年07月：黎元洪
1917年08月-1918年10月：馮國璋
1918年10月-1922年06月：徐世昌
1922年06月-1923年06月：黎元洪
1923年10月-1924年11月：曹錕

1924年11月-1926年04月：段祺瑞

1927年06月-1928年06月：張作霖

　　北洋軍閥時期，從上述譜系中我們不難看出，軍閥統治的「軍國」實際上覆蓋了「民國」。此後，中國進入國民黨執政時期，因此通常又稱為「黨國」。但實際上，「黨國」仍是另一種形式的「軍國」；支配國民黨的力量仍舊是「黃埔軍」系統。

　　軍國時期，各軍閥之間派系之爭不斷，佔據地方培養壯大自己的軍事實力，成為掌握政治的基本手段。

　　在混亂的秩序中，沿海城市展現出繁榮昌盛的面貌，而農村地區則變得越發貧困。在城市裡，近代企業、市場經一派繁榮；大學、報社、傳媒等行業得到進一步發展。但與此相比，農業越發顯得衰退。

　　現在，中國沿海地區仍然十分發達，相對而言農村地區依舊非常落後，這種現象在百年前就已經開始出現了。當中，隨著軍閥割據，中國的土匪、流民、鹽商的活動十分猖獗，以至於西方人揶揄中國為「擁有4億土匪的國家」。

　　把民國變成軍國的軍閥都是近代意義上的軍人，他們都曾學習過西方文明，或者有過留學日本的經歷，或者在國內的陸軍士官學校接受過訓練。因此他們對言論自由、思想自由、學校自治等方面還是比較寬容的。當時，軍隊內部對學術自由、言論自由的寬容度也很高，而在大學內部，自由文化則進一步得到發展。

　　張鳴教授指出：「北洋軍閥時期的民國，一方面軍人專制統治和軍閥割據並存，另一方面思想文化非常繁榮。」所以，中國文化史學家們也認為，這一時期在中國近代史上是一個非常有趣的階段。

51. 日本是如何評價「併合韓國」的？

日本帝國主義併合韓國已經過去了整整100年，在此期間，日本內部對併合一事的評價大致分為兩種。其中之一是否定性的評價，認為這種併合是非法的，而且也給朝鮮帶來巨大的損害，所以理應對此謝罪；另一種意見則是肯定的，認為併合一事符合當時的國際法。

可是，1910年8月27日公布了《關於併合韓國的條約》以後，日本內部並沒有提出反對意見或異議。姜東鎮先生考證認為，日韓併合以後的1910年8月至10月間，日本頗具影響力的媒體《東京朝日》、《大阪朝日》、《東京每日》、《讀賣新聞》、《萬朝報》等報社和《太陽》、《中央公論》、《日本和日本人》等雜誌發表的論文，幾乎都美化了日本併合朝鮮的行為，並以一種牽強附會的邏輯將其正當化。（姜東鎮《日本輿論界和朝鮮》）

可以把姜東鎮先生的考證歸納如下：

1. 即使是在古代，朝鮮也曾被日本併合，因此這種併合是對歷史的復歸；

2. 以同祖同根論為基礎的自然趨勢論調；

3. 這是為了增進朝鮮人的幸福而進行的併合——殖民地的偽善幸福論；

4. 通過強調朝鮮末期惡劣的政治和社會環境，表明朝鮮獨立是不可能成功的，以此來彰顯日韓併合的不可避免性；

5. 日韓併合非但沒有給日本帶來利益，反而是一種負擔；

6. 天皇對赤字的慈愛論調及主權轉讓論；

7. 日韓併合是中日、日俄戰爭的代價；

8. 朝鮮人支持日本的保護政策，其結果招來併合。

從任何一個角度上看，這些評價都是對日本侵略行徑的歪曲，並試

圖以一種比較隱晦的說法美化日本對朝鮮的統治。另外，日本媒體發表大量「併合讚美論」文章，鼓吹日本通過併合朝鮮，獲得了朝鮮半島土地；而日本國民受此鼓舞，開始夢想對中國進行擴張。（《韓國併合》海野福壽）

當時，甚至連自由主義知識份子代表人物、學者新渡戶稻造也都加入了讚美日韓併合的佇列之中。1910年9月13日，第一高等學校校長新渡戶稻造在開學典禮上發表了如下演講：「另一個值得永記的是日韓併合，這是一次千載難逢的大事。我們國家一躍而成為擁有超過德國、法國、西班牙國土面積的大國。（中略）總之，現在，我們國家已經成為比歐洲諸國更大的國家。我們的帝國急劇成長起來了。」（矢內原忠雄《我所尊敬的人》）

1906年10月，受當時的統監部委託，新渡戶稻造結束對韓國農業現狀的考察，帶著對朝鮮民族的蔑視回到日本，由衷地為日本併合朝鮮一事而感到高興，同時也對帝國的擴張充滿期待。可是，接受了社會主義思想的日本詩人石川啄木，卻於併合以後的9月9日這樣寫道：「用墨汁玷污地圖上的朝鮮，颯颯秋風撲面而來。」他為朝鮮從地圖上消失而悲哀，當時只有石川啄木一人以批判的目光看待日本吞併朝鮮一事。

當時，日本政府通過教育手段，向日本民眾灌輸蔑視朝鮮的思想，並鼓吹朝鮮民族和日本同宗同源。1910年11月，日本歷史地理學會出版了《歷史地理》臨時增刊《朝鮮專號》。作為卷首語，增刊發表了併合朝鮮詔書，內文則刊登了22位歷史地理學家的論文。他們一致成為吹鼓手，讚美日韓併合並極力將其正當化。其中，最具權威性的學者喜田貞吉甚至還出版了專著《韓國的併合與國史》。作為日本古代史、民族史學界最具權威的學者，喜田貞吉也是「日本文部省國定教科書」評審委員。

喜田貞吉從歷史學的角度，提出「日韓同種」論，為日本對朝鮮殖

民統治理念——「同化主義」提供了有力的理論支持。他認為，日韓兩國是一家，韓國是這個「大家庭」中貧寒的小家，而日本則是富強的「本家」。

海野福壽教授的《併合韓國》中提到，當時，以這種民族史觀為首的併合正當化論調，並不局限於某一個人，而是眾多歷史學家身上共同的現象。

此後，於1920年至1921年間發行的第3期國定歷史教科書《小學國史欣賞》中，也從同宗同族的觀點出發說明了日本和韓國的關係，並強調日本作為保護國是為了保護朝鮮才與其併合的。併合韓國是為了韓國國民的福利，在韓國的請求下進行的。教科書在強調日本民族優越性的同時，鼓吹作為優越民族對落後的朝鮮民族進行統治是理所當然的事情。

顯然，這種歷史教育使日本人對朝鮮的認識發生了扭曲。這是不言而喻的。

52. 朝鮮的文明開化為何遭到失敗？

百年前，朝鮮成為已經實現了近代化的日本的殖民地，我們可以將其原因歸結於日本的政治野心。但我們也不應忘記，是誰為這種「野心」提供了可乘之機。

日本為了應對西方列強，率先實現了近代化，甚至具備了可以對西方發動戰爭的實力，將日本打造成一個積極進取的國家。與此相對照的是，韓國卻未能適應來自西方列強和近代化的壓力，甚至因此喪失了國家主權，經歷了國家分裂、手足相殘的悲劇命運。

日本在文明開化進程中獲得了成功，但朝鮮卻遭到了失敗。其原因何在？

進入19世紀中期以後，日本已經開始領悟西方文明，並開始認為西方文明是一種「真正的文明」，而東亞文明則是一種「反文明」、「落後文明」。由於傾向於西方文明，日本從中國文明的邊緣地帶瞬息之間佔據了中心位置。日本制定了「脫亞入歐」的戰略方針，甚至為此不惜一戰。

朝鮮又是什麼樣的情況呢？與中國相比，朝鮮的開埠整整晚了33年，也比日本的開埠（1854）晚了22年。朝鮮是在日本的壓力下，於1876年開放門戶的。隨後，朝鮮與美國、英國等國家建立友好關係，開始與西方世界接觸。

在傳統和革新遭遇的過程中，朝鮮方面針對西方文明採取的立場大致可分為如下三種：

①「衛正斥邪論」：作為一種守護傳統的立場，朝鮮方面固執堅持中國才是世界文明中心的主張，並蔑視西方為「洋夷」，甚至稱其為「尚未步入人類文明的禽獸」；

②「衛正斥邪論」顯然不足以應對日益強大的西方及日本的壓力，於是，「東道西器論」開始逐漸抬頭。提倡「東道西器論」的人認為，朝鮮應在固守傳統道德的基礎上，吸納西方技術，走上富國強兵道路；

③但「東道西器論」仍然具有局限性，於是「文明開化論」才開始慢慢抬頭。直到這時，朝鮮才開始認為應該把西方文明作為文明的標準予以吸納。

朝鮮最早吸納並使用「文明」這一詞語的，是朝鮮最初留學日美的學生俞吉濬。他基本上從福澤諭吉那裡接受了野蠻、愚昧、半開化、文明這樣的文明區分主張，並認為朝鮮既處於愚昧狀態，同時也處於文明狀態。

朝鮮從傳統上一直都認為西方處於野蠻狀態，因此俞吉濬的文明觀具有一定的革命性。俞吉濬在創作於1889年的《西遊見聞》中，認定西方

是文明的，並主張朝鮮應該積極吸納西方文明，以實現朝鮮的文明化。

金玉均、朴泳孝、洪英植、徐光范、徐載弼、俞吉濬……對於這些人領導的朝鮮開化派而言，朝鮮在開國以後，開拓從「開埠」階段進入開化階段的道路是他們面臨的重大課題。

所以，如何克服「守舊」和「開化」之間的矛盾，便成為朝鮮開埠以後最大的政治、思想課題。1884年12月，以金玉均為首的開化派發起了甲申政變，但因清政府的介入而遭到失敗。

1896年，逃亡到美國的徐載弼回到國內，創辦了韓國最早的韓文報紙《獨立新聞》。這份報紙成為當時傳播改革派文明論的重要陣地。他同樣把文明水準分為四個等級，並將英國、美國、法國、德國等西方國家視為文明國家。他讚揚英國和美國創造了史上最高的文明水準，並主張朝鮮也應以他們的法制主義和民主主義為榜樣進行改革。他讚美美英帝國通過鐵路、電信、電話等「文明利器」的建設，使人民享受到近代的幸福生活。

開化派強調的還有教育改革。他們在揭示學問及文明的重要性的同時，主張應經過自強運動、培養實力階段最終實現獨立。具有諷刺意味的是，對西方文明的憧憬促使朝鮮知識份子開始接受帝國主義思想。

開化派認為，殖民主義有利於被殖民的對象。（朴枝香）有趣的是，日本社會精英為了回避西方式的民主主義，反而強調不應把朝鮮變成絕對意義上的殖民地。與此相對照的是，朝鮮社會精英卻認為變為殖民地並非不可行。

實際上，他們是希望藉助殖民地的力量，在日後實現國家獨立。尹致昊認為朝鮮反正只能變成強大國家的殖民地，既然如此成為英國殖民地才是正確的選擇。朝鮮的軟弱，在後來表現為缺乏自強的、積極應對的態度。在這一點上，朝鮮與日本形成鮮明對照。最終，朝鮮淪為日本的殖民地，這也是朝鮮在文明開化過程中的失敗導致的悲劇。

53. 永遠沉睡在異國他鄉的清朝俘虜

在中日甲午戰爭中，有無數清朝軍隊士兵成為日軍俘虜。筆者在接觸這一時期的相關史料時，始終有個疑問：如此眾多的清朝俘虜，他們最終的命運是如何？

100多年前，眾多清軍俘虜最終沒能回到自己的祖國，而不得不在結束自己坎坷一生之後葬身於日本。

2003年，中國留學生楊海嘉在日本大阪市中心的一座陵園內，偶然發現了中日甲午戰爭時期清軍俘虜的墳墓。

陳悅發表在《看歷史》雜誌（2011年第6期）上的相關文章表明，即使是在中國國內，甲午戰爭時期犧牲者的墳墓也極其罕見；人們僅在安徽省農村地區，發現了幾處在黃海海戰（1894年9月17日）中犧牲的北洋海軍士兵的墳墓。這些墳墓靜靜地藏身於草叢中，近百年來幾乎沒有任何一個人的目光曾在此停留。而躺在這些墳墓裡面的人，似乎仍在見證早已被人們遺忘的那場戰爭。

發生於1894年至1895年間的甲午戰爭，也是中日兩國一決雌雄、決定國家命運的決戰。眾所周知，北洋艦隊在軍艦等軍事實力上佔據優勢地位，即便如此也在損失25000餘名海軍將士的慘烈結果下宣告戰敗。《日清戰爭實記》（1894年，日本方面出版物）中指出：當時，清軍戰俘多達千餘名，而他們被盡數押往日本。

1894年7月25日，北洋海軍的「濟遠號」和「廣乙號」在朝鮮的豐島海域遭到日本海軍襲擊，就此拉開豐島海戰序幕。在海戰中，「濟遠號」敗走回航，而「廣乙號」身受重創，負責運送清朝陸軍的「高升號」被日本軍艦擊沉，運輸船「操江號」被日軍逼降。「操江號」船長王永發和手下72名清朝海軍士兵成為第一批戰俘，他們變成了日軍炫耀戰功的「戰利品」。他們被押往日本以後，在日本軍隊監視下被拉到街

上遊街；日本方面把他們當成展示品，以此向日本國民炫耀自己在戰爭中獲得的勝利。

1894年9月中旬，在平壤戰爭中成為俘虜的608名清軍士兵也被押往日本。前後被押往日本的清軍戰俘總數，合計超過了1000名。位於日本長崎縣佐世保的海軍監獄，根本無法容納如此眾多的清軍俘虜，於是日本政府下令，將這些俘虜關押在寺廟和民間設施內。

除大阪的難波別院、東京的本願寺以外，還有廣島、名古屋、松山等地的寺院，當時也都容納了大量清軍俘虜。而滋賀縣大津地區的寺院，則專門負責容納患有傳染病的俘虜。此外，在滿洲、山東半島等地俘虜的清軍士兵也都被關押在上述地區。

日本方面雖然沒有強迫清軍俘虜參加苦役勞動，但經常押著他們四處招搖，通過這種侮辱性的展示炫耀日本軍隊的戰功，並以此作為戰爭宣傳。他們也被日本視為人種學、醫學實驗對象，進行各種身體檢查和測試。

1895年，《馬關條約》簽署以後，中日兩國間的戰爭結束。停戰當時，中日兩國通過談判達成俘虜交換共識，並於次年夏天付諸實施。8月18日，被關押在日本各地的清軍士兵回到國內。

但是，回到祖國的清軍俘虜卻遭受了意外的懲罰。清政府方面一向認為俘虜是不吉利的，在這種傳統思想左右下，清政府非但沒有妥善安撫這些俘虜反而解散了他們。其中的軍官也被清政府解職，然後遣返回鄉。「操江艦」艦長王永發上書朝廷，要求向那些病死在日本的將士家屬發放一定的撫恤金。當然，他遭到了清政府的斥責。

他們為了國家置個人安危於不顧，毅然投入對日作戰，但卻以「不吉利」的理由徹底被歷史遺忘。最近發現的日本在明治時期保管的資料表明，日本方面在遣返清軍俘虜的名單上，詳細記錄了他們的姓名、籍貫、年齡等內容。不僅如此，日本方面也詳細記錄了客死日本的清軍將

士名單以及相關診斷書和下葬記錄。

2010年7月，中國方面民間知識份子在大阪發現了清軍俘虜的墓地。這些清軍俘虜的墳墓，介於大阪市真田山腳下日本軍人墳墓之間，早已風化的墓碑上依稀可見百年前刻上的字跡。墓碑上的文字表明，躺在這裡的中國軍人分別是：楊永寬、呂文鳳、劉起得、劉漢中、西方診、李金福等人。

這6名清軍士兵是在朝鮮戰役和滿洲戰役中被日軍俘虜的，他們在關押期間因患疾病等原因不治身亡。曾被關押在大阪難波別院內的清軍俘虜也都被識別出來。這些人因無顏見江東父老，未能返回祖國。他們在臨終之前留下遺言，要求將其墓碑朝向中國所在的方位。

這些長眠於異國他鄉的清軍俘虜，他們死後的靈魂或許至今仍在四處尋找自己的祖國。

54. 天皇的實質

即使是在東亞漢字文化圈，日本的天皇制也是獨一無二。作為日本的一種特徵，「天皇」一詞我們已經耳熟能詳，但對於「天皇」的象徵意義以及更深一層的實質我們卻不甚了了。

100多年前，明治天皇曾深深介入中日戰爭和日俄戰爭，此後的大正天皇和昭和天皇也曾深深介入亞洲戰爭和太平洋戰爭。因為他們與這些戰爭有著千絲萬縷的聯繫，人們對日本天皇並沒有什麼好印象，對天皇的認識也非常模糊。

天皇的實質究竟是什麼呢？天皇的起源及其意義又是什麼呢？所謂天皇，指的是體現象徵著日本及日本國民整體的人物地位的稱謂，關於天皇制究竟是何時確立的這一問題反而並不十分明確。從前，人們把負

責官制集團的人稱為大王。進入3世紀以後，隨著大和等強有力的血緣集團的出現，這些集團的頭目被人們稱為大王。據說，大王開始被稱為天皇，始於西元7世紀後半葉的天武天皇時期。

據說，天皇這一詞語是來源於中國道教中的天皇大帝。通過類似於中國的神的名稱使其神格化，其目的便是使人從政治上或宗教上對其產生一種「特別」的印象。然而，天皇這一稱號，在日本並非是一直沿用下來的，它是隨著時代的發展而發生變化的。在1868年（明治元年），日本遞交給外國使節的國書中記載：「以往採用的一直都是大君這一稱謂，但從今以後將使用『天皇』這一稱號。」天皇的稱號在1936年（昭和十一年）與大日本帝國這一國名一起成為正式的稱謂。

那麼，天皇存在的意義何在呢？戰前和戰後的日本憲法有很大的區別。在戰前臨時憲法中，天皇是天照大神的直系——現人神，因此規定其擁有永遠統治日本人的權力。但是，戰後新憲法規定，天皇的地位並不是絕對的也不擁有參與國情的權力。

新憲法第一章明確規定：「天皇是日本國的象徵，是日本國民整體的象徵，其地位以主權所在的全體日本國民的意志為依據。」第二條規定皇位是可以繼承的。第三條則規定了「天皇有關國事的一切行為，必須有內閣的建議和承認，由內閣負其責任」。新憲法第四條又明文規定：「①天皇只能行使本憲法所規定的有關國事行為，並無關於國政的權能。②天皇可根據法律規定，對其國事行為進行委任。」新憲法第六條內容又進一步規定：「①天皇根據國會的提名任命內閣總理大臣。②天皇根據內閣的提名任命擔任最高法院院長的法官。」此外，新憲法第七條也對天皇的國事行為做了明確規定。而憲法第五條對天皇的攝政做了如下規定：「根據皇家典範的規定設置攝政時，攝政以天皇的名義行使有關國事的行為，在此場合准用前條第一項之規定。」

日本天皇的一個特別之處，是沒有戶籍和姓氏，而其身分是被記錄

在「皇統簿」上的。「大統簿」中記錄的是有關天皇、皇后、皇太后的事項；記錄其他皇族成員事項的，則是「皇族簿」。據稱，只要向日本宮內廳提出申請，任何人都可以閱覽這些內容。

天皇本來就擁有賦予豪族姓氏的權力，因此自己完全沒必要擁有姓氏。據說，這就是天皇及其家族成員沒有姓氏的原因所在。

但是，皇族成員因和皇族外的人通婚等原因而脫離皇族時，則將獲得姓氏和戶籍。

自古以來，日本天皇皇位的繼承，或由天皇本人決定，或由其他執政者的意志決定。但現在，這種現象已不存在，皇位的繼承完全是根據《皇室典範》的規定而執行的。

《皇室典範》第一章第一條規定：「只有男性皇嗣有皇統、皇位繼承權。」其繼承順序為：「皇太子、皇長孫、皇長子其他的子孫、皇次子的子孫、其他皇子、今上的兄弟之子孫、今上的伯叔父之子孫。」長子傳家的制度是在明治時期以後引入日本社會的，而女子則被排除在外。1945年以後，在日本民間，在傳家制度上的男女差別制被廢止。但在皇室，這一繼承制度一直延續至今。現在的日本皇太子膝下沒有兒子，那麼，將來是否為了繼承者而專設女性天皇？圍繞著這一點，日本國內正在展開激烈爭論。

日本的天皇制中，還有一個被稱為「元號」的制度。「元號」本是中韓等儒教文化國家使用的特定紀年法。《日本書紀》中的相關內容表明，日本最早的「元號」為「大化」。現在，在亞洲地區，元號制度已被廢止，但在日本，每當新天皇即位，就會變更「元號」。明治政府將天皇一世定為「一世一元制」，其在位期間始終採用一個「元號」。

日本沒有國徽，因此是以象徵著日本天皇的「菊花紋章」作為國徽的。這枚國徽為「十六瓣八重表菊紋」，它是日本天皇、皇太子、皇太孫的象徵；象徵著其他皇族的，則是一枚十四瓣菊花紋章。日本人的護

照上也印有菊花紋章，它其實也代表著日本的國徽。中國自古以來把菊花視為一種吉祥之花，隨著菊花被引入日本，這種花卉也被日本視為天皇及皇室的象徵。日本天皇雖說沒有什麼實際的權力，但天皇制和天皇作為日本的傳統文化和國家的象徵，至今仍在發揮自己獨特的作用。

55. 朝鮮的抗日義兵運動

　　近代韓國史，也是一部韓國人和日本鬥爭、妥協的歷史。所以，那些挺身而出，與日本帝國主義抗爭的人物，至今仍被韓國人稱為民族義士、愛國主義者。而那些曾為日本殖民統治者提供協助的人以及適從殖民統治的人，通常被韓國人視為親日派或賣國賊。

　　日本帝國主義假借保護韓國的美名，對韓國實施了殖民侵略。對此，韓國各地紛紛發起了不同形式的義兵運動（抗日活動）。接下來介紹韓國義兵運動的相關情況。

　　1904年，日韓兩國簽署《日韓議定書》以後，日本開始公然侵蝕朝鮮半島。在此以後，1905年11月17日，朝鮮政府在日本的脅迫下，再次簽署《乙巳條約》（第二次日韓協約）。從此，在伊藤博文操控下，日本對朝鮮進行統治和各種改革。

　　《乙巳條約》簽署以後，憤怒的朝鮮民眾放火燒「乙巳五賊」之一的學部大臣李完用的私宅。11月22日，伊藤博文乘坐的火車，在漢城近郊遭到朝鮮民眾攻擊；伊藤博文在車內被飛來的石塊擊中臉部。

　　在朝鮮半島舉國譁然之際，伊藤博文統治下的朝鮮各地抗日義兵運動風起雲湧。1906年5月，反對簽署條約的參判閔宗植憤而辭官，在忠清南道甘浦地區舉起義旗，率領1100名朝鮮民眾攻佔洪州。在日本憲兵、員警的反攻下，起義隊伍於31日退敗，閔宗植被日軍逮捕。著名

學者崔益鉉也於1906年6月6日發動了起義。作為一名德高望重的儒學家，崔益鉉拒絕仕途，一直以一個在野人士的身分密切關注著事態的發展，並對日本的侵略行徑和開化運動提出批評，甚至向高宗皇帝進言朝鮮應與日本對決。6月11日，義兵被全州及南原「鎮衛隊」包圍，崔益鉉最終被捕。後來，崔益鉉被移交給日本軍隊，並被處以禁錮3年徒刑。入獄以後，崔益鉉不屈不撓，繼續展開抗日活動，於1907年1月1日壯烈犧牲。

在《乙巳條約》簽署以後，相繼發生了高宗皇帝讓位、丁未七條約、解散軍隊等重大歷史事件。通過這些統治措施，日本強化了對朝鮮的殖民統治，但是朝鮮的抗日義兵運動並沒有銷聲匿跡。

1907年8月1日，朝鮮統監部頒布法令，強行解散了朝鮮軍隊，身為漢城步兵第一聯隊第一大隊長的朴星煥當場自絕以示抗議，於是第一大隊官兵發動了起義。其他大隊的將士也一呼百應，向兵營內的日本教官發動襲擊，兩國軍隊發生激烈交火，事態很快蔓延到鐘路市區。這次武裝起義雖然遭到日本軍隊的鎮壓，但也展示了抗日軍人勇敢的民族精神。

伊藤博文擔心這種抗日武裝運動形成燎原之勢，做出了如下指示：「當下，京城（漢城）有韓國士兵6000餘人。他們隨時都可能發動武裝起義，因此應該提前沒收他們的武器。」於是，伊藤博文下令強行解散韓國軍隊。這一時期安重根正在中國東北地區從事義兵運動。

1907年為農曆丁未年，所以人們把在這一年發生的義兵運動稱為「丁未義兵」。解散軍隊的命令也被貫徹到地方鎮衛隊，於是9月初各地鎮衛隊被解除武裝。江原道原州地區的閔肯鎬、金德濟兩位將校率領鎮衛隊官兵，襲擊原州地區的日本居民和警務所，與日本守備軍展開激戰。

水原鎮衛隊將校柳明奎（也稱柳啟明）殺掉了江華郡守及其他親日份子，舉起抗日大旗。8月11日，柳明奎在與日軍交戰中被俘，後來在

拘留所遭到槍殺。

　　1907年8月，李久載、李殷瓚二人從江原道率領500名義兵北上，在忠清北道與義兵長官李麟榮會合。李麟榮成為這支隊伍的總指揮（關東倡議大將），在朝鮮境內展開抗日鬥爭。當年12月，這支軍隊已經發展壯大為10000人的隊伍，於是李麟榮指揮軍隊向漢城發起進攻。先遣部隊2000名官兵進攻到漢城市東大門時，遭到日本軍隊的阻擊，被迫撤退。1909年6月，李麟榮在忠清北道被日軍俘虜。針對日本憲兵的拷問，李麟榮義正詞嚴地回答：「我的一切，只是為了找回我們國家的主權，鞏固我國的獨立。」（《韓國併合》海野福壽）

　　日本帝國主義殖民侵略者公訴李麟榮為叛逆者，並根據當時的刑法第195條「內亂罪」相關規定對其施以絞刑。那一年，李麟榮年僅42歲。又一位大義凜然的民族英雄英勇就義。

　　全羅道地區的高光洵率領的義兵主要在光州淳昌一帶展開抗日活動。他們襲擊了日軍「東北巡查駐在所」，隨後轉移到智異山地區，並以此為根據地展開游擊戰。此外，由申芝石率領的義兵隊伍則以日月山為根據地，展開抗日武裝鬥爭活動。當時，他和李康年率領的義兵隊伍，曾一度在慶尚道所向披靡。

　　許蔿在漣川一帶發起武裝起義，並與閔肯鎬、李康年等人的隊伍遙相呼應，控制了整個京畿道地區。全羅道南海海岸地區全海山率領的義兵隊伍也令人刮目相看。據說，全海山正是民族英雄全琫準的兒子。咸京道一帶的抗日隊伍中，屬洪範圖率領的武裝力量最為著名，他們的抗日鬥爭曾給日本軍隊帶來重大的打擊。

　　《朝鮮暴徒討伐記》（朝鮮駐紮日本司令部編）相關內容顯示，從1907年到1910年，在這4年間，義兵與日軍交戰次數多達2819次；義兵總人數約有14萬人。其中，有17688名抗日志士血灑朝鮮山河，為朝鮮的抗日事業獻出寶貴的生命。與此相比，日本的死傷人數僅為402人。

　100多年前，由於日本帝國主義的殖民侵略，朝鮮喪失了國家主權。而這些抗日英雄為了國家的主權和獨立奮起抗爭，與日軍英勇作戰，甚至不惜犧牲生命。1909年10月26日在哈爾濱火車站擊斃伊藤博文的安重根便是典型的代表人物。

56. 日本是如何鎮壓義兵運動的？

　由於在日俄戰爭中獲得了勝利，日本透過簽署第二次條約（《乙巳條約》）把韓國變成了它的被保護國。於是韓國人展開各種形式的愛國、抗日運動以恢復韓國國家主權，實現韓國的國家獨立。

　中日甲午戰爭以後的1890年代，韓國早期義兵運動提出「衛正斥邪」、「反日反俄」的口號，發動了武裝起義。而後來的韓國抗日義兵運動，正是對早期武裝運動的直接繼承和發揚。正如我們在前面已經了解到的那樣，1907年8月，伊藤博文下令解散韓國軍隊以後，韓國的義兵運動呈現出蓬勃發展趨勢，並在韓國全國範圍內掀起抗日游擊戰高潮。

　武裝鬥爭迅速在朝鮮全境蔓延開來。從1907年8月開始，到1910年為止，日韓武裝衝突次數共達2819次，每年參加義兵的韓國人情況如下：1907年為44116名，1908年為69832名，1909年為25763名，1910年為1892名，合計141603名。（朝鮮駐紮巡查軍司令部編《朝鮮暴徒討伐記》）

　當時，日本駐朝鮮軍隊僅為一個師團，約2000餘名。所以，考慮到兵力不足的情況，伊藤博文向日本國內發出支援請求，要求國內加派一個混成旅團。於是1907年10月，日本方面向朝鮮加派了一個騎兵聯隊，並於1908年1月又加派了二個聯隊兵力。

　義兵抗日運動的興起，讓伊藤博文大為頭疼。為了有效鎮壓朝鮮各

地的武裝起義，伊藤博文費盡心機。1907年，伊藤博文下令改變憲兵隊編制，任命明石元二郎少將為憲兵大隊長，成立了「韓國駐箚憲兵隊」。這支軍事員警隊伍歸統監部直接管轄，受日軍司令官統一指揮。

1908年6月，伊藤博文又制定了韓國人憲兵輔助員制度。到了年末，將校以下憲兵人數達到2347名，憲兵輔助員人數達到4234名。

1910年，在日韓即將併合以前，日本方面在統一警務機關的名義下，強迫朝鮮方面將韓國員警事務全權委託日方，將員警官署和憲兵隊合為一體。最高負責人——警務總長由駐韓國憲兵隊長擔任，各道（相當於中國的省）警務部長由各道憲兵隊長兼任，由此實現了對韓國員警隊伍的完全控制。通過一系列措施，日本方面終於完全落實了司法、行政員警的憲兵化。

隨著上述軍事鎮壓機構的完善，日本軍隊得以大舉討伐各地義兵隊伍。在此之前，日軍對義兵的游擊戰束手無策。但隨著軍事體制改革的順利完成，日軍司令官採取了新的高壓政策：「一旦哪一個村莊出現抗日抵抗活動，全村人都將受到嚴厲懲處。」顯然這是在暗示日本方面不惜採取「殺光政策」。英國記者麥肯茲在他的《朝鮮的悲劇》一書中指出，日本討伐隊長為了消滅忠清北道地區的義兵，下令「大舉燒光村落」以斬草除根。當時，麥肯茲曾到堤川地區實地考察。麥肯茲發現堤川已經化為一片焦土，於是這樣寫道：「堤川已經在地球上消失了。」針對這種殺光燒光的殘酷鎮壓，始作俑者伊藤博文也不得不承認這種做法「過於殘酷」。他擔心國際輿論對此展開聲勢浩大的口誅筆伐。

在日軍密集討伐下，義兵運動未能走上正軌，而不得不把根據地轉移到深山老林或邊遠地區，因為當時他們的軍事力量，根本不足以與擁有近代化軍事裝備的日軍展開正面交戰。

在1908年至1909年間，義兵運動最為活躍的地區是全羅南道和全羅北道。他們的行動「非常巧妙」，總是乘隙而入，搶奪官憲的槍械、

彈藥、財物，有時也趁機偷襲巡查、派出所等機關，甚至攻擊日本非軍事人員和他們雇傭的朝鮮人。他們使用的武器，不過是老舊的火藥槍，或以此改裝而成的火銃。在義兵的騷擾下，日本非軍事人員心驚膽寒，不得不紛紛逃往漢城。

於是，日軍制定了「南韓暴徒大討伐」作戰計畫。當時，這一作戰計畫被稱為「攪拌方法」。根據這一作戰方針，日軍討伐隊被分為警備隊和行動隊；警備隊負責包圍義兵隊伍，而行動隊負責在包圍圈內展開「攪拌式的搜索」行動，妄圖徹底絞殺義兵隊伍。討伐隊抓住包圍地區的「面長」（相當於村長）、「洞長」（相當於村組長）等人，一一確認男人名單，有時甚至一一查對戶籍簿上的男人名單，一旦發現可疑之人便將其視為義兵嫌犯，帶回去嚴刑逼供。

據說，日軍通過布置便衣偵探，獲取了不少可靠資訊，並取得了良好效果。由於日軍展開的這項「暴徒大討伐」作戰行動，抗日義兵指戰員死傷或被俘1000餘人，其中包括沈南一、安桂洪、全海山等義兵指揮官。義兵隊伍無法繼續堅持抵抗運動，於是從1910年11月以後，他們便紛紛轉移到邊境山區，或在少白山脈地區潛伏下來。而另一些義兵隊伍，則跨越國境，渡過鴨綠江或圖門江，在中國東北地區繼續展開抗日游擊活動。在此後爆發於1937年的中國抗日戰爭期間，日軍故伎重演，實施了類似的討伐作戰。

57. 獲得日本人尊敬的抗日義兵

反省歷史的意義在於，以史為鑑，從中吸取教訓。因此，必須通在失敗的歷史事實中，分析出之所以遭到失敗的原因。

教科書式的記述，在概括當時朝鮮抗日義兵運動所具有（或應該具

有）的意義時，通常將其解釋為：「它體現了民族堅韌的抵抗精神」，
「在世界弱小民族獨立運動史上寫下光輝的一頁」。諸如此類的評價，
在宣傳民族精神方面固然具有積極意義，但關鍵在於缺乏對失敗原因的
分析。在過高地評價抗日義兵運動意義的同時，忽視對其失敗原因的分
析，這只能陷入自我欺騙的泥沼之中。

　　《朝鮮暴徒討伐記》、《韓國獨立運動史》等資料表明，當時，
韓國的義兵總數多達14萬人，但日軍總兵力僅為2000乃至4000人。可
是，韓國義兵卻遭到慘敗。我們可以把它歸為訓練有素的日本近代軍
隊，和裝備陳舊且未經軍事訓練（包括農民在內）的民間戰鬥集體之間
的差距。但筆者認為，似乎更應從人的身上尋找義兵運動失敗的原因。
義兵運動雖然在韓國各地發起，但卻缺乏團結及國家層面上的統一指
揮，這才是義兵運動失敗的根本原因。

　　安重根擊斃伊藤博文的行動，也表現出缺乏國家層面上統一指揮的
因素。但不管怎麼說，抗日先驅的悲壯之舉，表現出了韓民族頑強抗爭
的民族精神。

　　這些投身抗日運動的愛國志士與日軍英勇作戰，拋頭顱灑熱血，表現
出大無畏的民族精神。從當時日本方面的相關記錄中，我們可以了解到日
本人也對這種大義凜然、一身正氣的民族氣節表現出尊敬態度。他們對安
重根、閔肯鎬、李麟榮、李殷瓚等韓國民族英雄表達了由衷的敬意。

　　為了說明日本人對這些抗日義士的尊敬，筆者首先介紹一位著名的
日本人——今村鞆（ 1870-1943 ）。今村鞆身為警官，同時也是一位朝
鮮社會研究學者。法學大學畢業以後，今村鞆於1908年來到朝鮮，在
江原道、平壤等地擔任員警署長。其間，今村鞆以朝鮮民俗學會會長身
分，對朝鮮社會、文化進行了深入研究。1912年，今村鞆出版了個人
著作《朝鮮社會考》，並編輯出版了《朝鮮風俗集》、《朝鮮漫談》等
作品。此後，今村鞆先後在朝鮮史編修會、朝鮮放送協會、李王職等部

門擔任要職，成為一名博聞強記的朝鮮文化研究者。他的研究成果，至今還在持續影響朝鮮文化研究。

由於職務關係，今村鞆有機會經常接觸朝鮮獨立運動家，並對他們有了更深入的了解。他曾這樣回憶道：「朝鮮義兵領導者，在學問方面都有很深的造詣，他們是一群極富人格魅力的人。他們當中有很多人深受儒教文化影響，具有強烈的道義感，因此時刻關注國家大事，並在國家危難關頭率領少數士兵起義，以圖恢復國家主權。他們都很自信，發表大義凜然的檄文，個個都是了不起的英雄人物。他們自稱為獨立義軍，與日軍公開作戰。」

正如今村鞆指出的那樣，日本官憲也對這些義兵領導者的人格、學識充滿崇敬之意。安重根便是其典型代表之一。1909年10月26日，在哈爾濱火車站擊斃伊藤博文以後，安重根被日軍逮捕並被押往旅順監獄。在獄中，安重根依然表現出一個獨立運動家凜然正氣，以其人格、學識折服了無數周邊的日本翻譯官、看守人員和檢察官等。

所以，儘管是一個刺殺了日本國家領導人的凶犯，他們仍然對安重根深表同情，並紛紛請求安重根給自己留下一幅墨寶。安重根紀念館的統計資料表明，在獄中，他留下的書法作品達200餘幅。這些書法作品全都是應日本人的請求揮毫而就的。當時看押安重根的千葉十七退伍以後直到臨死，家中都懸掛著安重根的書法作品，並默默為他的冥福祈禱。1981年，安重根紀念碑在日本大林寺建成。這座寺院內，還立有千葉十七的紀念碑。每年都有大批日韓有識之士，前來參加在這裡舉行的追悼法事。

閔肯鎬也是一位深受日本人尊敬的義兵將領。著名的獨立運動家、學者朴殷植所著《朝鮮獨立運動血史》中，也涉及到與閔肯鎬相關的內容。閔肯鎬原為原州鎮衛隊的「正校」（下士軍官）。1907年7月20日，日本政府強令高宗皇帝讓位於純宗，並強行解散朝鮮軍隊，於是閔

肯鎬憤而起義。時任江原道觀察使的黃鐵力勸閔肯鎬，試圖阻止他貿然起兵。對此，閔肯鎬予以斷然拒絕：「君主受到恐嚇，喪失了王位；同胞們變成案板上的魚肉，而國土已落入日本帝國主義之手。正是由於這些原因，我才誓死護國。如果黃鐵君是以『宣諭使』的身分來向我轉達王命，就應該隻身前來。可黃鐵君為何要在外國軍隊的庇護下，來這裡脅迫我？你是一個卑鄙之人！」

閔肯鎬隨後前往忠州地區，並在參加一次宴會過程中，遭到日軍襲擊。在交戰中，閔肯鎬中彈犧牲。日軍將士為閔肯鎬的民族氣節所感動，為其樹立了紀念碑，並寫下了這樣一行碑文：「朝鮮義士閔肯鎬之墓」。

李殷瓚是個儒學家，在國難當頭之際，他毅然投筆從戎，起兵舉事。後來，李殷瓚在龍山地區被日軍逮捕。在庭審過程中，李殷瓚大聲為自己辯護：「我舉義是因為我的國家處於危難之中，我已經做好了誓死報國準備，所以即使身死也將在天上保佑我們國家的人民。」他始終堅持自己的正義立場，認為「我是為了朝鮮的獨立和東洋和平而戰」。1909年5月10日，李殷瓚英勇就義，年僅33歲。

58. 民國第一屆國會是什麼樣子的？

中國歷史上第一次國會於1913年4月8日召開。從形式上看，民國國會是根據西方議會民主制確立的，這次會議具有劃時代的歷史意義。

從1912年夏天開始，國民黨政權實際上掌握在理事長代理宋教仁手裡，這種狀態一直持續到1913年他被暗殺以前。年輕氣盛的政治家宋教仁與孫中山有所不同，他更重視通過民選選出的國會，在強化立憲部門權力的同時，他主張確立議會內閣。實際上，在國會選舉（眾議院和

參議院兩院制）中，國民黨獲得了壓倒性的優勢。國民黨是一個以同盟會為母體的政黨，為了與其對抗，袁世凱組建了自己的共和黨。但在1912年12月召開的第一屆國會選舉中，袁世凱的共和黨大敗於國民黨。（國民黨獲得了392個席位中的175席）

另外，以梁啟超為首的民主黨以及章炳麟領導的統一黨，各自獲得了24個席位。此後，袁世凱合併了這兩個政黨，並將共和黨改稱為進步黨，但仍然遠遠不及國民黨單獨過半數的水準。

在中國近代史上，正處於萌芽階段的西歐式議會民主制，由於宋教仁慘遭暗殺而夭折。

1912年8月27日，當時的臨時大總統袁世凱公布了由臨時參議院制定的《中華民國國會組織法》、《參議院議員選舉法》及《眾議院議員選舉法》。根據這幾項法案，國會由參議院和眾議院兩院構成。於是，參議院從各省選出12-13名議員，並確定了274名法政人員。這實際上是照搬了美國的國會制度。當時，眾議院共有596個席位，兩院共設841個席位。

統計資料顯示，共有4000萬選民參與了從1912年12月開始，一直進行到1913年3月的國會議員選舉。而這一數字，僅為當時全國人口的9.98%。選出的議員主要由政治家、官僚、自由職業者、原清朝官僚構成，而國民黨佔了議員總數的45%左右，成為第一大黨。

張鳴教授在分析國民黨獲得勝利的原因時指出，「並非所有國民都擁護國民黨，各地執政的紳士階層對國會議員的作用缺乏明確認識。所以在他們看來，既然已經進入民國時代，就應該由革命黨治理國家。」（張鳴《辛亥：搖晃的中國》）

從前面的統計資料中我們可以了解到，參與選舉的人不過僅為全國國民總數的9.98%。這表明當時關心國家大事的人民，還只是少數中的少數。

民國時期的相關資料顯示，選舉過程並沒有像西方國家那樣展開激烈的選舉競爭。當時，候選人只是在茶館進行了枯燥乏味的演講，而且並沒有在意聽眾是否關注或贊同自己的政治主張。另外，這次選舉也忽視了婦女的選舉權，而且還附加了由財產而定的年稅制等限制。所以，當時人民的選舉意識非常淡漠，甚至都不明白選舉是幹什麼的。

中華民國第一屆國會於1913年4月8日在北京召開，會議場所為原財政學堂。張鳴教授在相關論著中指出，在開幕式上最引人矚目的不是總統或議員，而是國樂隊的樂隊指揮。在人們看來，身材頎長，一身華麗服裝的樂隊指揮實在是太帥了。

841名議員在議會進行過程中，首先急不可耐地確定了自己的工資水準。最終，年薪5000大洋的方案獲得通過。這在當時來說，是一個相當高的工資水準。當時，政府官員或大學教授的年薪僅為2-3000塊大洋，由此我們可以看出這些議員的年薪之高了。換句話說，國會議員的年薪，達到了中央政府各部副部長級別官員的水準。

但拿到如此之高工資的議員們的政治水準卻非常一般。有過留學日本經歷、身為過去同盟會會員的景梅九議員認為，國會召開現場，就像是在觀看一場有趣的戲劇。他這樣描述道：「有的人自詡為民黨，而有的人則自稱是政府黨。他們彼此之間展開激烈的爭論，但他們談論的內容全都是些雞毛蒜皮的事情，與時下緊要的事項毫無關聯。」

在激烈爭論過程中，是不是有人拿起桌面上的墨水瓶扔出去，上演一幕又一幕「卓別林式」的喜劇。據說，後來國會工作人員將墨水瓶固定在桌面上，以防止議員擅自移動它們。此外，政府部門也束手無策，不知道該如何應對議會。兼任外交總長的陸徵祥在國會召開期間，上到演講台上準備開始發表他的施政演說，可他僅僅講了幾句有關外交禮儀以及外交宴會上的菜單，便語焉不詳了。

議會最終推選德高望重的雲南省參議員楊瓊為臨時主席。在此後為

期數月的會議期間，他們終於選出了議長和民國總統；林森當選為國會專員委員長，張繼當選參議院議長，湯化龍當選為眾議院議長。9月11日，國會通過了熊希齡內閣；10月6日，兩院一致推選袁世凱為中華民國第一任正式大總統。1914年1月10日，袁世凱解散了國會。於是，中國近代的議會民主制宣告結束。

59. 清末時期誕生的近代議會

中國歷史教科書上往往把清朝末期的朝廷描述為是一個腐敗無能的政府，並傾向於認為它是一個絕對保守的政府。但事實上，在百年前的20世紀初，無論是清朝實權人物慈禧太后，還是她手下的滿族王公貴族，或朝廷大臣張之洞、袁世凱等漢族精英，也都曾努力改革朝廷體制，引入立憲政治制度。

1905年，在日俄戰爭中，率先成為亞洲第一個立憲制國家的日本打敗了歐洲強國俄羅斯。清朝末期的政治家、官僚以及知識份子，從中體會到的快感也不亞於日本人。通過這場戰爭，他們產生了這樣一種自信，只要成功進行立憲改革，亞洲黃種人也可以打敗西方的白種人。於是，生活在清末時期的中國人確信，「他們找到了自己的生存模式。」（徐中約）

眾所周知，梁啟超通過報刊雜誌等媒體，一直在致力於宣傳君主立憲制思想，而張謇等在野的實力派士紳也都積極投身於改革實踐中。滿族貴族載澤等五大臣從1905年12月開始，到1906年7月為止，先後訪問了日本、英國、法國、比利時，以及美國、德國、義大利等國家，深入考察西方及日本的政治、社會、文明、制度等領域，並由此產生了一些切身的認識。

他們偷偷聘請梁啟超執筆，起草外國考察報告書。看到梁啟超起草的報告書內容以後，朝廷方面不得不同意採取改革措施。1906年9月初，慈禧太后在這份包含了憲政改革內容的報告書上簽字。

於是清廷決定，從1908年開始，預計花9年時間進行立憲改革的準備工作，並從1917年開始，正式實行立憲制。

可是，滿族和漢族對立憲改革各自懷有不同的目的。位於統治地位的滿族，將立憲改革視為鞏固集權制，和把漢族排斥出中央核心集團的手段。所以立憲成為滿族人的「反漢」工具。另一方面，立憲制也給漢族人帶來了新的希望，因為他們可以藉此擺脫滿族人偏狹而又殘酷的歧視性統治。（徐中約《中國近代史》）

以實現立憲制為前提，清政府於1906年9月2日任命很多官吏擔任改革機構的負責人，由此邁出了君主立憲制的第一步。1907年8月，政府部門新成立了立憲局，當年9月又派出3名政府高層官員到國外考察，學習日本、英國和德國的立憲制。對清政府而言，和西方的君主立憲制模式相比，日本的模式更具有吸引力。因為日本的行政、立法、司法權等掌握在神聖不可侵犯的天皇手中，而且議會討論通過的法律和相關規章制度，也需要得到天皇的批准才能發揮效力。據說，慈禧太后希望經過9年的準備，盡可能在她生前推遲實施君主立憲制。但是，年屆73歲高齡的慈禧太后中途患病，並於1908年11月15日撒手人寰。

對於清政府而言，1908年可謂是一個多災多難的年份。光緒和慈禧太后相繼駕崩。年僅3歲的溥儀被推上皇位，其父醇親王載灃開始攝政。載灃唯恐北洋軍閥領袖袁世凱發動軍事政變，於1909年1月2日以腳疾為由，將袁世凱攆出朝廷。

隨後，於1909年2月17日，載灃下令設立諮議局，在全國各地籌建議會。各省選出的諮議局起到了地方議會的作用。可是，名義上雖然是議會，但實際上這些地方議員並不是國民選出的，而是地方士紳重新分

配權利的結果。而且議員人數也不是根據人口比例確定，而是根據科舉制度時期的學額（即以讀書人的比例確定秀才人數）確定議員席位的。選民同樣受到學歷、官職、財產等標準的限制，所以平民百姓完全被排斥在選民之外。從本質上講，議員選舉不過是地方有權有勢的士紳階層內部的事情。（張鳴）

1910年，地方諮議局議員們倡議設立全國國會的呼聲日益高漲，於是政府部門設立了國家中央機關議會——資政院。資政院議員多達200名，其中的重點議員由皇帝欽定，其餘則是地方各省諮議局推薦的。欽定議員由滿清宗室親貴及滿漢蒙王公貴族構成，共有48名。此外，資政院的總裁、議長也都是由皇帝欽定的，因此仍然是由一批代表皇帝意思的人構成。

資政院擁有制定除憲法以外的法律、財政結算、稅法等法規的許可權，但最後的決定權同樣需要交由皇帝裁決。中國人民大學歷史系教授張鳴就清末議會的性質，曾這樣指出：「諮議局或資政院都算不上是議會。甚至還不如日本的兩院君主制議會。它們作為朝廷的諮詢機關，不過是一枚橡膠圖章而已。雖然這兩者存在時間不長，但卻在朝廷的政治界，第一次正正當當發出了民間的聲音。士紳階層在近代意義上的政黨還未誕生的情況下，利用諮議局和資政院，發出了自己的聲音，改變了中國政治傳統模式的發展方向。」

60. 西方人如何評價清末改革？

「無論走到哪裡，到處塵土飛揚，遮天蔽日，以至於感到呼吸都有些困難。」「支那人偏執性地喜歡賭博，即便是貧困的勞動者也都酷愛賭博。」另外，「清朝的皇宮紫禁城與其說是一座宮殿，還不如說是君

主的監獄。」

　　這是清朝末期德國的考古學家、實業家 H‧施里曼所著《現代支那和日本》（1865）一書中的部分段落。但是，1911年辛亥革命爆發前夕，大清國雖然到處可見「脫掉了上衣拉人力車的苦力」，而且「街面上到處瀰漫著家畜糞便的臭味」。但在北京，人們已經開始以西方為榜樣，進行政治改革。

　　1904年，清朝年輕的開明派高層官員溥倫，被清政府派到美國進行為期4個月的考察活動。溥倫很快被美國近代文明所擄獲，他在親身體驗西方文明和生活方式的同時，夢想著回國以後對清朝進行改革。當時，美國的《紐約時報》在採訪他的一篇報導文章中，善意地將其稱為清王朝皇室中「最民主的官員」。1907年，溥倫被推選為資政院總裁（議長），致力於憲政改革事業，但在元老們的壓力下，未能實現他遠大的抱負。

　　1910年，美國方面也在密切關注清政府的各項改革措施及其成績，《紐約時報》還發表了一篇題為《正在覺醒的中國》的社論文章。社論稱：「清國已經組建了近百萬人的軍隊。中華將成為華人的中華，這只是一個時間問題。」「北京政府已經開始實施憲政改革，他們正在學習西方重視人性與平等思想。（中略）改革法令正在400萬平方公里範圍內的4萬萬人群中得到實施。這將成為清國中央政府對舊習進行的極具價值的重大改革。」

　　自清末改革以來，新式軍隊正在組建，眾多新式學校、學堂也應運而生。那些從西方和日本留學歸來的教員，在這些近代教育機構，向學生講授西方近代知識和教養課程。另外，接受教育的年輕人當中，也經常出現一些果敢地剪斷辮髮的人。街面上經常能看到這些挑戰清朝舊習的年輕人的身影。

　　在日本的影響下，日本創造的新名詞、單詞像洪水一樣湧入大清

國。「國會」、「政體」、「國民」、「選舉」、「改良」「共和」等單詞逐漸成為專用語固定下來，起到了啟蒙的作用。大清國展現出國家體系變更的預兆。

1908年，《紐約時報》社記者湯瑪斯・密勒（Thomas Millard）基於自己對當時大清國的印象，做出了這樣的評價：清政府的政治體制和民眾的要求都帶有民主傾向，只要民主能發揮自身的作用，清王朝的復興幾乎是不成問題的。

1908年，慈禧太后和光緒皇帝在2天內先後死亡。湯瑪斯・密勒以他敏銳的觀察力，發表了評論文章《後慈禧時代的清國政局》，對清末政治改革和相關人物進行了分析評論。

攝政王載灃掌控清政府最高權力的事例，是大清帝國歷史上從未有過的事情。在湯瑪斯・密勒看來，對西方多有了解的載灃跨越了紫禁城高高的城牆，以開闊的視野做到了其他清政府統治者所做不到的事情。

隨後，湯瑪斯・密勒認為，袁世凱的勢力將因慈禧太后的死亡，而進一步得到壯大。從袁世凱的作為上看，他對清政府的作用是至關重要的。因為袁世凱是一個卓越的實務改革家，而在這一點上，他比那些革命家更具有切實執行各項措施的能力。

湯瑪斯・密勒斷言，袁世凱的影響將有助於清政府政治的穩健、有序的發展；袁世凱絕不是一個輕率的人，他將以一貫穩健的步伐，一步步走上改革的道路。可是，素有中國通之稱的莫理循（英國《泰晤士報》記者），則以更加冷靜的目光觀望著中國的政治改革。自1897年以來，他便被派駐到中國，成為報社駐華首席記者，因此積累了豐富的對華經驗。而他對時局的分析，也正是基於這種長期的生活積累。

61. 佛教僧侶參加辛亥革命

革命和佛教，看上去是水火不相容的兩種事物。但從辛亥革命前後的近代史所呈現出來的樣貌上看，革命黨人在展開革命活動期間吸取了佛教教義，並將其作為一種教養乃至思想武器。不僅如此，有事實證明，佛教界人士以及部分僧侶也都曾積極參加革命活動。

臺灣歷史學博士、國史館編撰人侯坤宏先生在其所著《佛教在辛亥革命中的角色與地位》（《佛教新聞天地》）中，詳細考證了辛亥革命時期僧侶投身革命運動的情況，並做了如下結論性的歸納：「辛亥革命時，一些革命黨人從佛教中吸取教義，作為反清的思想武器；有些佛教人士，也積極參與革命。辛亥革命與佛教，確實有密切的關係。」

根據侯坤宏先生的考證，辛亥革命時期，最有學問的革命家當首推章太炎。「章太炎是辛亥革命時期最有學問的革命思想家，曾主編過《民報》，寫過多篇以佛教為內涵的文章，在革命理論宣傳上，章太炎之所以比其他人做得出色，佛教思想所發揮的功用不容忽視。」

他主張「用宗教發起信心，增進國民的道德。」在章太炎看來，儒教或基督教是不符合這一要求的，只有佛教最具效果。此時，佛學成為章太炎鼓吹革命的精神力量。章太炎希望通過佛教改造世界的理論，得到了佛教界僧侶的支持。其中最為著名的便是「南社四和尚」。南社創立於1909年，是中國近代文學史上最大的文學同人社。南社受孫中山先生領導的同盟會的影響，取「操南音，不忘本也」之意，鼓吹資產階級民主革命，提倡民族氣節，反對滿清王朝的腐朽統治，為辛亥革命做了非常重要的輿論準備。

據鄭逸梅《南社叢談》說，南社有4個和尚：即半路出家的李叔同、酒肉和尚鐵禪、半僧半俗的烏目山僧黃宗仰、出家還俗的革命和尚蘇曼殊。詩人柳亞子曾創辦並主持南社，他稱，「蘇曼殊為逃禪歸儒，

李叔同為逃儒歸禪」。

　　4位和尚中，李叔同徹底皈依佛門，與革命沒有發生什麼關係。但其餘3位和尚，卻都與革命發生了千絲萬縷的聯繫。下面，讓我們依次了解一下他們的具體情況。

　　黃宗仰（1861-1921），16歲時出家為僧，法名印楞。5年後，受戒於金山江天寺顯諦法師，師賜名「宗仰」，他則自署「烏目山僧」。戊戌變法以後，宗仰目睹時艱，慨然有獻身濟世之志，與章太炎、蔡元培、吳敬恆等人交遊。1902年4月，蔡元培、蔣智由、葉瀚、黃宗仰等人，鑑於清廷「喪師辱國，非先從事革命不可。但清廷禁網嚴密，革命二字，士人不敢出諸口，從事進行更難著手」，於是，發起創建中國教育會，暗中鼓吹革命。

　　1903年，蘇報案發生後，黃宗仰先留在上海，後赴日本暫避。在日期間，得識孫中山。孫中山欲赴檀香山，絀於川資，黃宗仰傾囊相助，孫中山才得以成行。當時，在東京出版的《江蘇雜誌》，因經濟問題，陳其美與同仁之間發生矛盾。黃宗仰致函上海友人共同集資相助，該刊得以繼續出版。武昌革命期間，上海陳其美、李燮和所部，各欲推戴其主為滬軍都督，相持不下，後經黃宗仰調解，李燮和退讓。黃宗仰又募金3萬助之。年末，孫中山回到國內，民國成立，黃宗仰「廓然歸山，謝絕交際」。沈潛評價黃宗仰說，他「堪稱辛亥革命前後一位愛國愛教的佛門先覺，一位集詩僧、畫僧於一身的革命志士」。

　　蘇曼殊（1884-1918），其父蘇傑生，為日本橫濱萬隆茶行買辦，與某日本婦女交往而生曼殊。15歲那年（1898），曼殊隨表兄再赴日本，就讀橫濱華僑設立的大同學校。1902年冬，加盟具有革命性質的「青年會」，與陳獨秀、秦毓鎏、葉瀾等交往密切。1903年，俄羅斯入侵東三省，留日學生發起「拒俄義勇隊」，後改名為「軍國民教育會」，蘇曼殊也參與其中。「拒俄義勇隊」與「軍國民教育會」的性質

有所不同，前者屬於「拒俄禦侮」，後者屬於「革命排滿」是一個反清的革命團體。

1903年，蘇曼殊翻譯出版了法國小說家雨果的《悲慘世界》，藉此「批判清朝統治，號召武裝革命」。11月，蘇曼殊在惠州某寺廟出家，法號曼殊。1904年，因保皇黨勢力猖獗，曼殊傾心革命，曾想用手槍刺殺康有為，在陳少白的勸阻下未能實行。同盟會在日本成立時，他沒有入會，但當辛亥革命發生，陳其美在上海起義的消息傳到南洋時，他忽然熱烈起來。當時他正在南洋教書，為籌回國旅費就把書籍、衣物賣掉。未回國之前，蘇曼殊曾寫信給柳亞子，其中有如下兩句詩：「壯士橫刀看草檄，美人挾瑟請題詩」。由此可見他對革命的熱情。

1914年，蘇曼殊（31歲）在日本中華革命黨機關刊物《民國雜誌》上發表了《天涯紅淚記》及《燕子龕隨筆》，經常與孫文、居正、田桐、楊庶堪、邵元沖、鄧家彥、戴傳賢等人來往。1915年，在上海，曾住在環龍路孫中山家裡；1916年，仍居上海，曾與陳果夫、蔣介石交往密切；1907年5月2日，蘇曼殊圓寂於上海廣慈醫院。喪事由汪精衛負責經辦。由此可見蘇曼殊與革命黨人關係之密切。

鐵禪（1865-1946）善拳技，能詩、能書、能畫，清光緒10年曾在黑旗軍劉永福部下做過幕僚。1895年，因遭甲午大疫，妻、子相繼死亡，鐵禪入六榕寺削髮為僧。辛亥革命前，鐵禪結識孫中山，同情並支持革命。六榕寺在廣州起義時，是策劃革命活動總機關底下8個分支機構之一。孫中山曾在六榕寺內召開秘密會議，鐵禪因而與胡漢民、汪精衛、戴季陶等國民黨要人相識並有交往。中華民國成立後，鐵禪在廣州組建廣東省佛教總會，任會長。

孫中山辭去臨時大總統之職返回廣州時，鐵禪迎孫中山至六榕寺，得孫中山贈予《平等自由博愛》和《闡揚佛教》兩匾。鐵禪也曾協助埋葬黃花崗七十二烈士遺體，積極支援革命。

62. 日本秘密製作的亞洲地圖——「外邦圖」

對我們而言，「外邦圖」這個概念非常陌生。這究竟是什麼東西呢？簡單說來，外邦圖就是日本在百餘年前的明治時期開始，到第二次世界大戰結束以前，悄悄製作的亞太地區地圖。

「外邦」指的是帝國日本以外的其他國家、地區，也就是成為日本侵吞對象的地區。100多年前，世界殖民帝國飛揚跋扈時期，日本面臨這樣一種選擇：要麼迅速以西方文明武裝起來，成為一個「帝國」，要麼淪為西方列強的殖民地。最終，日本選擇了前者，成為類似於西方的「帝國」，並開始了它的殖民侵略。

日本是出於戰爭和殖民統治的目的製作「外邦圖」的。因為涉及到政治、軍事以及文化研究，所以日本基本上是秘密地進行測繪。

為了了解海外的相關情況，地圖是必要的手段之一。在戰爭期間，不僅需要掌握準確的攻擊目標，同時也需要充分了解那一地區的地形地勢。此外，日本也做好了對（作為戰利品而獲得的）殖民地進行近代行政管理的準備，因此在日後進行基礎設施建設過程中也需要地圖，否則一切都將無從談起。所以，戰爭和殖民地統治迫切需要測繪準確的地圖。地圖測繪機關由此應運而生並得到完善，從此展開各種地圖測繪工作。

最近隨著外邦圖的公開，日本方面開始著手完善外邦圖目錄，並對其展開正式研究。原本屬於秘密的地圖，現在卻以「外邦圖數位存檔」的名義公開出現在網路上，因此只需在電腦上搜索，便可輕易地瀏覽到相關內容。

小林茂教授研究認為，現在遺留在日本的外邦圖約有20000多種，其中大多數屬於同一種類。但有人斷定，事實上現存於世的外邦圖數量還要多上幾倍。散存於美國各地圖書館，以及俄羅斯、英國等地的外邦圖，如果加在一起將是一個龐大的數量。

　　現在，日本方面主要由御茶水女子大學和京都大學、東北大學等機構負責收藏和保管外邦圖。外邦圖中包括各種形式的地圖、圖紙。這些外邦圖大都是通過精密測量繪製而成，所用方法與日本國內圖紙沒什麼兩樣。但有些則是通過步測，秘密繪製而成。外邦圖的精密度不盡相同，其中部分外邦圖的精密度達到了令人驚歎的程度。另外，還有部分外邦圖，則直接複製了其他國家繪製的地圖。

　　大多數外邦圖，基本上都是由日本軍部負責繪製的。這類外邦圖大致上可分為兩類。一類是日本自行測量，並通過日後補充空拍資料繪製而成的。所繪地域除了佔領地區或戰場以外，也有很多是日本的主權無法企及的地區。當然，這類地圖都是秘密繪製而成的。

　　另外一類則是日本軍部通過複製外國地圖繪製而成的。據說，日本軍部基本上是通過沒收、強奪等手段獲得這類外國地圖。測量工作主要由陸地測量部來完成。他們派出工作人員，到各地執行偵察、測量工作，然後彙總在一起製成圖紙。由於日本擁有完善的印刷設備，所以繪製完成以後，很快就能批量印刷。

　　除了日本軍方繪製的地圖以外，還有很大一部分外邦圖是殖民政府繪製而成的。臺灣、朝鮮半島，以及遼東半島的旅順、大連等地的圖紙，則是日本政府部門假借「土地調查事業」的名義，投入大量人力物力繪製而成的地形圖。

　　這些外邦圖的縮小比例，基本上介於二萬分之一到十萬分之一之間。據說，這類地形圖非常適用於陸地戰。1930年代後期，日本方面開始製作更為精密的軍事地圖《兵要地志圖》，專門用於秘密作戰。

　　小林茂教授指出，這類外邦圖雖然已經過去了百年或幾十年歷史，但至今仍具有重大的現實意義。因為這些地圖極其詳盡地記錄了已經發生重大改變的當時的景觀，所以具有無法用文字來替代的價值。即使是在地球衛星可向我們傳輸高解像度圖像的今天，仍無法為我們重現過去

地表的樣貌。尤其是詳細繪製了處於巨變階段的亞太地區的外邦圖，更成為環境變化及城市化過程的證據。外邦圖反映出來的森林分布或海岸線，在揭示地球環境問題方面也具有重大意義。

所以，即使經過了數十年甚至100多年，這些外邦圖仍然成為具有重要價值的人類文化遺產。

63. 日本是如何繪製朝鮮半島地圖的？

此時，筆者正在觀賞一張展開的老地圖。這是日本於1888年左右繪製的《朝鮮全圖》影本。這張地圖的原圖，是日本帝國成立初期製作的典型外邦圖之一，因此至今仍被視為一件寶貝。

小林茂教授考證認為，從19世紀中葉起，日本利用英國等西方國家的測量技術，開始努力著手測繪地圖。《朝鮮全圖》是日本陸軍方面於1875年繪製而成的。作為早期外邦圖，《朝鮮全圖》被視為外邦圖的代表性作品之一。

這張《朝鮮全圖》的縮小比例為百萬分之一，尺寸為134公分×98公分，算得上是一張巨幅地圖；地圖上還標注了經緯度。值得關注的是地圖右下角的說明文字：

「本地圖參照了《朝鮮八道全圖》、《大清一統輿圖》、英美刊行的海面地圖，並就相關地理問題詳細諮詢了朝鮮咸京道出身的人士，經修正繪製而成。」早在1861年，朝鮮的金正浩便繪製出《大東輿地圖》，以此名噪一時。日本的《朝鮮全圖》是否參考了金正浩的《大東輿地圖》，目前還不得而知。但有些研究者斷定，沒有參考的可能性更大一些。

1872年，日本的花房義質率領的使節團來訪朝鮮時，便有北村重賴

等陸軍少佐、大尉同行。他們這次訪問朝鮮，實際上是為了將來繪製朝鮮地圖做準備。1875年發生的江華島事件，為1876年日本方面與朝鮮交涉、測量並繪製外邦圖提供了機會。以黑田清隆、井上馨為「特命全權辦理大使」的外交團成員中，就包括了陸軍少將、中佐，並藉此開始了測量朝鮮海岸線的工作。

1877年，以花房義質為代理公使的日本使節團被派到朝鮮。他們此行的目的，一是為了獲得朝鮮方面的同意，向漢城派遣日本外交官，另外也是為了選定開放港口。他們乘坐的船隻在抵達釜山港以前，就已經在途中開始了測量工作。他們負責繪製了《入京路程概測圖》等，到1882年為止，共繪製完成了11種朝鮮國內略圖。

這一時期，值得關注的事件是日本陸軍將校到朝鮮旅行。雖然他們對外宣稱這只是一次旅行，實際上是為了繪製朝鮮地圖而進行的實地偵察、測量工作。從1883年開始的早期朝鮮旅行團成員，包括多名日軍大尉、中尉。

他們製作的報告書也曾發表於日本地學協會主辦的雜誌上。軍人的偵察報告刊載於學術雜誌上，這是一件令人費解的事情。顯然，日本方面希望通過這些軍人，掌握有關朝鮮的情報，並作為一種普及教育手段，將其發表於學術刊物上。

2008年3月，小林茂教授在美國華盛頓國會圖書館對外邦圖進行過一段時間的調查。他在書庫的角落裡，發現了當時日本將校通過旅行製作的地圖。小林茂教授稱，這些地圖都是手繪的，上面還塗上了顏色，看上去非常生動。其中有一張日本陸軍將校酒匂景信繪製的地圖，上面標注了高句麗廣開土大王（好太王）碑文拓本第一次被帶到日本的詳細情況。

這類由日本軍人繪製的朝鮮地圖，為什麼會被美國收藏呢？了解相關內幕的人士回憶說：美國方面是將其視為「非日本固有領土地區的原

圖」而予以沒收的。

從1945年開始，到1952年為止，由麥克阿瑟將軍率領的駐日盟軍佔領並統治日本，其間沒收了很多日本文件。這類地圖也和這些文件一起轉移到了美國手中。

日本軍人繪製的外邦圖，內容詳實、形象生動，作為了解當時朝鮮狀況的資料其價值是不容置疑的。

由日本陸軍主導的這項集旅行、偵察、繪製於一身的工作，一直持續到1891年。1884年，在甲申政變期間，甚至還發生了日本將校被朝鮮民眾打死的惡性事件。1910年8月，日韓併合以後，日本對朝鮮地圖的測繪工作被併入土地事業，成為日本「繪製朝鮮地圖史」的重要組成部分。

64. 日本是如何偵察、測量中國大陸的？

和朝鮮半島一樣，中國大陸當然也成為當時日本的外邦測量對象。日本方面同樣首先派出將校軍人，對中國進行偵察、測量。1872年，第一批軍方測繪人員被派到中國，從時間上看，也和朝鮮的情況相吻合。

這批軍人被派到中國的目的，除了收集地理情報以外，更為重要的任務是政治、軍事方面的偵察。1873年，另有一批日本軍人被派到中國。其中，值得關注的是益滿邦介的偵察、測量活動。他購買了《清國北京圖》、《北京白河之地圖》，以及英國繪製的海圖和《長江圖說》等資料，並在充分參考這些資料的基礎上，繪製了《清國北京全圖》。這張地圖於1875年印刷發行，在注文中益滿邦介這樣寫道：「這張地圖以英國測繪圖為基礎，並保留了『北京城內圖』和『唐土圖』等地圖上的相關地名。另外，以本人在清國親眼目睹的事實為依據，對以往的

錯誤進行了校正。」

　　這一時期，大原黑賢大尉等人被派到廣東、福州、鎮江等地，進行偵察、測繪活動以協助派駐臺灣的日軍。其間，派到中國其他地區的日軍將校還推出了《清國運河紀行》（1877）。此外還有縮小比例為三百萬分之一的《滿洲紀行附圖》。這張地圖的繪製者從北京出發，經由瀋陽抵達齊齊哈爾，然後返回瀋陽，再路經營口回到北京。圖中詳細標明了自己在滿洲旅程中的所見所聞。

　　1878年，陸軍中央統帥機關——參謀本部設立，從此日軍正式開始在中國大陸的侵略活動。1878年6月，桂太郎中佐（後成為日本總理）強調，當務之急是繪製中國、朝鮮沿海地區地圖。於是，日本方面專門為日軍將校量身訂做了《管理將校心得》、《清國派出將校心得》。其中，《清國派出將校心得》中的「地形風土欄」明確要求使用者「以地圖形式記述在各地的觀察成果，並繪製略圖以供將來使用。」

　　根據這項規定，長瀨兼正等11名日軍將校被派往中國大陸。此後，日本軍方又陸續派出了其他人員。同一時期，日軍還開始著手培養「支那語通譯生」（翻譯人員），同時著手培養朝鮮語翻譯人員。完成培訓的人員將被授予將校軍銜，在派駐地區擔任翻譯工作。

　　此後被派到中國的日軍將校中，梶山鼎介及其所著的《鴨綠江紀行》值得一提。他的行程始於1882年9月，從盛京（瀋陽）出發，路經遼陽、鳳城，最終抵達鴨綠江入海口大東口。他用文字詳細記錄了自己在路上的見聞，及道路、村落的相關情況，並且用地圖的形式將自己的旅行路線繪製出來。這些地圖的縮小比例約為十萬分之一，上面的山脈、道路、村落等畫得非常生動，就好像是在衛星上鳥瞰這些地區一樣。這些日軍將校在各地受到地方政府和軍方的好評，並從他們手中獲得護照以便於展開各項偵察活動。

　　這一時期，日本印製了大量《盛京城東部圖》、《盛京城南部

圖》、《直隸省東部圖》，以及從中朝邊境一直到北京附近地區的地圖。這些地圖的縮小比例為二十萬分之一，都屬於大型地圖。小林茂教授研究指出，日本將校的偵察、測量都是秘密進行的，因此無法使用精確測繪儀器。另外，他們都是沿著交通道路移動的，所以為了避人耳目，他們不得不採用導線測量法（Traverse Survey）。由於這種手工測量手段缺乏精確性，所以地圖也存在一定的誤差。即便如此，他們繪製的地圖，已經達到了相當精確的程度。

這些詳細標明經緯度用手工繪製而成的地圖，其精密程度幾乎令人歎為觀止。筆者也曾見過這種內容詳實嚴謹的手繪地圖影本。上面詳細記錄了該地區的村落分布、河流、水系等情況。此外，標注地名的文字僅有芝麻大小，所以不得不借用放大鏡來判讀。

據說，這些手繪地圖被批量印製出來分發給前線部隊，在日軍作戰過程中發揮了重要的作用。1894年8月，中日甲午戰爭爆發期間，日本軍部給前線部隊分發了《朝鮮二十萬分之一圖》；10月，《清國二十萬分之一圖》也被分發到前線部隊。當時，印製團隊的負責人由軍人擔任。但大部分員工則是測繪或製圖等技術人員和專業人員。

中日甲午戰爭清政府大敗於日本，其原因之一便是缺乏對敵軍地理情報的掌握，由此可見，日軍在地圖、軍事情報方面棋高一著。此後中日全面戰爭（1937-1945）爆發，其間日軍也繪製了大量中國地圖。這些精心繪製的地圖，同樣體現了日本縝密的作戰態度，令世人刮目相看。

65. 為什麼會發生「乙未事變」？

「乙未事變」指的是1895年（乙未年）10月8日朝鮮高宗皇帝的夫人——閔妃（明成皇后）被暗殺的事件。韓國國定教科書將「乙未事

變」記述為「日本侵略者發動了殺害明成皇后的乙未事變」。最近的長篇電視連續劇《明成皇后》則是敘述閔妃波瀾壯闊的一生的鴻篇巨製。

至今為止，韓國社會依然局限於譴責日本暗殺明成皇后的罪惡，卻疏於去分析這一歷史事件之所以發生的原因，以及當時的國際及國內形勢。

筆者認為，「乙未事變」以及後來發生的「俄館播遷」事件（指1896年2月11日朝鮮王朝君主高宗李熙率領王族從日本控制的王宮逃到俄國駐朝公使館的事件。）是表現朝鮮弱點的象徵性的歷史事件。因此，我們應該進一步分析這兩次事件發生的原因和歷史背景，並以此作為反省歷史的契機。

略微籠統的說法是：「閔妃這個人雖然聰明，多才多藝，但流傳至今的很多軼聞表明，她也是一個善於權謀、陰險殘忍的妖女。」（《日韓兩千年的真相》）正如電視連續劇中所表現的那樣，如果拋開藝術加工成分，那麼明成皇后或許也是一個慈禧太后式的女帝。

1905年，在朝鮮變成日本的保護國以前，朝鮮已然踏上了亡國的道路。雖然日本帝國主義的侵略野心是導致朝鮮亡國的原因之一，但首要責任應歸咎於高宗皇帝和明成皇后。首先遇到的一個問題是，日本人為什麼要和朝鮮內部勾結，決定剷除明成皇后？日本不可能毫無緣由地殺害朝鮮的王妃。在這一背景中，究竟暗藏著怎樣的玄機呢？對於這種國際形勢的考察，必須著眼於日本、俄羅斯、中國等糾纏在一起的各國關係去進行。

1884年，朝鮮近代最初的改革——甲申政變時，掌握實權的明成皇后勾結清朝政府鎮壓了甲申政變，並在此後派出刺客殘忍殺害了開化派領袖金玉均。朝鮮末期，高宗皇帝雖然是名義上的國王，但他優柔寡斷未能深刻理解儒教王道政治原理，因此也未能發揮實際的作用。高宗的父親大院君和王妃明成皇后，公媳之間圍繞著朝廷主導權展開了激烈的政治鬥爭。

　　最終，大院君一手操控的政治傀儡高宗反而變成了明成皇后的傀儡。在朝鮮時代，這種爭權鬥勢的問題由來已久，而日本人對此也早已了然於胸。日本人正是利用這種朝鮮政治的矛盾。

　　1882年，在壬午軍亂時期，明成皇后成功壓制她的公公大院君，掌握了朝廷實權。於是，為了閔氏家族的榮華，明成皇后開始網羅可用於排擠大院君的策士，而不是國家有用之才。致力於抑制大院君東山再起。（《興宣大院君》金熙明）

　　「壬午軍亂前後，明成皇后掌權時期，朝鮮國家體制的腐敗達到了極致。因此，結束明成皇后執政，回歸大院君時代成為民心所向。這種政治形勢，也為大院君東山再起奠定了社會基礎。」（金起协）朝鮮軍人在這一時期，也在計畫秘密暗殺明成皇后，從中不難看出她失去民心的情況。

　　「只要閔妃在位，朝鮮就不可能實現開明政治，也不可能實現獨立。」這是朝鮮內部改革派的真實感受，而日本人恰恰利用了朝鮮人想要排除明成皇后的願望。有一份有趣的資料，就是出版於1922年的《巨人頭山滿》。在這本傳記中，暗殺明成皇后的主謀三浦梧樓這樣供認不諱：「如果有人問起是誰殺害的，那只能說是我。」1895年10月8日凌晨，日本和朝鮮混成軍潛入景福宮殺死明成皇后，並在對其施以姦屍暴行後焚屍滅跡。根據三浦梧樓的證詞，大院君帶人進入王宮，發現面對血腥場面的高宗正在殿上瑟瑟發抖。大院君向三浦梧樓頷首致意，並面露喜色地交換了各種意見。三浦梧樓進一步證實：「大院君還用羹匙親自往我的嘴裡餵了一口飯。」

　　大院君早就盼著除掉明成皇后，所以才以這種方式來表達對他們的謝意。如此看來，殺害明成皇后實際上是了卻了大院君的一樁心事。同時我們也可以看出，是朝鮮的內部鬥爭和日本人的介入才使這一計畫得以實現。參與這次暗殺行動的朝鮮人有李周會將軍、李斗璜和世界植物

學家禹長春的父親禹範善等人。

歷史學家金起協教授指出：「對王權沒落負有更大責任的是高宗皇帝和明成皇后。他們是所有百姓的父母，卻沒有更多地考慮自己的本分，出於貪欲介入政客們的權勢之爭，爭搶自己那份利益。」

和大院君聯合起來的革命勢力藉助日本人的力量除掉了明成皇后，並將閔氏家族排擠出朝廷，重新建立革命政府。這是以明成皇后為中心的親俄派被親日派打敗的一個歷史瞬間。

柔弱的高宗皇帝迅速逃往俄羅斯公館，於是上演了「俄館播遷」這一屈辱的歷史悲劇。

「乙未事變」既是朝鮮王朝屈辱的事件，同時也是朝鮮革命家利用日本勢力發起的一場激烈的政治鬥爭。

66.「俄館播遷」和高宗的無能

「乙未事變」發生以後，朝鮮的政治舞台上又上演了一齣「俄館播遷」的歷史悲劇。「俄館播遷」也是充分暴露朝鮮王朝脆弱性的象徵性事件。

從朝鮮的立場上講，除掉明成皇后的「乙未事變」，是改革勢力試圖藉助日本的力量排除保守勢力的一場革命；從日本的立場上講，則是一場阻止俄羅斯陰謀的政變。由於朝鮮方面在「乙未事變」過程中勾結了日本勢力，因此後人對這一事件多有詆毀。但不管怎麼說，殺害「國母」這一舉動便已經成為朝鮮的悲劇。

只要除掉明成皇后，就可以阻止俄羅斯的陰謀實現革命——這就是「乙未事變」的出發點。但「乙未事變」與革命者的主觀願望相反，產生了完全不同的效果。俄羅斯公使韋貝爾把暗殺明成皇后事件當成了反

擊的機會。明成皇后遭到暗殺以後，韋貝爾一邊安慰高宗，通過側室和女官，向高宗揭秘：「大院君和日本軍隊勾結起來，想要篡奪王位。」

隨後，俄羅斯於1896年2月10日，從停靠在仁川港的俄羅斯軍艦上調動120名全副武裝的軍人潛入漢城。21日清晨，在朝鮮的親俄派周密策劃下，他們用宮女用的轎子把高宗抬出景福宮，將其送到俄羅斯公使館。此後一年的時間裡，高宗都是躲在俄羅斯公使館打理朝政的。一個國家的國王，在另外一個國家的公使館裡管理朝政，可謂是亙古未有的事情。這就是「俄館播遷」事件。

「俄館播遷」既是韓國的恥辱，同時也是高宗事大主義的軟弱性在對日外交上的失敗。事實上，「乙未事變」發生以後，高宗本想於1895年11月28日逃往美國公使館避難，這就是所謂的「春生門事件」。此後，經與俄羅斯公使館秘密協商，高宗終於成功逃進俄羅斯公使館。

「俄館播遷」是高宗自己的決定，還是俄羅斯方面的意思？對此，很多人持有不同看法。有部分學者認為，這並非是出於高宗本人的意願，而是在俄羅斯公使韋貝爾的勸說下得以實施的。（崔文衡《「俄館播遷」和日俄對立》）

高宗在俄羅斯軍隊的保護下，在俄羅斯公使館內組建了新政府，下令一舉粉碎「乙未事變」以後成立的以金弘集為總理大臣的革命政府。成為俄羅斯傀儡的高宗，把金弘集、俞吉濬等革命家、政治家視為大逆不道，命人將他們逮捕歸案並予以處罰。

俞吉濬和趙炳夏成功逃亡。但前往俄羅斯拜謁高宗的金弘集，卻在光化門前被武裝員警逮捕，並在暴徒的毆打之下命喪黃泉。金弘集是一個擁有國際視野的政治家和朝鮮官吏。當時，暴徒們將其屍體捆綁起來，從光化門一直拖到鐘路並將其塞進了鐘樓。

甲申政變（1884）的領導人金玉均於1894年慘遭殺害；2年後，主導甲午改革的金弘集也遭到殘殺。朝鮮革命運動兩次遭受挫折，這些領

先於時代的朝鮮改革先驅者，要麼慘遭殺害，要麼被迫逃亡海外。

　　根據筆者的考察，高宗是一位性格懦弱的人，缺乏領導一個國家的能力和魄力。俄羅斯公使韋貝爾的手記《1898年前後的大韓帝國》中，也將高宗描述為一個心性善良，性格軟弱的人。

　　雖然有人認為高宗也曾立志成為一個開明君主，但他或許是把亞歷山大三世或尼古拉二世等反動君主當作自己的榜樣，而沒有學習亞歷山大二世等成為銳意進取的開明君主。（金起協）

　　金起協先生借用朝鮮當時的知識份子黃玹的話，證明高宗是一個忌諱近代憲政的愚昧君主：「日本主導的甲午改革是以明治維新為榜樣進行的，其最重要的政治目標之一便是建立立憲政治制度。立憲政治制度是對當時的憂國之士最具說服力的政治主張，這一點從黃玹把甲午改革稱為『憲政』的事實中得到證實。高宗反對近代立憲政治，這種政治傾向在後來他與獨立協會之間的衝突中再次體現出來。黃玹已經看出，高宗所希望的是傳統君主政治都無法容忍的『恣意統治』。」（《解讀朝鮮亡國歷史》）

　　一個國家的命運，和國家的領導者有著密切關係。從高宗的行政上看，他在朝鮮近代改革中沒有留下什麼特別的成績，反而因其性格上的軟弱抹殺了朝鮮的近代改革，最終導致朝鮮喪失國家主權。在這一點上，高宗難辭其咎。高宗的政治能力遠遠不及明治天皇，因此無法成為一個像明治天皇那樣的賢明君主。

67. 殺害明成皇后者的結局

　　如果從民族史觀的立場上進行思考的話，一個國家、民族的國母慘遭殺害並遭到外族姦屍凌辱，是一個巨大的悲劇。這悲劇又引發了另外

一場悲劇。在朝鮮近代史上，曾四度出任朝鮮總理大臣一職的金弘集被群毆致死，這是「乙未事變」的直接後果。這一事件，同時也是朝鮮近代改革遭受重創的巨大悲劇。

朝鮮近代史是一部與中、日、俄、美等國相互纏繞在一起的近代史，同時也是被事大主義和內部分裂鬥爭持續消耗的歷史。在外部勢力面前，整個民族理應團結起來一致對外，但朝鮮總是把個人乃至個人集團的利益擺在第一位，促使各黨派之間展開內部消耗戰，自行斷送了自主的近代化。

即使是在今天，這種政治形態仍在韓國南北分裂的現狀下持續存在。筆者建議，可以把這種朝鮮內部的消耗戰稱之為「同族相殘」。與其不停地把責任歸咎於日本或其他外部勢力，還不如從朝鮮內部深刻反省，查找並分析自身存在的問題。這在目前看來，也是必不可少的一個環節。

金弘集在眾人圍毆下暴斃街頭以後，朝鮮同胞像對待一條死狗一樣對其施以暴行。但日韓併合以後，日本明治天皇反而賞賜給金弘集家人10000日圓。金炳始作為金弘集的後任上台以後，拒絕參加在俄羅斯公使館舉行的就職儀式，並要求高宗立刻返回朝鮮王宮——景福宮。然而，高宗下令粉碎金弘集內閣政治勢力，金炳始也遭到罷免。之後，以尹榮善為總理的親俄內閣成立，於是朝鮮完全自行切斷了近代改革道路。

參與暗殺明成皇后的「親日派」又都落得什麼樣的下場呢？他們又是如何度過自己的餘生的呢？參與暗殺明成皇后的朝鮮人有李周會、李斗璜、禹範善、尹錫禹、朴鐵等人。

還是讓我們從李周會開始對他們做一番了解吧。圍繞著暗殺明成皇后的事件，在俄羅斯公使韋貝爾的多方努力下，外國政府代表拒絕承認大院君政權，並主張直接與高宗進行交涉。但各國都把自己國家的利益放在第一位，宣稱無法因這一事件對日本提出抗議。

日本方面為了安撫民心，修改日本與美國等各國間的不平等條約（關稅自主權、外國人財產權等），同時也為了改變自己的國家形象，把主謀三浦梧樓公使以下的40多人投入廣島監獄，並對其進行審判。

李周會以前曾對高宗信誓旦旦地說：「除了使閔妃和奸臣遠離宮廷、國王親政以外，再無救國良策。如果無法實現，我將刎頸自盡。」但高宗極其厭惡李周會，遂將其逐出宮去。

就在此時，李周會與日本志士相遇，於是共同參與了這次暗殺事件。「日本人都為了朝鮮被關進監獄，我生為朝鮮人，又如何能視而不見、袖手旁觀？」李周會這樣說著，把暗殺明成皇后的全部責任包攬過來，供稱是自己殺害了明成皇后。隨後，李周會和尹錫禹、朴鐵一起被押赴刑場處決，時年53歲。

三浦梧樓在廣島聽聞這一消息以後放聲痛哭，為李周會寫下了一首七言絕句，以告慰其在天之靈。被執行死刑以後，李周會作為一個叛國者，其屍體被丟到了山上。而他的家人也都按照當時的國法，被處以死刑。只有李周會的夫人帶著孩子成功逃脫，僥倖活了下來。1929年日本志士自發募捐，為在龍山瑞龍寺被處以死刑的李周會等三人樹立了一座顯彰碑。

下面再了解一下李斗璜這個人物。東學黨在朝鮮全羅道發動武裝起義時，李斗璜便建功立業，而在暗殺明成皇后時，他作為訓練隊長，在光化門負責警戒工作。「乙未事變」發生以後，李斗璜逃往日本。日韓併合以後，李斗璜被日本方面稱為「全羅志士」。李斗璜於1917年去世，時年59歲。生前，李斗璜創作了大量詩歌作品。筆者手中也藏有他的一幅漢詩書法作品，其筆觸蒼勁有力。

禹範善逃亡到日本以後遭到暗殺。早年，禹範善曾有留學日本的經歷，回到國內以後被朝鮮政府逮捕。其間，他向大院君力陳朝鮮應與率先實現近代化的日本結盟。1894年，金弘集內閣組建完成以後，禹範

善擔任第二訓練隊隊長一職，此後與日本志士（浪人）、李周會、李斗璜等人共同參與暗殺明成皇后事件。暗殺行動成功以後，禹範善逃往日本，在廣島縣吳市創設一家漢文私塾，並與日本女子結婚成家。但後來，還是被閔泳翊派來的殺手高永根殺害。

曾經在他的私塾學習漢學的日本弟子，在吳市神應院內給他樹立了一座顯彰碑。禹範善和他的日本妻子所生的長子禹長春畢業於東京大學農學部，後來成為一位世界著名的農學家。1950年，禹長春把日籍妻子和孩子留在日本，隻身一人回到父親的祖國，在語言溝通困難的情況下，從事韓國的農業、植物研究事業，後於1959年逝世。禹長春博士的事蹟也出現在韓國的小學道德教科書中， 可見他是一位被韓國政府公認的愛國科學家。現在，禹長春作為韓國科學家的代名詞，幾乎無人不知無人不曉。

68. 把東學農民運動當成戰爭謀略加以利用的日本

在百年前的東亞歷史中，介於大陸和島國之間的朝鮮半島，總是成為戰爭的導火索。中日甲午戰爭正是在朝鮮爆發的。在中日甲午戰爭爆發以前，清政府一向藐視日本，而忽東忽西的朝鮮則缺乏相應的國家戰略和智慧。

但是，和朝鮮形成鮮明對比的日本，卻始終從一個國際視角觀察自己，並以戰略和謀略手段對待中國和朝鮮。明治維新以後，日本希望終止俄羅斯對東亞的入侵，以及中國透過冊封將朝鮮變成屬國的現狀，從而把朝鮮把握在掌中，形成與俄羅斯乃至中國對峙的局面。從朝鮮或大清帝國的角度上看，日本的戰略實際上就是一種侵略。但從日本的角度上講，則是一種戰爭。

　　朝鮮於1894年發動規模最大的東學黨農民起義，從結果上看，也是被日本的謀略所利用。東學是一個宗教和政治團體，是一個以朝鮮過去的民間信仰——儒教、佛教、道教為基礎，於1860年組建而成的組織。慶州的崔濟愚宣導組建東學黨的時候，主要針對的是西學，即基督教。東學的基本教義為「人乃天」，神並非是一種超越人類的存在，而是實存於人間的存在。這一教義一經提出，立刻在當時的被壓迫階層和沒落的儒教階層傳播開來。無能的朝鮮政府下令逮捕崔濟愚，並將其處死，但第二代教主崔時亨進一步完善教義，繼續推動東學運動。當時的朝鮮已成為閔氏家族的天下，因此政治達到極度腐敗的程度，而廣大人民仍生活在水深火熱之中。針對統治階層的苛捐雜稅和重刑，農民終於忍無可忍，發動起義。1894年2月，全琫準率領農民在朝鮮全羅道古阜起義，在當年5月末攻佔全羅道首府全州。

　　農民軍在頭上繫一條白色頭巾，手中高舉黃色旗幟，紛紛湧入政府的倉庫搶奪糧食和武器。東學黨起義很快得到廣大農民的回應和支持。因此，不僅是在全羅道，就連慶尚道、京畿道、江原道、平安道、黃海道等地也都發起了農民武裝起義。日本京都大學著名史學教授奈良本辰也這樣指出：「通常，人們把東學黨視為朝鮮的農民武裝叛亂，但東學黨能以如此強大的氣勢逼近漢城，至少說明這不僅只是農民的叛亂。在東學黨武裝起義過程中，日本也提供了資金支援並從中挑撥。當時，日本的外務大臣陸奧宗光也積極出謀劃策，擴大事態，專等清政府的介入。」（《歷史對話：日本和中國》）

　　當時，日本玄洋社下屬的民間社團天佑俠在朝鮮非常活躍，這一歷史事實也進一步證實了奈良本辰也教授的說法。東學農民起義爆發以後，正希望把它作為清日全面戰爭導火索的日本政府和玄洋社（**日本右翼團體**）的目的已經達到，於是內田良平等人來到朝鮮，與駐紮在釜山的田中侍郎、武田範之等集團會合組成天佑俠，進入農民起義隊伍內部

展開活動。6月下旬，他們在全羅南道淳昌郡與農民軍幹部接觸，並與全琫準立誓盟約，共同作戰。

所以，天佑俠的意圖，就是作為侵略戰爭的先頭部隊。朝鮮政府任命洪啟薰為司令官去討伐農民起義，但他是一個無能的將領，而且官軍將士們士氣低落，根本無法與農民軍對敵。因此，全州一帶全部落入農民軍手中。

接著，朝鮮政府（閔氏家族）便向清政府提出出兵請求。清朝出兵正中日本下懷，因為自甲申政變（1884）以後，日本早已等待著與一直在牽制朝鮮的中國一決雌雄。尤其是在甲申政變以後，朝鮮的政治完全掌控在閔氏家族手中，而控制閔氏家族的正是以李鴻章、袁世凱等為代表的清政府。於是，外務大臣陸奧宗光準備趁著清政府出兵朝鮮之機與清政府開戰。陸奧宗光深知清政府對朝鮮的控制欲，以及朝鮮對清政府的事大主義政策，因此他斷定日本和清政府在朝鮮一較高下在所難免。

陸奧宗光在其所著的《蹇蹇錄》中，從戰略角度出發，對清日戰爭做了全面的闡述，並與陸軍參謀長川上操六密謀決定，一旦清政府出兵朝鮮，那麼日本就迅速出兵反擊。1894年6月21日，陸奧宗光又虛情假意地向清政府提交了《共同改革朝鮮內政案》，事實上陸奧宗光早已料定清政府會拒絕他的提案。這份提案等於是日本接管朝鮮，明顯是陸奧宗光向清政府提出的戰爭挑釁。在此之前，明成皇后已經於4月30日，透過袁世凱向清政府提出出兵請求。於是，李鴻章將「濟遠號」和「威遠號」軍艦，以及1500名士兵派往韓國仁川。根據《天津條約》（中日天津會議專條）（1885）的相關規定，日本也迅速派出軍隊。日本公使大鳥圭介於5月6日率領600名士兵登陸仁川；9日，日本商船又運來1500名士兵；13日，日本又派出兩艘軍艦和3000名士兵。如此一來，日本的戰艦已達8艘。但是6月，農民軍和官軍講和，起義領袖全琫準遭逮捕後被朝鮮政府處以死刑。如此一來，清日兩軍已經失去了繼續駐兵朝鮮的

名分。6月22日，日本外相陸奧宗光向清朝駐日公使提交了絕交書；7月12日，小村代理公使在北京第二次向清政府提交絕交書。

日本就是這樣從戰略角度挑起清日戰爭的。1894年8月1日，中日甲午戰爭正式爆發，結果清軍大敗。而日本也終於如願以償，成功地使朝鮮擺脫與清政府之間的隸屬關係並取而代之，開始著手治理朝鮮。

69. 景福宮軍事政變

以東學農民起義為藉口入侵朝鮮的日本，終於等來覬覦已久的機會，不禁暗自稱快。農民起義軍於5月31日佔領全州以後，高宗和閔氏政府慌忙請求清政府派兵鎮壓。於是，6月8日左右，清軍在仁川集結並從牙山灣登陸。根據《天津條約》的相關規定，日本也於6月10日左右，將部分日軍派駐漢城。

日本方面早已制定與清軍一決高下的作戰計畫，因此在兵力、作戰位置等方面佔據了優勢。1884年，由於清軍介入，朝鮮的甲申改革流產；而日本則希望按照甲申改革的計畫，完成朝鮮的近代化改革。

這是清日開戰之前千鈞一髮的瞬間。朝鮮政府與農民軍達成和解，於是農民軍從全州撤軍。如此一來，清政府和日本方面也便失去了繼續駐軍的理由，因此朝鮮方面要求清日兩國撤軍。清政府向日本提出同時撤軍的方案，但日本拒絕了這一提案，轉而向清政府提出共同促進朝鮮的內政改革。清政府也拒絕了這一提案，日本方面當然早已料定清政府會拒絕這一要求，因此早就做好相應的準備。

於是，日本外務省於7月3日指示駐朝鮮公使大鳥圭介制定朝鮮的改革綱領，大鳥圭介於7月10日向朝鮮政府提交了內政改革方案。對此，朝鮮政府於16日拒絕日本的提案，稱日軍撤軍是改革的前提。但日本

方面堅持應首先進行改革，因此拒絕撤軍，繼續要求朝鮮政府進行內政改革。日本的目的本來就是要朝鮮擺脫與清政府的從屬關係，從而一手操控朝鮮的改革，獨自經營朝鮮，所以當然不會同意撤軍。

最終，日本選擇了軍事政變。1894年，7月23日凌晨，日本公使大鳥圭介率領3000名日軍士兵攻入景福宮，把高宗和明成皇后監禁起來，控制了進出漢城的四扇大門。日軍在攻入景福宮時，遭到了宮廷護衛的抵抗，並發生了激烈的巷戰。未過多久，朝鮮軍隊在高宗的命令下繳械投降。軍事政變獲得成功以後，閔氏政府主要成員全部逃往地方，於是日本方面順利地控制了朝鮮政府。

從某種意義上講，日本對朝鮮的統治，實際上是從這次軍事政變正式開始的。這種說法也並非沒有道理，發動景福宮軍事政變的目的，是為了按照日本外相陸奧宗光制定的戰略，以那些順從日本的人替代朝鮮原來的領導者。日本的教科書上，對這次政變的記述一筆帶過，只是簡單將其稱為一場偶發事件；在日本軍事戰爭史上，也同樣語焉不詳。

日本發動的這場軍事政變，也正是為了恢復10年前因清軍介入而遭失敗的甲申政變的改革環境。金玉均領導的甲申改革，在閔氏政府的殘酷鎮壓下，主要領導人都被殺害；而朴泳孝、徐載弼等人雖然亡命海外，但仍未能避免「誅三族」的厄運。日本掌握了朝鮮政權以後，隨即於27日設立軍國機務處，以此作為朝鮮的改革執行機關。閔氏政權土崩瓦解以後，在日本的支持下大院君開始攝政，並責成金弘集組閣第一屆內閣。金弘集與金玉均有所不同，他是一位穩健的開化派領袖，而且也是具有國際眼光的政治家，在此後又3次擔任朝鮮總理大臣職務。10年前，因甲申政變失敗而逃亡到日本的朴泳孝回到國內，並與金弘集聯合組閣。

日本的景福宮軍事政變誕生了甲午改革。首先，政府部門把宮廷內部和議政府分離開來，對政府機關進行改革。具體改革內容包括以下幾

個方面：

　　①宮廷與政府分離；②廢止與清政府的從屬關係；③引入近代政治、官僚制度，同時廢止科舉制；④引入地方自治制度；⑤以租稅、貨幣制度改革為首的財政改革；⑥軍隊、員警制度的改革；⑦引入近代學校制度；⑧引入司法權的獨立和近代裁判制度；⑨廢止各種身分制度，破除嫡庶之分；⑩禁止女性早婚，允許寡婦改嫁。

　　軍國機務處在成立一個月內，提出了200多項具體改革措施，並將其公之於眾。這確實是一個了不起的事情，同時也說明朝鮮社會存在大量需要改革之處，甲午改革在朝鮮近代史上具有極其重要的意義。由於甲午改革，大大促進了政治、經濟、社會、制度等諸領域的近代化改革進程。而金玉均在10年前提出的《甲申綱領》，基本上也正是這些內容。

　　韓國現行高中歷史教科書中，對在日本的強迫下進行的甲午改革也做出了客觀評價：「大體上講，甲午改革和乙未改革，雖然具有日本強迫執行的性質，但無疑是一次破除封建統治秩序的近代改革；這次改革也反映出朝鮮開化人士和東學農民階級的改革意志，因此也是朝鮮內部出現的近代化改革努力的結果。」

　　坦白地講，甲午改革是日本按照1868年實施的明治維新的模式，在朝鮮實施的一場近代革命。從公正的角度上講，雖然這是在日本強迫下進行的，是日本對朝鮮的公然侵略，但正由於外部力量的介入，朝鮮開化派人士的願望才得以實現。然而，令人遺憾的是，在回顧這段歷史的時候發現，由於朝鮮內部的壓力和傳統的慣性，這些改革措施並未能落實，反而給日本提供了對朝實施「保護政策」的機會。

70. 從東亞立場上觀察中日甲午戰爭

以東學農民戰爭為契機而爆發的中日甲午戰爭（1894-1895），事實上也是東亞近代史的轉捩點。從某種意義上講，東亞近代史是從中日甲午戰爭開始的。筆者認為，這是一場改變了東亞漢字文化圈地區歷史的戰爭。

中日甲午戰爭是一場什麼性質的戰爭呢？簡單說來，可以將其歸納為：「清日兩國圍繞著朝鮮半島而展開的帝國主義霸權爭奪戰爭」。因此這場戰爭的含義，不僅僅是字面上所體現的「清日兩國之間爆發的戰爭」。由於朝鮮半島也被捲入了戰爭，所以這場戰爭實際上是開啟東亞近代史的中日韓三國之間的第一場戰爭。

今天，從中國的立場講，中日甲午戰爭是日本帝國主義發動的一場侵略戰爭；從朝鮮半島的立場講，則是對朝鮮的侵略性介入。但是，從日本的立場講，則是一場通過確保朝鮮半島，對抗俄羅斯等東西方帝國主義侵略的自我防衛戰。

1894年7月25日，日本率先發起進攻，並在朝鮮的豐島海戰中獲得勝利。從此，清日戰爭開始演變為全面戰爭。事實上，在7月23日，佔領了景福宮的日軍於當天也向駐紮在牙山的清軍發起了進攻，並輕而易舉地佔領了牙山，為日軍在25日的豐島海戰獲得勝利吹響了進軍號。

8月1日，日本明治天皇睦仁在宣戰詔書中聲稱：「朝鮮乃帝國首先啟發使就與列國為伍之獨立國，而清國每稱朝鮮為屬邦，干涉其內政……欲以維持東洋全局之平和，先告清國，以協同從事，清國反設辭拒絕。」自明治維新以來，日本把自己的苦難歸結於中國對朝鮮半島的統治，並認為使朝鮮擺脫與中國的從屬關係，才是確保日本安寧的萬全之策。那麼，日本為什麼會有這種想法呢？

只要回顧一下中日甲午戰爭以前的歷史，就可以了解到中國方面為

日本發動戰爭提供可乘之機的前因後果。在中日甲午戰爭以前，朝鮮一直都是在明清屬國這一框架下，維持國家朝政的。因此，作為一種「天下體制」網路中的一部分，朝鮮並不是一個完全意義上的獨立國家。與萬國公法所宣揚的世界觀不同的是，「天下體制」的世界觀中缺乏一種完整的「獨立」意識。「天下體制」下的中國王朝，並不希望朝鮮這個從屬國發生什麼變化。在「壬辰倭亂」時，明朝政府為了維持「天下體制」，不惜代價出兵朝鮮以助其平亂。而執著於近代朝鮮的清政府，在這一點上與明朝政府沒什麼兩樣。

可是，先於清政府吸納西方文明，成功實現近代化改革的日本，卻不希望清政府繼續維持對朝鮮的控制，以及兩國間的從屬關係。從「征韓論」的脈絡中也可看到，日本自明治維新以來，一直在覬覦解除中朝兩國的從屬關係，試圖使朝鮮成為一個完全獨立的國家。另一方面，朝鮮的開化派領袖也希望擺脫對清政府的從屬關係，立志於建設一個獨立自尊的近代化朝鮮。因此，日韓兩國的願望在一定程度上不謀而合。但是，開化派領導者促進的甲申改革，卻由於清政府派兵介入（1884）而化為泡影。日本方面對開化派朝鮮人極度失望之餘，轉而變成一種怨恨。

朝鮮政治的一大致命弱點，正是忽左忽右的事大主義。甲申政變以後，明成皇后開始向俄羅斯傾斜，而俄羅斯方面也希望抑制日本勢力。結果在1895年10月，明成皇后被日本人和朝鮮開化派殺害。朝鮮喪失自主性的事大主義，歸根結柢乃是一種「借力打力」的策略，是一種沒有主體國防的宿疾。

為了防止俄羅斯南侵，日本的當務之急便是把朝鮮從清政府的控制中解脫出來，使其成為一個獨立國家。日本在甲申政變以後的10年期間，以中國為目標致力於擴大軍備，並成功增強了近代國防實力。與此相反，清政府在這10年期間，卻沒有進行任何軍備，反而在為慈禧太

后建造的頤和園上消耗了大量財力。清政府的國防力量與龐大的軍艦、軍隊數字不成比例。

結果，日本在中日甲午戰爭中獲得了勝利，而清政府不得不簽署《馬關條約》，把臺灣割讓給日本，並賠償白銀2億兩。但對日本而言，這場戰爭最大的收穫還是終止了朝鮮對清政府的從屬關係，使其成為一個完全獨立的國家。隨後，朝鮮出現了獨立門，並於1897年改國號為大韓帝國。從此，朝鮮終於擺脫數百年來對中國的從屬關係，成為一個真正意義上的獨立國家，迎來劃時代的新一天。

日本透過中日甲午戰爭，以國民國家身分一躍而成為東亞盟主，並向東亞國家提供了成功的模式。以這場戰爭為契機，中國也發生了維新變法運動，但同樣在清王朝的鎮壓下宣告失敗。

朝鮮適應新的生態環境的努力，同樣也遭受挫折，為日本的殖民統治提供了口實和可乘之機。

71. 為什麼說清王朝難以自行阻止亡國悲劇？

中國的歷史教科書中強調，清王朝的衰弱及其滅亡的原因，在於西方帝國主義的侵略，同時抽象地將其歸因於清王朝的腐敗。當然，這種觀點自有其合理性的一面，但筆者認為我們還是有必要具體分析，並準確闡明其中的原因。

正如100多年前朝鮮王朝滅亡並淪為日本殖民地一樣，緊隨清王朝的滅亡，中華民國宣告成立。如果從東亞文明圈的整體視角去觀察這一歷史進程，則可以把它看成是一種歷史的必然。歸根結柢，導致這一悲劇發生的始作俑者，正是滿清政府本身。1644年，在推翻明王朝的基礎上，滿清王朝入主中原。經過康熙、雍正、乾隆三代賢明君王的治

理，終於打造出一個國際性的中華帝國體系，積累了滿清王朝的輝煌成績。

然而，乾隆時期的輝煌，已經種下了衰退的種子。乾隆朝在沉迷於奢侈的生活並向文化主義傾斜的同時，忽視了對社會問題的重視。腐敗墮落、貪圖享樂之風在社會到處蔓延，導致乾隆時代出現了衰敗的徵兆。內部的衰落，當然會引來外部的侵蝕。經過了太平天國之亂，以及1894年的中日甲午戰爭以後，發生於1900年的義和團運動進一步削弱了清王朝的統治。

在筆者看來，清王朝的滅亡原因在於：清王朝未能及時促進近代化，也未能及時適應西方近代化這一新的生態環境。朝鮮亡國的原因，實際上與清朝滅亡的原因具有共時性的相同特徵。清王朝和朝鮮的近代化過程，始終與同為亞洲國家的日本的成功形成鮮明對比。與明治時期前後的日本相比就會一目了然，清王朝和朝鮮都缺乏像日本那種針對西方近代化的危機意識（尤其是針對西方殖民主義的危機意識），對這一新的生態環境的認識以及積極應對這一變化的改革（革命）意識。

作為中華帝國的滿清政府厚重的物質及文化傳統，其本身就已經變成了阻止變革的一種慣力。19世紀末期，迫切需要針對西方近代化採取變革措施，因此也需要積極適應這一新的生態環境，並創造性地推動社會變革的領導人。

然而，代替清王朝的同治皇帝及光緒皇帝執掌大權的慈禧太后雖然氣盛，但卻是一個在政治領導力、國際意識、國家意識等方面都有很多欠缺的女性。

慈禧太后把王朝視為一個大家庭，並把自己個人的利益置於國民利益之上，強調這一權力的絕對性。這使她更加傾向於保守。慈禧太后被朝廷保守派勢力所蒙蔽，一味地堅持固守清王朝的基業，卻十分忌諱大刀闊斧地進行改革，因此也不具備擔負起建設一個近代化國家的使命感，

以及相應的魄力和能力。

　　儘管如此，如果中央政府內部有具備創造性智慧和改革意識的人才，情況可能還不至於那麼糟糕。但是，清朝內部的大多數官僚都是一些既得利益者，因此他們不希望進行改革。雖說朝廷內部也有極少數精英改革派人物，但他們也未能團結一致，形成一個「具有創造力的小集團」。李鴻章、曾國藩、張之洞、劉坤一、袁世凱等洋務派及具有改革意識的精英，只是在地方實施了區域性的改革，卻未能促進全國性的改革。

　　滿清王朝所缺乏的，是日本那種國家意識和國家主導權。日本的官員在天皇統治下團結一致，而知識份子也在全國範圍內促進西方知識的普及工作；日本舉國上下，一致致力於改革。清朝的洋務運動，只是在地方進行的、以西方器物為重的招商引資；他們側重於從國外引入技術人才，幫助清政府打造器物，自己本身卻並不熱衷於打造器物這件事。日本的高杉晉作等精英要麼直接拆卸機械，要麼親自打造槍支，他們通過參與這種實務性工作，追求新生事物。

　　中日甲午戰爭時期，日本的國民軍帶著一顆強烈的愛國心投入戰鬥與清軍決一死戰，但清政府卻派出李鴻章的私兵，因此也缺乏相應的鬥志和愛國意識。在這種情況下，清軍又如何能戰勝日本這個團結一致的國家呢？日本舉國上下團結一致，所有國民以各種形式支持、聲援這場戰爭；而滿清王朝方面只有李鴻章的私兵參戰，不僅如此，廣東的張之洞還袖手旁觀、隔岸觀火。更有甚者，旅順的市民還把日軍當成顧客，忙於向他們兜售商品賺錢，根本無暇他顧。

　　歸根結柢，清王朝未能形成近代國家的局面，因此也缺乏日本那種國民意識和愛國意識。清王朝滅亡以後，在進入1919年新文化運動階段時，中國的愛國意識才開始甦醒。

　　日本先於清王朝和朝鮮實現近代化的原因，就在於日本能舉國上下團結一致，在明治時期的精英領導者豪邁的氣概和領導下，引領全民

踏上了近代化的道路。正如孫中山曾經說過的那樣，清朝是「一盤散沙」，根本不可能形成舉國上下一致團結的局面，更遑論國家意識。這是清王朝致命的弱點。國土遼闊的多民族國家——中國在進入21世紀以後，最重要的社會、政治課題之一便是把各民族人民團結起來。從這種意義上講，中國的近代性現在還沒有完全實現，仍處於「進行式」階段。

72. 清王朝對漢族人的不信任

對漢族人的不信任和歧視，嚴重妨礙清王朝成為一個近代意義上的國民國家。也就是說，清王朝缺乏統一的國家意識和愛國意識。

這看似一個小問題，但事實上，它對近代國民國家建設而言，是一個極其重要的因素。現在的中國實施了少數民族優惠政策，因此即使與先進國家相比，在這一點上也並不落後，甚至還具有更大的優越性。

然而，清王朝卻未能採取這種民族政策。清王朝實施的政策中，有一項條款規定「滿漢不分畛域」。這雖然是清政府執政的根本，但在現實生活中，滿族人經常自詡為征服者，陷入一種自我優越感中不能自拔，並把漢族人簡單視為「外人」。

中國近代史研究領域的權威學者徐中約（1923-2005）博士在其英文著作《中國近現代史》中指出，滿族人對漢族人的不信任感、懷疑態度，使清王朝加速滅亡。

「直到太平天國以前為止，軍政要職都由滿族人擔任，即使有適合漢族人的職位也還是由滿族人來出任。太平天國以後，這種慣例開始有所鬆懈，但滿族人對漢族人的不信任感和懷疑並沒有減弱。李鴻章的一生為此提供了絕好的實例。」

　　李鴻章是當時中國最高領導人（宰相）之一。他和當時德國的俾斯麥和美國的格蘭特並稱為19世紀「三大偉人」。從中我們不難看出，他是滿清王朝締造的一位世界級人物。在我們的觀念中，李鴻章在中日甲午戰爭失敗以後與伊藤博文簽訂《馬關條約》，把臺灣和澎湖割讓給日本，而且還給日本賠償白銀2億兩，是一個徹頭徹尾的「賣國賊」。可事實上，李鴻章是當時清政府為數不多、具備了國際意識的卓越領導人。把戰爭失敗的原因歸結到李鴻章一人身上，這種做法顯然是有失公允。其實甲午戰爭的失敗，正是清政府的脆弱和落後的直接後果。

　　從朝鮮的立場看，由於這場戰爭朝鮮才得以擺脫清王朝屬國的地位，實現了國家的獨立，因此反而應該感謝這場戰爭。由於觀察角度的不同，對歷史的評論和分析也往往會出現不同的結果。

　　在中日甲午戰爭爆發以前，李鴻章於1870年在天津就任通商大臣（北洋大臣），在此後長達25年的時間裡，李鴻章實際上充當了中國外交部最高領導人。在1860年代，李鴻章已經成為自強運動（即洋務運動）的核心領導者。他身兼直隸總督和北洋大臣職務，以中央政府和地方自強運動政策的「調整者」身分，充當了洋務運動的設計者、負責人、執行者，並留下輝煌成績。

　　然而，朝廷內部保守派根本不理解他這具有「先驅者」意義的改革，反而對其冷嘲熱諷，並詆毀他是「向洋夷出售國家利益的賣國賊」。對此，慈禧太后在利用李鴻章的同時，也擔心有朝一日李鴻章的勢力壯大，有可能削弱王朝的力量。因此慈禧太后表面上表示出支持李鴻章的洋務運動的態度，在背後卻容忍或煽動保守勢力對李鴻章的攻擊。

　　慈禧太后施展治人手腕，採取「分治」的策略，允許保守派的「清議」（以人物批評為中心而形成的輿論），並為了慇惠保守派，對進步人士採取限制措施。1874年，李鴻章通過奕訢，向兩宮太后提出建設鐵路的建議。但由於「清議」的反對，慈禧太后對支持李鴻章的奕訢表

示，自己也無能為力。1885年，清政府設立海軍衙門，但並沒有啟用李鴻章、曾紀澤等優秀的漢族人才，而是提拔選用了無能的滿清王室成員醇親王奕譞。

「滿人忧於漢人的顛覆，漢人又懼於滿人的妒忌，這阻止了雙方的有效合作，而長遠的改革計畫也就不可能了。1898年康有為提出的體制改革計畫，也被滿人斥罵為損滿肥漢的陰謀。在清朝統治的最後10年中，滿人遏制漢人影響的努力不斷強化，如軍機大臣剛毅便聲言：『漢強則滿滅，漢衰則滿盛。』滿人認為改革與憲政會削弱他們的權力，因而滿漢間的種族敵視便阻礙了真正的現代化。無疑，滿漢間的分歧遏止了旨在復興民族的有效合作事業的產生。」（徐中約《中國近代史》）這番話一語中的。這對我們這些21世紀的人來說，也是一個值得深思的問題。

73. 朝鮮是如何開埠的？

回顧東亞近代史，觀察中日韓三國開埠的樣貌，我們可以發現這三個國家都是在外部勢力作用下被動開埠的。清王朝於1840年至1842年與英國爆發鴉片戰爭，結果與英國簽訂《南京條約》開始開埠。日本開埠比中國大約遲了10年時間。1853年至1854年，美國的佩里提督率領黑船艦隊，打開了日本國門。而朝鮮的開埠則比日本晚了20年（1876），而且還是在日本強迫下開埠的。在此後的近代史發展過程中，朝鮮在日本的影響下，被迫促進近代化。

開埠以來，只有日本經過14年的過渡期，開明派「薩長同盟」（日本江戶幕府時代末期的1866年，在薩摩藩與長州藩間締結的政治、軍事同盟。）的伊藤博文等成功掌握政權，在亞洲範圍內率先制定憲法，

通過近代政治體制和文明開化成為東亞近代化的典範。

　　在近代，甚至是現在，日本在各領域向我們展示了成功的先驅事例。如果我們不為民族情緒左右，稍微冷靜地進行思考，那麼這是一個非常容易接受的事實。在英國等西方列強強迫下，清王朝從夢中幡然醒悟，與西方國家建立外交關係，開始進入國際社會。這一點，清朝知識份子也是承認的。而朝鮮則是在日本強迫下被動開埠，從此擺脫鎖國政策，進入國際社會。可是，韓國方面極力回避對此做出正面評論。這一點尤其令筆者感到不解。

　　日本於1875年透過「雲揚號事件」（又稱江華島事件，是指1875年日本「雲揚號」等3艘軍艦先後侵犯朝鮮釜山、江華島一帶的歷史事件。）侵犯朝鮮的軍事行為，肯定是一種侵略行為。但是，如果日本對朝鮮的侵略，主要是為了破壞華夷秩序，爭取朝鮮的獨立（即便這是為了實現日本的目的），那麼對其進行另一種解釋和評價也不是不可能的。

　　1873年，擊敗大院君而成立的閔氏政權，對大院君頑固的鎖國攘夷政策進行修正，並為鞏固自己的政權表現出希望促進與日本的外交交涉態度。可是，日本方面根據1874年兩國政府的協商，於第二年2月向朝鮮派出正式的使節代表——外務少丞森山茂時，朝鮮方面卻以他提交的國書上還有和過去一樣的「皇」字為由，拒絕接見森山茂。

　　如果朝鮮方面沒有這麼挑剔，而只是就國書的主要內容進行交涉，那麼就有可能避免後來的武力外交，以及隨之而來的《日朝修好條約》等不平等條約。實際上，朝鮮政府內部的開化派知識份子朴珪壽（右議政，即副總理）甚至稱，世界上所有獨立國家的國王都在使用皇帝這一稱謂，所以日本的國書上出現「皇」字也是理所當然的事情，因此主張不要拘泥於形式。

　　招來日本炮艦外交的，正是朝鮮政府的愚昧與固執。朝鮮政府的前近代意識以及所作所為，終於使日本感到不耐煩，所以不得不改變

國策,決定透過武力迫使朝鮮開埠。1875年5月,日本把「雲揚號」和「第二丁卯號」炮艦派往釜山,藉口軍事演習肆意放炮,進行各種挑釁行為,整個釜山為之震動,但朝鮮方面對此束手無策。6月20日,「雲揚號」和「第二丁卯號」離開釜山港,沿著朝鮮東海岸北上,向江華島方向進發,並停靠在江華島和半島之間的江華水路入海口附近。這顯然是一種軍事挑釁行為。

於是,朝鮮的草芝鎮炮台開始對其進行炮擊。「雲揚號」立刻應戰回擊,草芝鎮炮台遭受重創。日軍隨後攻陷永宗島,登陸後燒光附近村莊,沒收了朝鮮方面的武器。巡視平壤的京畿道監事和江華島留守並沒有向中央政府報告這一非同尋常的事態,反而試圖逃避責任。此後,10月3日,日本方面將「春日丸」等兩艘大型軍艦派往釜山港,放禮炮進行示威活動。

日本方面以這種武力威脅的方式,向朝鮮政府通報「把日本的全權特派大使派往江華島」。1876年2月,黑田清隆作為日本全權特派大使,攜船率領800名成員在江華島登陸。登陸時,日本方面放禮炮以示其軍威。

朝鮮政府於2月11日同意日朝交涉,而這也是朝鮮第一次與近代國家進行外交交涉。事實上,當時,朝鮮方面甚至還不了解與近代國家簽署條約的具體手續和程序。日本方面宣稱,朝鮮應以10日為限,對日方提出的條約內容進行檢查。朝鮮最終決定接受條約內容。朝鮮方面表示,對「朝鮮國作為一個自主之邦,與日本具有平等的許可權。」這一項條款「別無可議」。也就是說,朝鮮方面沒有其他意見。但是,這一「自主之邦」對日本而言,卻具有重大的利害差異。日本方面承認朝鮮擺脫華夷秩序,成為一個獨立的國家;但與此相反的是,朝鮮方面卻從從屬清政府的關係,即從華夷秩序的角度去理解條約中所說的自主、平等。

此外，朝鮮方面同意在京畿道、忠清道、全羅道、慶尚道、咸京道等五個地區，選出兩個港口作為開埠地。在所有條款中，都表現出朝鮮政府部門對近代國家關係的無知，因為這分明是一份不平等條約。

然而，根據這份《江華島條約》（日朝修好條約），朝鮮終於開始放眼世界，眾多的官吏、民間人士才得以出訪日本、美國、歐洲去接觸近代文明。雖然是在日本武力威脅下被迫開埠，但這也為朝鮮打開了與世界接觸的大門，所以我們也不應該全盤予以否定。

74. 壬午軍亂的沉重意義

開埠以後，開始著手進行改革的閔氏政權本身也存在很多問題。因為他們希望守衛的是自己宗氏的政權（王權），而這種政權的實行方法，同樣也是「勢道政治」。他們採取的開化措施，實際上變成利用外部勢力鞏固自己的政權。這種弱點是不可避免的。

圍繞著遭受衝擊的從屬清王朝關係，朝鮮宮廷、政府官僚開始動搖，出現了彼此對立的派別。我們可以從大致上將他們分為如下三派：

①保守派：傾向於維持從屬清王朝的關係，主張「事大交鄰主義」的政府內部主流守舊派。

②急進開化派：面對世界潮流，守護國家使其免遭西方列強的侵略，就不能繼續依賴已經處於崩潰邊緣的從屬清王朝的關係，自行促進近代化改革，建立近代國家。

③親清開化派：介於以上兩派之間的穩健派。他們認為不應把與清王朝之間的從屬關係，和與西方列強之間的關係對立起來，而應在這二者並存的情況下，追求近代化。

是否繼續維持與清王朝的從屬關係，這是朝鮮面臨的重大課題。從

中我們不難看出，即使是在朝鮮開埠以後，這問題仍是一個沉重的負擔。如果從近代化的角度加以觀察，那麼清王朝始終在阻礙朝鮮促進近代化改革，而日本則起到了促進作用。

1881年，進行一系列改革後，朝鮮政府在日本的勸誘下，設立用新式短槍武裝起來的「別技軍」（共有80名戰士），將其歸屬到王室下屬的親衛隊，聘請日本人堀本禮造為教官，對其進行軍事訓練。以前的舊式軍隊有2000多名將士用的是傳統的火繩槍，他們沒有分配到新的武器裝備，也沒有接受新的軍事訓練，在待遇上也遠不如「別技軍」。

當時，朝鮮的總人口為1300多萬，而軍隊總數僅為2000多名，從中不難看出朝鮮軍事力量的薄弱。新式「別技軍」與傳統軍隊之間存在著巨大的待遇差異，而且傳統軍隊在近一年來幾乎沒有拿到軍餉。於是，他們對閔氏政權的不滿終於爆發。

1882年7月23日，傳統軍隊在漢城發動軍事叛亂，加上下層平民百姓的參與，終於釀成壬午軍亂。正處於下野狀態的大院君利用這一武裝暴動，以推翻閔氏政權為目的煽動他們襲擊日本公使館。大量漢城市民加入了起義隊伍。起義士兵和市民焚毀日本公使館，殺死幾個民憤極大的大臣和一些日本人，並且攻入王宮，推翻閔妃外戚集團的統治。他們殺害了閔氏的姻親、首相李昰應等政府要員，也殺死了日本教官堀本禮造。

日本公使館被數千朝鮮軍民襲擊。於是，日本駐朝鮮公使花房義質率領28名公使館人員，倉皇逃往濟物浦。24日，叛亂士兵攻入昌德宮，殘殺兵曹判書（兵部大臣）閔謙鎬；明成皇后成功出逃，在忠清北道忠州附近的村莊暫避。國王高宗不得不將大院君迎入昌德宮，並聲明將政權轉讓與他。

下野9年以後，大院君終於重新奪回政權，於是立刻採取復古政策，撤銷統理機務衙門，同時也解散了別技軍。

日本政府為了對事情經過進行調查，以便於向朝鮮政府提出謝罪及

賠償要求，任命花房義質為全權代表，決定派軍艦前往朝鮮，同時保護滯留在朝鮮境內的日本國民。日本之所以迅速採取應對措施，就是擔心清王朝的介入。閔氏政權通過天津的金玉均，請求清政府出面調解。正計畫牽制日本的清王朝立刻命令丁汝昌、馬建忠、吳長慶等人駐軍朝鮮，對日本進行監視。於是，吳長慶追究大院君的責任，聲稱「作為朝鮮的宗主國，清王朝有保護朝鮮的義務。」8月29日，吳長慶將大院君押往中國。隨後吳長慶討伐叛軍，消滅了大院君的政治勢力，處死其重要成員並監禁其餘隨從人員，成功地鎮壓了壬午軍亂。

由3000將士組成的清軍顯示了宗主國的威嚴。在清政府的要求下，朝鮮政府將在忠州鄉下暫避的明成皇后重新迎回宮中。於是，朝鮮王朝的政權重新掌握在明成皇后手中。

8月30日，日本和朝鮮方面簽署《濟物浦條約》。條約規定，朝鮮方面應該處死壬午軍亂的主謀，向日本受害者支付慰問金及賠償金50萬日圓，並允許日本公使館增加警備人員。

壬午軍亂充分暴露出閔氏政權勢道政治的脆弱性、腐敗性，以及內部保守派和開化派之間的激烈矛盾。朝鮮政府內部，還沒有能夠領導改革的領袖人物。壬午軍亂進一步增強了清王朝牽制日本的力量，同時也使清王朝干預朝鮮政府變得更加名正言順。也就是說，清朝政府進一步強化了與朝鮮之間的從屬關係。

9月13日，光緒皇帝下令把大院君囚禁於保定，並命令吳長慶率3000人馬駐紮在漢城，以軍事力量進一步強化宗主國地位。10月，為了制定平叛以後的政策，朝鮮政府派出兵曹判書趙寧夏前往天津，請求李鴻章對此給予指導。趙寧夏請求清政府推薦朝鮮政府外交顧問人選。於是，馬建忠的哥哥馬建常被派往朝鮮，擔任朝鮮政府外交顧問一職。吳長慶則負責對朝鮮軍隊進行軍制改革，具體事務則由袁世凱負責。

如此一來，清王朝對朝鮮的宗主國統治，轉變為近代帝國主義統

治。於是，日本為了促使朝鮮開埠而與其簽署的《日朝修好條約》第一條「朝鮮的獨立自主」形同虛設。朝鮮再次淪為清王朝的屬國。

　　想要進行近代化改革的朝鮮，連平定國內叛亂所需的軍事力量都不具備，所以不得不依靠外國的軍事力量，這就證明了朝鮮還不是一個近代化的獨立國家。這也為此後發展起來的開化派人士提供了機會，使其致力於消除清王朝對朝鮮的影響，進行新的改革。這就是後來他們發動甲申政變的時代背景之一。

75. 甲申革命失敗的原因

　　1884年，由開化派精英主導的甲申革命（甲申政變），僅維持了「三日天下」便以失敗告終。以金玉均為首的開化派，通過甲申革命，成立了革命政府，發布了多達14項的政治綱領。其具體內容為：

　　一、立刻交還大院君，廢止對清廷的朝貢；（大院君不日陪還事。朝貢虛禮，議行廢止）。

　　二、去除門閥，樹立全民平等權，登用人才；（閉止門閥，以制人民平等之權，以人擇官，勿以官擇人事）

　　三、改革地租法，杜絕弊政，充裕國庫，保護窮民；（革改通國地租之法，杜奸吏，而救民困，兼裕國用事）

　　四、廢止內侍府，選用其中人才為官；（內侍府革罷，其中姑如有優才，通同登用事）

　　五、嚴懲貪官污吏；（前後奸貪病國尤著人定罪事）

　　六、豁免各道的欠納糧款；（各道還上永永臥還事）

　　七、廢除奎章閣；（奎章閣革罷事）

　　八、設置巡檢，確立員警制度，以加強社會治安（急設巡查，以防

盜竊事）

　　九、廢除惠商公局；（惠商公局革罷事）

　　十、受流配禁錮刑者，酌量減刑；（前後流配禁錮之人酌放事）

　　十一、合併四營，設置禁衛隊；（四營合為一營，營營中抄丁急設近衛事，陸軍大將首擬世子宮）

　　十二、命戶曹統轄國內財政，廢止多餘的財政衙門；（凡屬國內財政總由戶曹管轄，其餘一切財簿衙門革罷事）

　　十三、各大臣、參贊每日在議政所集合，議定並執行政令；（大臣與參贊課日會議於閤門內議政所，以為稟定而布行政令事）

　　十四、罷除六曹以外的一切冗官，政令由大臣、參贊商議後施行；（政府六曹外，凡屬冗官盡行革罷，令大臣參贊酌議以啟事）

　　這些都是創建近代國家最為要緊的措施。他們希望以日本的明治維新為榜樣，建立一個君主立憲制國家。

　　回顧這段歷史，我們會發現清王朝未能積極適應國際形勢的變化，同時也未能採取相應改革措施，在這種情況下，只有日本的明治維新，才能成為朝鮮開化派最理想的改革榜樣。通過獨立自主、富國強兵的政策，把朝鮮建設成一個近代國家，這就是開化派的理想。如果他們的政策能夠得到貫徹執行，就可能改寫朝鮮後來的命運。

　　可是，朝鮮由內而外的近代化改革，每次都在內部力量作用下，最終化為泡影。這實在是一件令人痛心的事情。這次甲申革命的失敗，其原因究竟何在呢？韓國國定歷史教科書中做了這樣的歸納：「開化黨人物過於倉促急進，他們還沒有做好相關的準備工作，所以普通民眾對開化黨想要進行的改革缺乏深刻的認識。」

　　甲申革命失敗當然還有其他更為重要的原因，其本質性的原因在於朝鮮王朝內部的保守勢力，因為遭到閔氏政權的反擊，甲申革命才流於失敗。從宏觀角度看，以明成皇后為主的閔氏政權，在朝鮮近代史上所

表現出來的作為，成為阻擋朝鮮近代化進程的始作俑者。

明成皇后悄悄派遣密使，前往清軍兵營，請求清軍保護高宗和自己。如此一來，也就給清軍軍事介入朝鮮兵變提供了冠冕堂皇的藉口。開化黨也曾預想到清軍的介入，但他們沒想到的是，清軍的介入如此強勢而堅定。當時，袁世凱在朝鮮凌駕於高宗之上，到處發號施令。在受到明成皇后的請求以後，袁世凱立刻派出1500名的軍隊，向昌德宮發起進攻。在此之前清軍已經在和法國的交戰中落敗，失去了越南這個屬國，因此清王朝絕不願重蹈覆轍，眼睜睜看著朝鮮這個屬國按照日本的維新模式，成為一個獨立國家。

開化黨曾經倚重的日本軍隊僅有150名，再加上他們對保護剛誕生的革命政府非常消極，因此在作戰中主動退出戰鬥。2年前，發生壬午軍亂之時，清軍在明成皇后的請求下也曾派兵，殘酷鎮壓朝鮮的改革運動。最終，大多數開化派人士都被殺害，而金玉均、朴泳孝等領導，也不得不逃往日本暫避風頭。

透過這段歷史，我們可以發現在朝鮮的近代改革過程中，明成皇后和清政府始終充當了反動的角色。然而，韓國方面至今仍在回避清政府的負面影響，而更側重於譴責日本強迫朝鮮進行改革的行為。另外，韓國方面至今還缺乏對明成皇后倒行逆施的充分認識。

明成皇后的倒行逆施並沒有就此結束。1894年3月，明成皇后派出刺客，在上海暗殺了金玉均，並將其屍體運回朝鮮，慘無人道地對其施以凌遲酷刑。而這也成為甲午戰爭開戰的原因之一。事實上，明成皇后和清政府鎮壓甲申革命的消息傳到日本以後，日本方面主張對清王朝採取強硬措施，日本內閣也出現了向清政府宣戰的主張。不僅如此，日本民間也舉行了要求嚴懲清王朝的示威遊行活動。1885年，井上角五郎為全權大使，率領三艘軍艦抵達仁川。登陸以後，他們直奔漢城與金弘集簽署《漢城條約》，要求朝鮮方面向日本謝罪並進行賠償。在暗殺金

玉均事件發生以後，日本對清宣戰論甚囂塵上。隨後，福澤諭吉發表了他著名的「脫亞入歐論」。

在此不妨進一步分析一下甲申革命失敗的原因。在眾多錯綜複雜的原因當中，筆者歸納出如下幾個原因：

①甲申革命雖然發生於壬午軍亂爆發之後兩年，但這次革命並沒有充分吸取壬午軍亂失敗的經驗教訓。明成皇后像壬午軍亂時期一樣，向清軍軍營派遣密使，引來清軍並一舉粉碎了新的革命政府；

②韓國方面認為，日本背信棄義，中途退出戰鬥才是「致命傷」實際上，金玉均等人過分看重日本的支援，並過於期待日本的援助，而未能確保相應的武裝力量；

③如此重大的軍事政變，開化黨卻沒有制定更加周密的計畫，他們缺乏相應的戰略戰術，而且由於內部出現告密者致使秘密提前洩露；

④開化黨理應和主張革新的金弘集等政治巨頭聯合起來，但他們採取了單獨行動。

筆者認為，我們應該銘記「最大的敵人來自內部」這樣一句格言，深入反省失敗的原因。

76. 歷史面紗下日本軍隊的優秀性

正如著名的歷史學家、中山大學歷史系教授袁偉時先生所指出的那樣，中國完全被受害意識所控制，因此偏激地認為在近代史上西方以及外國全都是罪大惡極的。但事實上，並不是所有的外國和外國人都是罪惡的化身。義和團運動爆發期間，日本軍隊嚴明的軍紀，以及他們對北京市民和紫禁城採取的保護措施，就很好地證明了這一點。

迄今為止，中國人在盲目排日的情緒控制下，一直熱衷於打造日本

軍隊罪大惡極的形象，因此對日軍的卓越表現完全視而不見。義和團運動爆發期間，日本軍隊有20840人的兵力，英國軍隊有12020名，美國軍隊有3420名，俄羅斯軍隊為13150名，法國軍隊為3520名，德國軍隊為900名，義大利為80名，奧匈帝國有295名；聯軍總數為33500名。

據說在八國聯軍中，軍紀最為嚴明、表現最優秀的就是日本軍隊。世界各國對日本軍隊的優秀表現讚不絕口。不僅是因為他們的勇氣與對國家的忠誠以及他們卓越的戰術，而且也是因為他們嚴明的軍紀。日本軍隊的嚴明軍紀，在八國聯軍中也是首屈一指的。在八國聯軍中，日軍以外的其餘7國軍隊，在天津或北京大肆掠奪，軍紀渙散，因此中國人唯恐避之不及。其中，俄羅斯軍隊尤其以軍紀渙散、聲名狼藉而著稱。在俄羅斯軍隊駐防地區，殺人、掠奪，姦淫婦女的劣跡早已是普遍現象。時任俄羅斯宰相的威特在後來的回憶錄中稱，甚至連總司令也都參與了掠奪行動。德國軍隊的暴行虐施也不亞於俄羅斯，清朝海關總稅務師哈特證明：「德軍佔領區簡直就是地獄。」

日本軍隊卻沒有殺害市民，也沒有進行掠奪。日軍方面證明說：「他們帶回來的僅是從戰鬥中收繳的敵軍武器，而這成為他們對本國子孫談論勇敢作戰故事的紀念品。」英國的《泰晤士報》社論文章稱，「感謝日軍解救公使館」，並對日軍文明的行為大加讚賞。（《日俄戰爭小史》）

當時，日軍中的英雄人物柴五郎中佐被北京市民稱為「守護神」。柴五郎在明治維新以後進入陸軍幼年學校，成為一名「陸士」，後來晉升為近衛炮兵大隊的少尉。中日甲午戰爭時期，柴五郎參與作戰並參加《馬關條約》簽署儀式。此後，柴五郎成為袁世凱繼青木宣純之後的另一位日本顧問。1900年，柴五郎就任日本駐清國公使館武官。在位期間，柴五郎遭遇義和團事件。

當時，肅親王府由日軍負責防禦。肅親王府與日、英公使館相鄰，

是一座佔地面積很廣的建築物。柴五郎負責向3000多名難民提供糧食，並為傷患療傷治療；在作戰時，他提著軍刀衝進敵陣，繳獲了大量武器彈藥。他的勇猛和親切待人的態度，受到各國人士的稱讚。在外國人被義和團圍困期間，柴五郎擔任了實際上的總指揮。因此，柴五郎上校這個名字受到世人廣泛關注。由於在作戰中建功立業，柴五郎被世界各國授予勳章，並受到英國國王愛德華七世和義大利皇帝維托里奧‧埃馬努埃萊三世、俄羅斯皇帝尼古拉二世的接見。

　　北京市民也對柴五郎讚譽有加。被義和團圍困期間，受到日本軍隊保護的北京市民，對柴五郎表現出來的人道主義精神深深感動。八國聯軍攻陷北京以後，皇帝以下的清政府官員全部逃走，整個市區陷入無政府狀態。日本軍隊當時負責守衛紫禁城東西四牌樓以北地區。為了有效維護這一地區的治安，日軍設立了軍事警務衙門，而柴五郎擔任了這一部門的長官。他把日軍和清軍編成一個大隊，使其擔負起輔助憲兵隊的責任，維持當地治安秩序。無論是中國人還是外國人，只要有犯罪行為一概予以逮捕，因此這一地區的治安環境得到改善。商店也開始營業，恢復了往日的繁榮。這一事實，讓北京市民驚訝不已。因為當時除了日軍負責維持治安的地區以外，其他西方國家佔領區的治安情況非常混亂，老百姓即使是在白天也不敢隨便出門。此外，與日軍形成鮮明對比的是，西方軍隊大肆搶掠，暴行虐施。

　　日本軍隊的嚴明的軍紀和人道主義精神獲得北京市民廣泛好評，柴五郎也因此成為一個受人尊敬的著名人物。在北京市民的心目中，柴五郎無異於是他們的守護神。

　　日軍還做出一個重大貢獻。八國聯軍攻城在即，清王朝各地總督都期待著日軍能替他們控制事態。當時，盛宣懷等官僚認為，日軍的目的是保護外國公使管區域，並平定義和團事件；所以日軍沒有加害於中國人的意圖。

盛宣懷曾這樣說道：「與慘無人道的俄羅斯軍隊相比，在八國聯軍中，只有日軍還值得信賴。」事實上，在八國聯軍攻陷北京以後，日軍把守紫禁城角門，對中國而言是一個巨大的幸運。當時，紫禁城裡還有2000多名宮女、1000多名宦官，以及守衛皇宮的清軍士兵。八國聯軍主張武力攻擊紫禁城，但只有日軍提出反對意見。因為日軍認為日本和中國同屬亞洲，因此對中國懷有同情之心。另外，日軍司令部也不希望輝煌壯麗的紫禁城遭到破壞，因此決定對其進行保護。

德軍指揮官下令焚燒北京城，並在紫禁城北側的景山上架起大炮，做好了炮擊紫禁城的準備。而說服德軍放棄炮擊紫禁城計畫的，也正是日本軍隊。

紫禁城就這樣在日本人的努力下，得到保護，倖免於難。紫禁城城牆上沒有受到一發炮彈的襲擊，得以完整保存下來。如果沒有日軍的保護，那麼世界文化遺產——紫禁城中的各種文物都將被搶掠一空。此後，蔣介石的軍隊把紫禁城中大部分精華帶到了臺灣，並被收藏於臺灣故宮博物院內。日軍並不像中國的抗戰題材影片中所描述的野蠻。在亞洲近代史上，日軍具備了最高的軍事素質，是一支用武士道精神武裝起來的軍紀嚴明的軍隊。在國際上，日軍的軍事素質也都處於最高水準上。

77.「黃帝」是如何被打造出來的？

從古至今，黃帝被視為漢族人的始祖而受到人們的敬奉，中國的政府部門每年也都會前往黃陵參拜。中國人都認為「中華民族是炎黃子孫」，這裡所說的炎黃，指的是炎帝和黃帝，而黃帝是漢民族的祖先這種觀念早已固定下來。

神話傳說中稱，黃帝是繼三皇之後統治中國的五帝之首。司馬遷的

《史記》或《國語‧晉語》中的相關內容表明，黃帝本姓公孫或姬，名軒轅。相傳黃帝一出生就顯得異常神靈，出生沒多久便能說話。到了15歲便具備聖德，無所不通了。

當時，神農氏的子孫繼承了炎帝的稱號成為君臨一方的天子，但後來炎帝逐漸失去民心。於是，軒轅積蓄軍事力量，代替炎帝去征伐那些不向天子朝貢的諸侯。據傳，所有諸侯都對軒轅感恩戴德，表示臣服。此後，軒轅征伐蚩尤獲勝，並在擊敗炎帝後成為天子，始稱「黃帝」。

《史記》（五帝本紀）中稱，天下有不歸順的，黃帝就前去征討，平定一個地方之後就離去，一路上劈山開道，從來沒有在一個地方安寧地居住過。黃帝死後，埋葬在橋山。但有傳說稱，實際上黃帝是乘龍歸去。對黃帝的外貌特徵，有各種不同說法，但人們基本上傾向於認同劉向在《列仙傳》中所說的「龍形」。因此也有人把黃帝視為「龍神」的原型。不僅如此，黃帝作為中國醫學的始祖，至今還受到人們的敬仰。據傳，現存中國醫學著作《黃帝內經》也是出自黃帝之手。

被視為中國漢族人（或中華民族）的始祖而備受崇敬的黃帝，事實上也是漢族知識份子和社會精英在百年前的近代，將其作為文化民族主義的一個環節而「發明」出來的。

正如日本在文化民族主義思潮中創造出武士道和天皇制，以奠定自主獨立的基礎一樣，中國的漢族知識份子也是在強烈的獨立意識作用下，靈活運用了「黃帝」這一文化符號。從這個意義上講，這也是一種文化民族主義。

在對抗統治民族──滿族的過程中，漢族人的文化民族主義意識所創造出來的，正是漢族及「黃帝」這一概念。

著名美國華裔歷史學家孫隆基教授也是一個文明批評家，他以其著作《中國文化的深層結構》而受到國際學界廣泛重視。他指出，在近代史上，雖然滿漢兩個民族之間始終存在矛盾，但這一民族矛盾上升，卻

是在戊戌變法失敗以後。當時，漢族、滿族這種詞語本身就是新名詞，而「漢族」這一概念，也需要重新發掘。（《歷史學家的經線》孫隆基）

正在日本流亡的梁啟超於1902年發表了他的《新史學》，並主張應該重寫中國史。1903年，梁啟超發表《黃帝以後第一偉人趙武靈王傳》，隨後主張中國的英雄是漢族人袁崇煥和岳飛，並讚揚他們與外族英勇作戰的愛國主義精神。

1902年，章太炎等中國知識份子在日本橫濱發起組織「支那亡國242年紀念會」。直接高舉起反滿大旗。他們當時使用的「支那」這一名詞，也是直接沿用日本語中對中國的稱謂，以此來表示與滿清政府的決裂。在他們看來，滿族人推翻明王朝建立清朝，就是一種「亡國」。

日本成為中國近代革命的「產房」，這是眾所周知的事實。1903年，正在日本留學的周樹人（魯迅），剪斷了滿清王朝的象徵——辮髮，並拍了照片寄給同鄉友人徐壽堂，並在背面寫下著名詩句：「我以我血薦軒轅」。

孫隆基在其論著中稱，「此時，各地之漢民族主義者有樹立黃帝為共祖之運動。」同盟會機關報《民報》創刊號上刊登了一張黃帝的肖像圖，圖下的說明寫的是：「世界第一之民族主義大偉人黃帝」。於1903年創刊的《黃帝魂》將該年定為黃帝紀元4614年，並旗幟鮮明地主張用黃帝5000年歷史取代清王朝260年的「異民族統治」。

在漢族知識份子精英的宣導下，中國社會掀起一場「黃帝熱」。而這一「黃帝熱」，事實上也是在西方和日本文化民族主義思想的影響下產生的。當時，有很多中國知識份子認為，黃帝和中國民族起源於崑崙山。章太炎、宋教仁、黃節、梁啟超等人也都堅信這一點。1905年，袁世凱政府還將一首歌曲確定為「國歌」。這首「國歌」的歌詞中，也直接沿用了這一說法。

在清末民初，漢族人的文化民族主義，把黃帝打造成民族始祖，並

將其運用於鼓吹民族主義的宣傳活動中。在民國時期，日本的白鳥庫吉等學者和中國革命家也曾提出否認黃帝的理論。但至今為止，中國人普遍認同「中華民族都是黃帝的子孫」、「漢民族是黃帝的子孫」等說法，而且沒有人對此提出質疑。不過筆者認為，只要「黃帝」成為有助於中國民族團結的理念，就應該對此予以高度評價。

78. 近代中國革命為什麼要排斥農民？

毛澤東曾說：「人民，只有人民，才是創造世界歷史的動力！」

農民出身的毛澤東，實際上選擇了一條有別於陳獨秀、王明等知識份子精英的革命道路。在陳獨秀等人看來，中國革命首先應該在城市發動知識份子，但毛澤東推翻了這一路線，決定首先從農村發動廣大農民，最終從農村包圍城市。歷史證明，他的方針或是正確的。

對於中國歷史上傳統的農民具有的極大破壞力、造反能力，毛澤東是瞭若指掌的。僅憑這一點，就可以把毛澤東視為一位偉大的戰略家、謀略家。毛澤東一生喜歡閱讀《水滸傳》和《三國志》。他的革命專政原理，用一句話來概括的話，就是動員農民和工人廣大基層民眾。

可是，在百年前辛亥革命前後的那段歷史中，我們發現中國的近代革命，與現代革命有著截然不同的樣貌。中國的近代革命沒有動員農民、工人等最基層的民眾，這是中國近代革命最大的特徵之一。

為了充分闡述這一觀點，筆者以在中國廣為人知的魯迅名作《阿Q正傳》為例。雖然這是一部虛構的小說，卻真實地反映了1911年前後辛亥革命時期中國的農村社會背景。假洋鬼子、秀才、社會精英都在排斥和壓制想要「造反」、革命的農民——阿Q。

近代史學家考證認為，魯迅小說中的農民革命行為在現實中的江南

（浙江、江蘇）一帶也發生過。中國人民大學近代史研究學者張鳴教授認為，1911年這一地區的農民也試圖參與革命，雖然他們和阿Q一樣並不清楚「革命」究竟是為何物，他們高喊「革命」的造反行為很快地被鄉紳地主階級鎮壓。而且，革命以後的軍政部門也不允許他們參與革命。

當時，在江蘇省實際上也創建了名為「千人會」的農民組織。雖然他們也聽說過「革命」這個名詞，但卻還不清楚革命的真正含義。在他們看來，革命只是「可以幫助貧困農民，給他們帶來實際利益，並減免他們的佃租。」另外他們也認為，既然推翻了滿清皇帝，那麼就可以在沒有皇帝的地方建立新政府；沒有了皇帝，也就沒有了王法，當然也就可以不交佃租。顯然，他們還沒有真正領悟革命的實質。

張鳴教授考證認為，當時各地農民模仿那些知識份子和革命學生把人聚集在一起，揮舞著刀槍棍棒，高喊革命。但實際上，他們的行為只是為了抗交佃租。

他們組織起來的團體，被革命政府視為是非法的。雖然他們也提出質疑，為什麼不許他們革命？但革命政府在沒有給出明確回答的情況下，只是一味強調不許他們「革命」。

在革命爆發以前，中國各地有無數類似於「千人會」的組織，但這只是一些目的比較單純的農民互助組織，不過是一種相互借錢借糧的農民救助行為。

這些地方組織乘著革命之風，在地方發展壯大，有時也在地方透過暴力手段打擊地主勢力，甚至引發了血鬥。但從結果上看，這些組織並沒有一個明確、高層次的方針和指導思想，充其量也只是「農民暴動」而已。

類似的農民革命運動在南方地區發生，以至於有些地區的農民藉著「革命」、「光復」的幌子，組織了自己的「政府」。但即刻對此予以

鎮壓的，正是當時的革命政府。有趣的是，當時的革命黨人雖然也在革命，但卻堅持不動員廣大群眾。

孫中山在辛亥革命以後就任臨時大總統，他也一直向外國人強調：「我們不需要群眾的主動精神。」

在今天的歷史學界，很容易會把這種「革命方法論」視為是一種「資產階級革命的缺陷」。哪怕是動員那些會黨、黑社會成員，孫中山都沒想過要利用這些廣大的農民。

當時近代革命，為什麼要如此排斥農民呢？原因很簡單，首先，革命政府認為一旦把下層階級動員起來，弄不好就會給自己的階級利益帶來損失；另外他們也認為，如果把基層的農民動員起來，會給社會秩序帶來巨大衝擊。

大多數革命黨成員都是當時中國的知識界精英，他們希望能在保持社會秩序的前提下促進革命事業。從這個層面上講，無論是革命黨還是立憲黨都具有同樣的認識。

對於孫中山或梁啟超等人來說，一旦處理不好，農民反而會成為招來災難的元凶。

他們深知中國歷史法則，因為每次農民造反、革命，都改寫了中國的歷史。於是，他們開始設想一種「精英革命」，中華民國正是以這種「精英革命」開始的。但是，民國推行的精英革命，在毛澤東動員起廣大農民，並將中國革命轉變為一場「農民革命」運動以後，很快被新中國替代了。

79. 支援列寧革命活動的日本

在近代史上，日本也曾支援列寧的俄羅斯革命。但相關歷史事實並

不為人熟知。在談論列寧和日本的交集時，有一位非常重要的人物——明石元二郎（1864-1919）。明石元二郎是一名校將軍人，在日俄戰爭期間，曾與俄羅斯革命派公爵一起，展開間諜活動。同時，作為日本駐韓國軍隊參謀長、憲兵隊司令官，他也曾負責鎮壓朝鮮義兵運動。

明石元二郎從小就是一個聰明的孩子，陸軍大學畢業以後，一度就職於參謀本部。後來明石元二郎到德國留學，熟練掌握了德語和英語，並於1902年就任日本駐俄羅斯大使館武官。上任之初，明石元二郎在3個月內二門不出，專心自習俄羅斯語。1904年，日俄戰爭爆發以後，明石元二郎開始輾轉歐洲各國，尋找日本戰勝俄羅斯的對策。他具有卓越的間諜素質，於是利用俄羅斯國內革命勢力，努力提高俄羅斯軍事力量。當時，明石元二郎向日本軍參謀本部提出百萬日圓（相當於現在的60億日圓）經費要求，並將其用來壯大革命勢力。

明石元二郎通過革命陣營中的女鬥士，開始與俄羅斯革命領袖列寧（1870-1924）接觸。

明石元二郎前往日內瓦森林中的一所房子，與在那裡避難的列寧見面。列寧也曾聽聞有關明石元二郎的消息，因此兩個人在熱烈的氣氛中進行交談。列寧從自己的衣袋裡掏出劣質香煙遞給明石元二郎。於是，明石元二郎也掏出自己的香煙，敬給列寧：「來，抽我的。」列寧搖了搖頭說：「您的香煙太高級了。我還是抽我的大眾香煙吧。」

明石元二郎後來回憶說，他正是從這樣的細節中，看出列寧是一位真正的勞動階級領袖。列寧用犀利的目光注視著明石元二郎說道：「日本想要利用我們的聯合勢力是理所當然的事情。我也曾想過，我沒有任何理由拒絕您的好意。」

這正是明石元二郎所希望的結果。但稍過片刻，列寧不無擔心地說道：「不過，這有可能會被認為是一種賣國行為。」

對此，明石元二郎提出不同看法，他認為：「你們的革命運動總之

是一種反對祖國的活動，又何必擔心被視為賣國呢？」列寧立刻予以反駁說：「我們並不想顛覆國家，我們只是想打倒資產階級。」

當然，對於明石元二郎來說，列寧的行為是否屬於賣國，並沒有什麼意義。因為只要能夠分裂強大的俄羅斯，使日本在與俄羅斯的戰爭中獲得勝利，他就算成功了。

最後，列寧表示：「通過黨組織檢討以後，給您明確答覆。不過，您一定也與別的黨派接觸過，那麼請問，他們都是什麼意見呢？」明石元二郎回答說：「俄羅斯的任何一個黨派也都表示贊同聯合運動。他們也希望我能提供武器支援。」在此之前，明石元二郎曾答應俄羅斯另一個革命政黨，為了俄羅斯國內起義提供武器及資金支援。對此，俄羅斯各黨派都向日本方面表示感謝。

列寧儘管也從善意角度接受了明石元二郎的美意，但並沒有草率地予以接受。在明石元二郎見過的俄羅斯革命領袖中，像列寧這樣講原則的人是非常罕見的。

這天，兩個人暢談國際形勢，並認真分析日本和俄羅斯國內局勢。明石元二郎與列寧告別後一個人走在返程路途。在他看來，列寧與他認識的其他革命領袖確實大相逕庭，列寧冷靜理智且具有很強的執行能力，這一點尤其令明石元二郎感到放心。同時，他也開始對列寧產生了崇敬之意。1906年，日本在日俄戰爭中從俄羅斯手裡奪取了旅順。

這時，俄羅斯國內開始爆發示威遊行、罷工等反戰浪潮。革命勢力為了阻止俄羅斯進行戰爭動員，在各地進行了不同形式的阻撓活動。明石元二郎為了促進這些活動，提供了大量資金。

在俄羅斯第二大城市聖彼得堡，30萬勞動者參與了罷工。俄羅斯政府苦於應付國內情勢，根本無法以舉國之力與日本交戰。

就在此時，明石元二郎第二次與列寧見面。在日內瓦森林隱蔽的住所，列寧接見了前來拜會的明石元二郎，並告訴他說，現在革命黨將誠

摯地接受日本提供的資金支援。

明石元二郎早已把日圓兌換成了俄羅斯盧布，並親手將這筆巨額資金遞交給列寧。列寧說：「不管怎麼說，我們的世界終將到來。」列寧同時表示，日本和俄羅斯的關係將轉變為軍國主義和社會主義兩大陣營的敵對關係。對此，明石元二郎在向參謀部提交的報告書中寫下了，列寧是一個「冷人」、「冷忍」的結論；據說明石元二郎後來把對列寧的評價修改為「禮仁」二字，因為明石元二郎從個人角度相信了列寧的為人。

80. 壓制朝鮮自主近代化進程的清政府

在談及近代史過程中，我們經常對日本的殖民地侵略、統治內容大書特書，卻極少提及清政府對朝鮮的侵略和統治。

朝鮮地理上介於日本和中國之間。長期以來朝鮮半島不得不持續接受來自這兩個方向的文明、軍事力量的擠壓。常言道「城門失火，殃及池魚」，朝鮮至今還處於南北分裂的狀態。如果能夠很好地適應國際形勢，朝鮮半島當然會在中間起到很好的平衡作用，但如果協調不好，就會變成「池魚」，引火上身。不幸的是，在百年前的近代，朝鮮成為了後者。

筆者認為，在日本之前阻止朝鮮自主近代化進程的始作俑者恰恰就是大清帝國。當時，清政府置身於世界的劇烈動盪之中，卻依然以「夜郎自大」的心態保持著傲慢態度。

一直到1895年為止，朝鮮實際上都是大清國的屬國。儘管會有人提出很多相反意見，但從本質上講，朝鮮無法擺脫身為屬國的羞恥歷史。從象徵著傳統東亞體系的「清朝朝貢冊封秩序」，以及近代「萬國公法」國際法層面上看，當時的清政府和朝鮮之間，在政治、軍事、外交

關係等方面都是宗主與隸屬的關係。是一種從屬的上下級關係。

　　西方列強也在暗中承認朝鮮隸屬於清政府，有很多史料可以證明這一點。作為一個自主國家，外交權是最為重要的象徵，但在當時無論是國事還是人事，朝鮮都需要向清政府提交報告，並在獲得許可後方能實施。

　　從另一方面講，日本希望自己的鄰國朝鮮能轉變為一個自主獨立的近代國家。從此後發生的朝鮮開埠（1875年江華島事件）、保護國及各種對朝政策、侵略統治一系列歷史事實上看，日本是想把朝鮮變成「獨立國朝鮮」的。

　　朝鮮開埠以後，西方列強也不希望繼續承認朝鮮為清政府的屬國，所以清政府更加強化了對朝鮮的管理。在經歷了鴉片戰爭以後，清政府又經歷了太平天國之亂、中法戰爭，國力進一步被削弱，不得不把本屬於自己的屬國越南拱手讓給法國。另外，俄羅斯、日本也開始介入朝鮮半島，於是清政府感受到巨大的危機意識，並以李鴻章等實權派為主強化了對朝鮮的監督。丁汝昌提督、馬建忠、吳長慶以及年輕的袁世凱等人先後率軍駐紮在朝鮮。其中，袁世凱在朝鮮橫行一時，儼然成為朝鮮的皇帝。

　　從地緣政治學角度上看，朝鮮佔據著重要的地理位置，可以充當阻止俄羅斯南下的天然屏障，對於清政府而言儼然構成了一道防波堤。

　　1882年，清政府積極參與鎮壓壬午軍亂，削弱明成皇后的勢力，並把重新掌權的大院君流放到中國。8月，清政府與朝鮮簽署了明示兩國之間從屬關係的《中朝商民水陸貿易章程》。在同一月，日本與朝鮮簽訂《濟物浦條約》和修好條約，獲得了在朝鮮公使館配置軍隊的權力。

　　平定「壬午軍亂」的結果，清政府可以長期在朝鮮駐軍，而朝鮮對清政府的從屬關係也進一步得到了強化。至今為止，朝鮮每次在外交上的失敗，對清政府而言都是絕佳的藉口。清政府認為，朝鮮背著清政府

從日本免稅進口商品，以此為由清政府在朝鮮設置了外交顧問，進一步強化了對朝鮮的控制。

1885年，清政府正式任命袁世凱為「駐紮朝鮮總理交涉通商事宜」的全權代表。從此，袁世凱自詡為監國大臣，開始像殖民地總督一樣干涉朝鮮內政。此外，袁世凱甚至計畫廢黜高宗，並把大院君的長孫李址鎔立為國王。

還有一個歷史事實，可以說明清政府對朝鮮進行的「獨家管理」政策。吳長慶的部下張謇是一個科舉狀元出身的社會精英，在吳長慶幕下供職的10年時間裡，他積極向吳長慶提供外交政策方面的諮詢，其中就有《朝鮮善後六策》等政論文章。其主要內容為：

①主張廢除朝鮮王國，設置郡縣，納入中國版圖；②中國應效仿元朝，在朝鮮設行省、派監國，「則國自保，民自靖」；③派駐強大的軍隊，將朝鮮的碼頭置於清政府控制之下；④決策朝鮮的內政革新。從整體上講，張謇主張把朝鮮變成大清朝的一個省份，對其進行全面管理。

由於清政府強化了對朝鮮的管理和統治，實際上，進一步穩固了兩國之間的從屬關係，所以在朝鮮內部很難實現近代化。韓國順天鄉大學韓國歷史教授金基勝先生指出：「從壬午軍亂以後，一直到中日甲午戰爭爆發，清政府在朝鮮駐軍長達12年時間，以遏制朝鮮自主近代化進程。中國的侵略，給朝鮮近代化帶來無法挽回的傷害。」（2010年8月29日《朝鮮日報》）

金基勝教授的話可以說是一語中的。甲午戰爭使朝鮮擺脫了清政府的統治。所以，朝鮮於1896年4月以徐載弼為首成立了獨立協會，朝鮮的《獨立新聞》對此進行了報導，從此獨立成為朝鮮的一大政治課題。當時，朝鮮拆除了象徵著與清政府之間從屬關係的「迎恩門」，並在原址上修建了獨立門。這一事件象徵著朝鮮從清政府的統治中獨立出來。中日戰爭以後，清政府與日本簽署的《馬關條約》第一條規定：「中國

承認朝鮮國確為完全無缺之獨立自主國。故凡有虧損其獨立自主體制，即如該國向中國所修貢獻典禮等，嗣後全行廢絕。」具有諷刺意味的是，日本替代中國成為朝鮮的保護國，並在「保護」、「指導」、統治和侵略朝鮮過程中，給朝鮮帶來了近代化系統。

81. 辛亥革命新解釋

　　1911年爆發的辛亥革命已經過去了100多年。在中國近代史乃至東亞近代史上，辛亥革命都具有極大的意義，因為辛亥革命推翻了延續2000多年的皇帝獨裁體制，建立了近代國民國家體制。從這一點上看，辛亥革命成為中國近代史的分水嶺。

　　至今為止，國內各界對辛亥革命的解釋，大體上都是「以孫中山為中心的革命集團進行的『推翻清王朝的革命運動』」。

　　事實上辛亥革命及其產物──中華民國，其政治體制與孫中山集團的革命構想有所不同。

　　辛亥革命和清朝內部的改革運動成果有緊密的關聯，在這種關聯作用下，辛亥革命才可能成功。從這個意義上講，我們很難把辛亥革命說成是孫中山的革命集團促進的。所以，把辛亥革命解釋為「孫中山的革命集團發動的反清運動」是不夠確切的，而且也與歷史事實不符。

　　首先，我們不應忽視清朝內部發生的內部改革運動。從1901年開始的「庚子新政」，和1896年康有為、梁啟超等人領導的「戊戌變法」運動一樣重要。戊戌變法是一個具有象徵意義的歷史事件，所以廣為人知。我們不妨進一步了解一下1901年發生的「庚子新政」。由於1899年爆發的義和團運動，八國聯軍進攻北京，最終與清政府簽訂了《北京議定書》（《辛丑條約》），允許外國駐軍北京。

　　清政府在這種壓力下，不得不被動地進行改革，這就是被我們稱為「庚子新政」的近代改革。清政府隨後採取了政府機關改革、廢止科舉制度、獎勵外國留學、從軍事上改編近代軍事組織、引進日本陸軍士官學校畢業生作為新軍指揮官……等一系列改革措施。而正是這些新軍改革派，成長為辛亥革命的核心力量。

　　即便如此，很多人並不滿足於新政改革，進一步提出君主立憲制的要求。1905年，清政府決定派出五位大臣到海外考察，著手立憲準備工作。1908年，各省設立了相當於地方議會的「諮議局」，而諮議局集結了大量地方立憲派人物。在這些人物當中，湯化龍、譚延闓、張謇等人，在辛亥革命時期也成為新政府的核心力量。這就是清朝內部的立憲運動的基本情況。

　　但是，孫中山的革命派仍然追求推翻清政府。孫中山於1905年在東京成立同盟會，其首要政治訴求便是「驅除韃虜，恢復中華」。但由於革命派內部未能達成一致，而且他們的革命理念也不盡相同，所以內訌一直不斷。

　　由於在革命路線上存在分歧，孫中山提倡在華南邊境地區展開「邊境革命」運動。對此，宋教仁提出反對意見，並主張進行「長江革命」。也就是說，宋教仁主張在武昌等長江流域展開武裝活動。因為宋教仁認為，在邊境地區發動武裝起義雖然比較容易，但將其發展成打倒中央政府的革命力量並非一件容易的事情。宋教仁於1907年在上海設立的自己的根據地，脫離孫中山獨自展開革命活動。而陶成章集團，甚至發布了譴責孫中山的宣言。

　　1911年10月10日，武昌起義爆發。此後，於1912年成立了中華民國，並促使皇帝退位。至此，辛亥革命終於發展成一場推翻清王朝的大革命。但從其性質上看，辛亥革命過程中表現出不同尋常的樣貌。因為在這場革命運動中，並沒有一個一以貫之的政治理念或革命主體。

　　不同的革命主體，因不同的政治理念發生衝突，並各自主張自己的正統性，形成了一種「混成革命」。辛亥革命尤其未能貫徹孫中山集團——同盟會的革命理念。此外，辛亥革命也未能催生由革命黨獨裁專政的革命政權。那些任職於諮議局的清政府立憲派（部分官僚和軍閥），高喊著推翻清政府的革命派，以及其他一些革命勢力介入革命過程。這些集團之間有時會發生矛盾，有時又不得不彼此協作，有時甚至陷入難以自拔的窘境之中。

　　活動於武昌新軍中的革命派的崛起，是發動武昌起義的直接契機。但是，武裝起義成功、並把清政府軍隊趕出武昌以後，新成立的革命政府——湖北軍政府並不是革命黨領導下的軍事獨裁政府。

　　還有，新軍隊選出來的新政府都督黎元洪，同樣也是清政府軍隊的協統（旅團長），與革命派沒有任何的瓜葛。從各個角度看，最初的武裝起義都是舊軍隊和立憲派之間的聯合行動，因此與中國同盟會沒有什麼關聯。當然，在此期間，廣東確實存在孫中山的嫡系胡漢民擔任都督的革命派政權。但這是特殊情況。

　　主導辛亥革命的黎元洪、蔡鍔等人，全面否定孫中山的革命主張，而且也與孫中山的同盟會沒有什麼瓜葛。黎元洪、蔡鍔及立憲派譚延闓等人都是獨立的各省代表，因此孫中山同盟會的革命構想獲得成功的可能性微乎其微。

83. 孫中山擁有過美國國籍

　　2011年5月末至6月初，在即將迎來辛亥革命100周年之際，有一條爆炸性的消息被公之於眾。駐美臺灣代表處（相當於臺灣駐美大使館）相關部門發布消息稱「孫中山是美國人」。這條新聞立刻成為中國正值

辛亥革命100周年紀念活動的重大話題。

孫文（統稱孫中山）幼名帝象，名文，譜名德明，號日新，後改號為逸仙。在流亡日本期間，孫文一度化名中山，因此現在的人們通常將其稱為孫中山。

在中國和臺灣教科書中，對孫中山的經歷大致介紹如下：1866年出生於廣東省香山縣（今中山市）翠亨村。14歲時前往夏威夷，並於18歲以後歸國，在香港就讀。此後，由於參加革命活動，他的足跡遍及歐美國家及日本等地。

他是如何像出入自己的家門那樣周遊世界各地的呢？這個疑問對於普通民眾而言，幾乎就是一個不解之謎。可是，這次駐美臺灣代表處半官方發言內容表明，孫中山原來已經獲得了美國國籍，擁有美國公民身分。然而並沒有詳細說明他是如何獲得美國國籍的。

海外的中國學者、媒體人考證認為，出生於廣東的孫中山假造了夏威夷王國的出生證明。根據美國國會於1900年4月30日表決通過的《Hawaiian Organic Act》（31Stat 141，關於夏威夷在美國聯邦地位的法律），於1904年登陸美國本土的孫中山，因有移民美國之嫌而被逮捕入獄。此後，孫中山在檀香山加入了秘密組織洪門會，而洪門會幫助孫中山提出訴訟，並獲得勝訴，從而使孫中山加入了美國國籍。

孫中山獲得美國國籍的過程，與現在的中國學生和移民透過歸化獲得美國國籍的方法有所不同。因為在這背景中，存在夏威夷併入美國的過程。

事實上，夏威夷作為美國最新的一個州，直到1959年才正式成為美國的第50個州。在1893年以前，夏威夷一直都是以夏威夷王國存在的。但到了1898年以後，夏威夷被美國接管，從此開始從屬於美國領地（Territory of Hawaii）；根據1900年美國國會表決通過的夏威夷半自治法案《Hawaiian Organic Act》，經過了60年時間，夏威夷終於在1959

年成為美國完全自治的第50個州。

83. 世界如何評價伊藤博文統監對朝鮮的統治？

在評價伊藤博文的韓國統監政治的時候，如果能擺脫民族主義傾向，從一個中立的角度帶著平常心觀察歷史過程，我們反而會發現：當時，封建的朝鮮王朝幾乎沒有通過改革獲得新生的希望，在這種情況下，日本的介入直接促進了韓國的改革。

英國《每日郵報》的朝鮮特派員、加拿大籍記者弗萊德里・麥肯基（Frederick A. McKenzie）長期滯留於朝鮮，跟蹤報導伊藤博文落實其保護政策第2年發生的義兵討伐狀況，並寫下了名著《朝鮮的悲劇》一書。

他在揭發日本對朝鮮進行的嚴酷統治同時，這樣評價朝鮮：「如果是一個沒有偏見的觀察者，那麼任何一個人都無法否認，韓國是因為守舊腐敗的統治者的軟弱導致其喪失獨立的。日本在朝鮮半島實施的政策，由於遭遇了陳腐的宮廷派的陰謀，變得更加舉步維艱。但是，即使考慮到所有障礙，只要認真觀察日本佔領朝鮮以後發生的諸多事情，就不能不表現出悲痛的失望感。」

針對韓國喪失獨立的原因，弗萊德里・麥肯基也指出，日本方面因朝鮮宮廷的陰謀遭遇了麻煩，同時也對日本表現出同情之意。但針對日本鎮壓義兵的暴行，弗萊德里・麥肯基提出了嚴厲的批評。

弗萊德里・麥肯基在伊藤博文實施統監政治1年多以後發出這樣的評論。也就是說，當時伊藤博文的統治政策還沒有步入正軌。但伊藤博文的統治經過了3年以後，他對韓國的經營設想以及實踐開始逐漸浮出水面。

伊藤博文是打造了明治日本的元動功臣。迄今為止，新的研究結

果表明，在65歲時毛遂自薦成為統監的伊藤博文，希望通過自己的力量，將軍部的武斷統治扼殺在搖籃裡，並通過「文治」的保護方式，促進韓國的文明化，進而培養其獨立所需的力量。他希望把自己在日本獲得成功的經驗移植到韓國。

伊藤博文雖然在外交和內政方面對朝鮮進行了近代化指導，但當時，高宗為了固守朝鮮王朝的王權，對建設近代國家一事非常消極。由於其間還發生過「海牙秘使」事件，高宗腳踩兩條船的行為也進一步激怒了伊藤博文。事實上，高宗的責任比「乙巳五賊」或其他所有政治家的責任都要重大。但至今為止，還沒有任何一個歷史學家追究高宗的政治責任。我們很難從今天的民族主義觀念出發，將伊藤博文視為「侵略朝鮮」的罪魁禍首。

伊藤博文提供1000萬日圓資金，在韓國建立近代員警隊伍、裁判所、司法體系，並引入和促進了自來水、道路、土木工程、學校、醫院、鐵路建設等近代化建設。如果從客觀的角度公正評價的話，韓國的近代化是以伊藤博文直接引入和促進近代化為開始的。當時有很多韓國知識份子認為，如果朝鮮王朝無法憑藉自身力量實現近代化，那麼哪怕是借日本之手也應促進朝鮮的近代化進程。這也是當時朝鮮社會的整體趨勢。

長期滯留於韓國的傳教士拉德博士，對伊藤博文3年間的統治這樣評價道：「韓國因日本的保護而獲得了新生。伊藤博文重視高層次的政治道德。在伊藤博文進步的、圓滿的統治下，韓國被他從黑暗引向了光明，從蒙昧時代引向了文明開化時代。這使韓國擺脫了過去惡劣的現實環境，而韓國人的生命財產也得到確實的保護。從所有方面看，這3年成就了加倍的進步。」

同為傳教士的哈里斯博士在《讀賣新聞》上發表文章，這樣評價伊藤博文實施的統治政策：「在我看來，伊藤博文侯爵的統治，足以為他

贏得最高的讚揚。對此，我是心滿意足的。韓國國民直到現在，才終於將其視為自己的朋友，並通過實際行動表達出來……」

外國觀察家對伊藤博文正面的、肯定的評價，對我們而言是極具衝擊力的。筆者並不贊同全盤接受帝國主義時代西方人對伊藤博文政治的肯定態度，而是想強調如果拋開民族主義的絕對視角，那麼就會發現，世界上對伊藤博文還有不同的評價。在如何評價和認識歷史過程中，超越民族主義，是我們所有人的一大課題。

84. 中日甲午戰爭再發現

為什麼會爆發中日甲午戰爭？中國雖然在軍事上處於優勢地位，可為什麼會遭到失敗呢？這樣一場失敗的戰爭，對中國而言又具有什麼樣的意義？通過這種問題，讓我們重新回顧這場戰爭。

中國的歷史教科書上，對中日甲午戰爭（1894-1895）的描述幾乎一致將其視為日本帝國主義發動的一場侵略戰爭，並從道義上判斷其為「惡行」。但是，任何一場戰爭都存在超越道義和價值判斷的理由和性質。中日甲午戰爭之所以在朝鮮半島發生，就是因為這是一場清政府和日本之間的霸權之爭。

在當時的清政府內部，應該痛擊日本的「東征論」甚囂塵上。自鴉片戰爭以來，大清朝蒙受了屈辱，因此一直到19世紀末期，中國的官僚階層和社會精英都一致認為，以現有清王朝國家體制難以對抗列強的威脅。所以才發生了洋務運動、變法自強運動。著名專欄作家王芸生的名作《六十年來中國與日本》（全8卷），收集了大量當時有關東亞形勢的資料，成為重要的文獻之一。王芸生在書中指出，壬午軍亂以後，清政府翰林院的張佩綸在其《東征論》中認為：「小小日本已成大清國

之近患」，因此極力主張應「征伐日本」。

日本希望幫助朝鮮擺脫中國從屬國地位，使其獨立建國，並通過實現近代化找到一條「自衛道路」。當時，日本的外務大臣陸奧宗光從這種外交政策出發，密謀與中國一戰。

當然，正如張佩綸在《東征論》中所提到的那樣，清政府方面也已經了解到日本的這種動機，並認為日本的帝國主義野心已成為清政府的「舉國大患」，因此主張應對日本展開針鋒相對的鬥爭。這也表明中國尚未打算放棄朝鮮。也就是說，清政府也在很大程度上受到了帝國主義思想的影響。

下面，不妨讓我們來比較一下中日兩國當時的軍事實力。中國方面，在李鴻章多年的慘澹經營下，北洋艦隊擁有了「定遠號」、「鎮遠號」等最先進軍艦，在海軍實力上佔有優勢地位。「定遠艦」、「鎮遠艦」都是排水量達到7300噸的鐵甲戰艦，戰艦兩側主炮口徑達30公分，炮塔炮口直徑達35公分；成為當時世界上一流的艦隊。

與此相對照的是，日本最大戰艦「扶桑號」的排水量僅為3800噸，炮口直徑也僅為24公分。1886年，中國的兩艘軍艦訪問了日本的長崎以炫耀軍事力量。當時，清軍士兵在長崎街上與日本市民發生了衝突，而日本方面由於中國軍艦的威懾，未能制裁中國士兵。

所以，清政府仗著自己強大的海軍力量，試圖與日本一決高下，這也是人之常情。但是，擁有強大海軍的清政府，卻在海戰中敗給了日本軍隊。清政府在中日甲午戰爭中遭到失敗，也給其帶來巨大的打擊。被一個小小的島國打敗，也使得清政府喪失了自信心。不僅如此，以大清國為中心的東亞「華夷」秩序開始土崩瓦解，而原為大清國屬國的朝鮮，終於擺脫從屬地位，琉球王國也被納入日本勢力範圍。

自視為世界中心的清政府，其世界觀被這場戰爭擊得粉碎。事實上，至今為止，東亞的領土、獨立紛爭，都是以中日甲午戰爭為根源

的。從這個意義上講，甲午戰爭成為東亞近代史的起點。

　　孫中山在當時高度評價了日本的愛國心，並指出中國應該學習日本的民族主義、國家觀念。由於中日甲午戰爭，日本成為值得東亞學習的榜樣，同時也成為東亞共同努力的目標。當然，日本也從這場戰爭起，開始了它的侵略活動。

　　清政府因在甲午戰爭中遭到失敗而失去了自信，於是轉而學習日本的民族主義和愛國主義。這種潮流也很快波及到東亞各國。因此，我們可以說，中日甲午戰爭是包括中國、日本在內的東亞最重要的歷史轉捩點。

　　這場戰爭是劃分前近代和近代的分水嶺；日本也通過這場戰爭，在中國和朝鮮面前暴露了它的「侵略性」。此外，這場戰爭也成為中國深刻反省自我的契機。清政府的失敗，不在於軍艦或軍事力量，而在於人本身。當時的中國，缺乏國家觀念和民族主義思想，中國是敗給了日本舉國團結的愛國狂熱和精神力量。

　　以甲午戰爭為契機，中國的愛國主義、民族主義開始覺醒，整個亞洲也在近代國民國家的鼓舞下發憤圖強。從這個意義上講，日本起到了全方位的教師作用。

85. 日本贏得日俄戰爭的勝利，鼓舞了亞洲民族獨立運動

　　中國的歷史教科書上這樣寫道：「19世紀末，20世紀初，帝國主義的侵略深化了亞洲各國的民族危機，引起亞洲人民反帝反封建運動新的高潮。」（《世界近代史》上，人民教育出版社）

　　當然，帝國主義的侵略成為一把雙刃劍，在使亞洲人民飽受苦難的同時，也使他們的民族意識逐漸覺醒。不過筆者想要指出的是，在喪失了自信心的帝國主義殖民侵略面前，日本贏得日俄戰爭的勝利，也極大

地鼓舞了亞洲各國人民。對於這一點，中國的歷史教科書似乎沒有給予充分肯定。

在《世界近代史》教科書中，僅僅簡單提到了與日俄戰爭相關的內容：「1905年，日本贏得日俄戰爭勝利，於是在美國的支持下，將朝鮮變成實際上的殖民地……日本通過1905年簽署的《乙巳條約》，以武力統治朝鮮，並從1910年開始，通過脅迫手段迫使朝鮮在日韓併合條約上簽字，從而完全吞併了朝鮮。」

筆者感到遺憾的是，這種避重就輕的說法，甚至存在故意忽略日本的勝利所具有的意義之嫌。事實上，從世界史角度進行觀察，日俄戰爭創造了世界戰爭史的奇蹟。自近代以來，這也是黃色人種與白色人種對抗，第一次贏得勝利的重要戰爭。

當時在中國爆發了2次鴉片戰爭，也爆發了中法戰爭、中日戰爭。接踵而至的失敗，使清政府深以為恥。所以，當一向被視為小小島國的日本戰勝強大的俄羅斯軍隊，清政府的感受是複雜的。至今為止，中國方面盡量回避提及日俄戰爭的意義，並將日本贏得這場戰爭視為「侵略朝鮮」的前奏曲。

事實上，日俄戰爭還具有另外一種積極的意義。如果在西方殖民統治脈絡上觀察日俄戰爭，我們會發現：正值西方殖民浪潮席捲中國和朝鮮之際，日本向其反擊並贏得了這場戰爭。因此，可以說這是一場具有重大歷史意義的戰爭。

在人種論、黃禍論四處蔓延的西方人的道德價值觀中，一向被認為是劣等人種的日本出其不意地獲得勝利。這場戰爭也極大地鼓舞了中國、朝鮮，以及其他東南亞國家、中亞國家的各個民族。從此開始，亞洲各地民族獨立運動風起雲湧，同時也引發了廢止人種歧視的運動。

日本通過日俄戰爭的勝利，第一次打破了黃種人是劣等民族這一傳統觀念，恢復了亞洲人民的自信心，同時也給整個亞洲帶來了希望。

「（日本的勝利）使正在近代夾縫中掙扎的中國，終於找到了自己的生存方式。」（徐中約《中國近代史》）

由於日本獲得了日俄戰爭的勝利，中國掀起了學習日本的熱潮，留學日本的熱潮也隨之日益高漲起來。1905年有8000名留學生前往日本。1906年，這一數字急劇增加到了12000名。

孫中山的革命活動、梁啟超的啟蒙運動，以及留學生學習日本文化的運動，都是將日本視為近代化的導師，試圖實現中國「富國強兵」夢想的實踐活動。無數中國人，通過日本意識到了民族與國家觀念，而這也催生清朝內部的憲政改革，並醞釀了辛亥革命。

日俄戰爭也極大地激發了越南人民的獨立意識。對此，潘佩珠稱，「東風日漸，真是一件爽快的大事。」他坦陳，從此以後，在自己的頭腦中出現了一個新的世界。他把越南青年派到日本去留學，自己也親自投身於這場「東遊」運動行列。因為他希望從日本學到新的知識，並通過近代教育，尋求國家的獨立。在歸國以後，潘佩珠在河內創建東京義塾，向越南廣大群眾傳播近代思想。

在印度，獨立運動家尼赫魯開始崛起。尼赫魯認為：「亞洲國家日本取得的勝利，對亞洲產生了重大影響。」他提出亞洲應該成為「亞洲人的亞洲」這一口號，投身於印度的獨立運動中。在他看來，日本的勝利，也是對整個亞洲的拯救。由於日本獲得日俄戰爭的勝利，印度的民族獨立運動也蓬勃發展起來。

日本獲得日俄戰爭的勝利，也極大地鼓舞了阿拉伯國家的人民。孫中山曾經說：「由於日本贏得日俄戰爭的勝利，全亞洲民族產生了戰勝歐洲的自信，所以紛紛展開獨立運動。」正如他指出的那樣，日本勝利的影響，也波及到埃及、土耳其、伊朗等中東國家。

埃及著名詩人易卜拉欣寫下了《日本的少女》這首詩作（被埃及和黎巴嫩教科書選載），盛讚日本獲得的勝利，在埃及人民心中燃起了一

盞明燈。伊拉克詩人也創作了大量讚美日本的詩作，同時也翻譯了大量日本著作。他們不約而同地盛讚「日本給亞洲帶來新的光明，將亞洲從漫長的黑暗中拯救出來」。

不僅如此，土耳其文人挺身而出，以日俄戰爭中日本的英雄東鄉平八郎、乃木希典的名字為城市街道命名；有的芬蘭獨立運動領袖，甚至親自前往日本，直接幫助日本。

西方各國紛紛把日本贏得這場戰爭視為「黃種人打倒白色人種的文明史大轉換事件」，而對其大肆報導。由於日本獲得日俄戰爭的勝利，亞洲各國人民重新找回戰勝西方帝國的勇氣和信心，這種思想意識的轉變，演變為民族獨立運動。從這個意義上講，亞洲的獨立運動，是由日本發起的。

86. 對《朝鮮獨立運動血史》缺陷的分析

在前面我們已經了解到，打造日本罪大惡極的形象，成為韓國近代史記述、認識過程中一種固定的「神話工程」。在歷史記述中，尤其需要準確的資料。即便如此，擅自篡改資料或片面誇大資料等作偽現象，就像李英熏教授指出的那樣，是一種「非先進國家」的表現。

可是，在這種打造日本惡形象的過程中，採用誇大資料的手法，並不僅僅是現在才有。

朴殷植於1920年在上海出版的名著《朝鮮獨立運動血史》（以下簡稱為《血史》）中，也存在這種片面誇大資料的缺陷。朴殷植（1859-1925）是近代朝鮮啟蒙運動的領導者、思想家、歷史學家、政治家。1911年，朴殷植逃亡到中國，繼續從事歷史研究和獨立運動事業。1925年，朴殷植就任上海臨時政府第三任大總統（第二任為李承晚），但由

於健康原因，於當年11月份病逝於上海，享壽67歲。朴殷植的《韓國通史》是一部不朽的名作，而其姊妹篇《血史》，也是獨立運動史的經典史料之一。

這本書是為了宣揚「民族精神」，刺激和鼓舞爭取民族復興與獨立的運動而作的。這本書筆者首先閱讀的是日本方面翻譯出版的日文版（收錄於平凡社東洋文庫）。譯者姜德相教授是一位朝鮮近代史研究學者。他在這本書的注解中這樣指出本書的缺陷：「作者朴殷植所寫的中文原著中，總有與原典不符的創作部分。這既是誇大其詞的形容詞，同時也表現為慷慨激昂的行文。」

除外，朴殷植的《血史》存在誇大資料的缺陷。不妨在這裡引用一段原著：「東學黨以鐮刀和鋤頭為武器，發動農民起義，與我官軍或日本交戰。經9個月以上的作戰，死亡人數多達30餘萬，造成亙古未遇的慘案。」（第16頁）

作為一名學者，朴殷植是朝鮮獨立運動研究的第一人，因此包括這本書在內，其著作都是極其珍貴的史料。但在著作中，作者仍存在誇大資料的現象。

1890年代朝鮮後期的官軍，充其量也僅有1000名左右。只有這部分軍事力量屬於單獨歸朝鮮控制的官軍，也就是武裝員警，因此這裡所說的「官軍」，應該指的是宗主國——清國的軍隊。每當發生內亂外患，朝鮮一貫的做法是立刻要求清國出兵支援。

東學黨起義之時，清國向朝鮮派出了軍隊，而且日本也派出了軍隊。在日本方面看來，清國出兵朝鮮，已經違背了《天津條約》相關規定。於是，日本以此為藉口宣布與中國開戰，但幾乎沒有和東學黨農民軍交戰。另外，在中日甲午戰爭爆發前夕，日本派駐朝鮮的軍隊僅有兩個小分隊，而且他們的任務也是為了護衛日本駐朝鮮公使館。

如果說，東學黨死亡人數為30餘萬，從軍事常識角度要想獲得如此

大的「戰果」，至少需要100萬以上的兵力。另外，當時朝鮮半島的總人口還不足1000萬，所以這些死亡者中，除了東學黨成員以外，還應包括被屠殺的普通市民，否則這一資料就無從說起了。

日本軍隊再英勇無比，僅靠這兩個小分隊兵力，也難以對抗在數量佔據絕對優勢的東學黨農民軍，那無異於以卵擊石。因此可以肯定的是，參與屠殺過程的主力不是日軍。多達30餘萬的死亡者這個資料荒唐的地方在於朴殷植並沒有註明統計出這一資料的根據。

不妨再舉個例子。宋建鎬（1927-2001）在其所著的《日本帝國主義統治下的韓國近代史》中，對東學黨農民起義這樣記述道：「（東學黨）退敗於日軍，並以30-40萬人的犧牲落下帷幕。」筆者推測，這個資料，同樣是根據朴殷植提供的數字，直接填寫上去的。東學黨雖然是朝鮮近代史上規模最大的農民起義，但這不是針對日本的叛亂，而是針對朝鮮王朝和清政府的武裝叛亂。

事實上，日本軍隊在登陸朝鮮以前，東學黨已經被清軍鎮壓。所以，日本方面才以清政府違背《天津條約》相關規定為藉口，出兵朝鮮，發動了清日戰爭。

當然，日本軍隊和東學黨農民軍也發生過小規模的戰鬥，但日本的目標始終是清政府。即使是在中日戰爭中的大規模作戰中，日本軍隊的死亡人數也僅為8395名，因此，說東學黨死亡人數達30萬的說法實在不足為信。此後，在被稱為「義兵鬥爭」的朝鮮抗日運動過程中，死亡人數也僅為數千至數萬人。

87. 對「抵抗式」民族主義局限的分析

在觀察從100多年前開始，一直延續到1945年的日本殖民統治期間

的歷史時，我們當中普遍存在兩種最為頑固的民族主義思想和意識形態。其中之一是對日本殖民者的「抵抗」，另一種則是成為「抵抗」前提的意識形態。

韓國的歷史教科書稱，為了抗擊日本殖民侵略，為了實現朝鮮的獨立，朝鮮的抗日志士拋頭顱灑熱血，抵抗了日本侵略者。這種描述成為韓國歷史觀的主流。

和日本帝國糾纏在一起的朝鮮近代史，通常從民族主義觀點出發，把重點放在「為了實現民族獨立進行了什麼樣的抵抗運動」這樣一個問題上，並對此大書特書。這種觀點讓老百姓無限崇敬以抵抗式展開獨立運動的革命家，對以其他形式展開獨立運動的人視為親日派、賣國賊。

事實上，稍微冷靜思索一番後我們會發現，並非只有抵抗才是絕對的善；歷史錯綜複雜的形態，不允許我們出於道德價值觀，做出「抵抗＝善」、「協作＝惡」這種簡單的判斷。這種評價本身就是一種幼稚的想法。

回顧歷史，大韓帝國時期（1897-1910）至殖民地時期，朝鮮民族主義的首要任務便是為了排斥外國勢力，並為恢復國家主權而對其進行抵抗。「抵抗＋獨立」是朝鮮國家主義的源泉。和當時的日本相比，朝鮮未能適應西方式的近代化這一新的環境變化，結果自行中斷了獨立所必須的改革而成為日本殖民侵略的對象。這是不可避免的結果。

19世紀至20世紀初，朝鮮在步入國際社會和展開近代改革過程中反覆遭遇失敗和挫折，結果成為日本的保護國，最終在伊藤博文被暗殺以後，於1910年淪為日本的殖民地。在這一過程中，以及在殖民地社會中，朝鮮的社會精英始終立志於自行實現近代化，但卻未能擺脫朝鮮王朝儒教式的、前近代式的王朝性質。朝鮮社會精英轉而寄希望於藉助日本的力量，試圖以日本為模範實現日本式的近代化。因此，在已經無法自主實現近代化的情況下，朝鮮方面把透過日本實現近代化視為一種當

然的命運。

　　日本的殖民統治既徹底且殘酷，在這種現實環境下，很難出現像印度的甘地那種獨立運動領袖。在強大的日本近代力量面前，與其選擇以卵擊石般的抵抗，還不如透過培養國家實力，最終實現民族和國家的獨立。這是朝鮮知識精英階層當時出現的一種思想傾向。在日本殖民統治時期，帶著培養國家實力的目的去適應日本帝國主義統治的人，反而是大多數朝鮮人的生活方式。如果當時全民族都選擇了武裝抵抗鬥爭，朝鮮人或許已經絕種了。無論幸與不幸，「朝鮮透過日本的殖民統治，從中世紀社會轉變為近代社會。」「無論喜歡還是不喜歡，我們總歸是這種受動於『它意』的近代化產物。我們回避這一事實，從本質上扭曲了我們對自己身分的判斷。」（卜鉅一）

　　朝鮮民族的身分、民族意識，反而是在日本人的統治下覺醒的。因此，以「抵抗」和「獨立」為尺規，去衡量積極適應那個時代的人，並據此給他們貼上「惡」或「親日」的標籤，這種做法實際上是一種歪曲自己身分的愚行。

　　1919年「三一獨立運動」爆發以後，在上海成立的韓國臨時政府遇到了困境，因此眾多獨立運動家為了民族而選擇「親日」的道路，這本身就是一種歷史，同時也說明自主獨立抵抗運動的無效。

　　在筆者看來，韓國狹隘的民族主義，試圖把自己的民族觀念和知識投影到過去的歷史上，據此去解釋朝鮮近代與日本之間的關係，從而做出有利於民族主義的評價。與此相反，只要對日本及日本人採取了適應或協作態度，則一概予以否定。

　　無論是親日還是反日，無論是抵抗還是協作，都是日本殖民統治下朝鮮人採取的生存方式，也是民族的身分。但更多的人僅僅關注「獨立」和「抵抗」的意識形態，並賦予更大的價值比重。從結果上看，這種做法極有可能歪曲我們過去的民族實體，同時也歪曲我們對日本的認識。我們理

應超越民族主義思想，從文明史角度出發，去觀察日本統治時期所有朝鮮
民族的生活和文化，進而去分析這些現象之所以發生的原因，同時也應認
真分析和研究統治了朝鮮的日本人。筆者在此強調，對我們而言，需要的
是一種超越抵抗民族主義思想、意識形態的局限性的歷史視角。

88. 日本是如何經營臺灣的？

1895年4月17日，根據日本和清政府簽署的《馬關條約》，臺灣
和澎湖列島開始被日本統治。從此時開始，一直到1945年日本戰敗以
前，在長達半個世紀（51年）的時間內，臺灣都是由日本經營的。

在東亞地區，日本在統治臺灣以後，相繼在朝鮮和中國東北進行殖
民統治。大體上講，臺灣人對日本殖民統治的評價要好於朝鮮人。事實
上，臺灣是亞洲最為親日的地區。

日本在臺灣地區是如何進行殖民統治的呢？2001年3月12日，臺
灣的英文報紙《Taiwan News》刊登了林呈蓉教授的一篇文章。文章
認為，日本殖民統治的一大特點，概括起來就是「使臺灣實現了近代
化」。作者在文中稱，臺灣人透過日本的殖民統治所獲得的遺產，即使
是在戰爭結束以後的1950、60年代，也依然對臺灣的經濟發展做出了
巨大貢獻。當然，日本在臺灣建設近代化的基礎，基本上是出於日本國
內資本主義發展的需要才進行的。

筆者在採訪臺灣人的過程中發現，臺灣人對日本的好感超出我的想
像；有很多人認為，日本的殖民統治要遠遠好過國民黨蔣介石的獨裁統
治。這種肯定的態度，令筆者大吃一驚。

此後，在涉獵各種文獻資料時，我終於找到了這些人之所以會持有
這種肯定態度的答案。據傳，臺灣列島是大航海時期，由葡萄牙人於

1544年首先發現的。1642年，荷蘭人佔領了臺灣，並對臺灣進行了長達36年的統治。此後，臺灣在400多年間，先後更替了不同的統治者，而在日本統治時期才開始步入近代化。

但是，日本對臺灣統治初期，進展並不順利。鎮壓臺灣人的抵抗就不是一件容易的事情。樺山資紀、桂太郎、乃木希典等3屆總督苦於應付臺灣原住民和「土匪」展開的游擊戰，根本無暇他顧。日本人當時的記錄表明，愚昧落後的臺灣是日本人「根本不願接手的地區」。臺灣大部分居民都是文盲，沒有近代教育系統，而且臺灣還是一個高溫多濕地帶，衛生環境極其惡劣，再加上居民缺乏衛生意識，流行病在四處蔓延。

堆積如山的問題使得經營臺灣困難重重，因此日本帝國會議甚至主張以1億日圓的價格，把臺灣賣給法國。當然，出售臺灣的計畫後來擱淺，未被政府採納。在臺灣經營陷入低谷之時，後藤新平粉墨登場。1898年3月，後藤新平隨同第4任臺灣總督兒玉源太郎來到臺灣，並被任命為臺灣總督府民政局長。於是，後藤新平在臺灣開始施展他的才華，著手治理臺灣。曾專攻衛生學、植物學的後藤新平推出了「生物學意義上的殖民地經營」理念。其殖民地經營理念的實質為：不生搬硬套日本的模式，而是根據生物學特徵進行殖民統治。

後藤新平主張，在統治臺灣過程中，首先應該用科學的手段調查臺灣島舊有的慣例制度，實行符合民情的政策。在鎮壓「土匪」的同時，後藤新平援用漸進式的生物學原理，設立了臺灣舊習調查會、中央研究所等機構，對土地、人口等進行調查。然後以這項調查和研究為基礎，制定了臺灣政治的政策和法制制度。後藤新平在統治臺灣期間，首先建立把日本資本主義移植到臺灣所需的基礎設施，以此奠定了臺灣財政的獨立和統治的基礎。反觀歷史，我們則會發現日本後來在朝鮮進行殖民統治初期，所採取的縝密的土地調查正是沿襲了後藤新平的做法。

頭腦聰明的後藤新平在實施高壓政治的同時，也採用了懷柔政策。

他熟知臺灣人的民族性，因此利用臺灣人的弱點施展他的統治手段，並獲得了很大的成功。

1898年，土地調查事業正式開始，隨後發布了《臺灣土籍規則》和《臺灣土地調查規則》。在此後的6年時間裡，他成功調動了167萬人，並於1901年推出《臨時臺灣舊慣調查會規則》，透過調查臺灣的國民性、民俗等活動，留下了數量龐大的資料。1903年，根據《戶籍調查令》，對全臺灣人口進行了調查統計，而這比日本國內進行的人口調查（1920）提前了17年；同時促進近代產業開發，對運輸、交通、港灣、貨幣制度等進行改革，奠定了這些領域的近代化基礎。不僅如此，後藤新平還促進了通訊、公共衛生產業的發展。在統治臺灣時期，日本每年向臺灣投入700萬日圓的補助，並預計30年後臺灣將可以實現財政獨立。但事實上，臺灣在1905年就已經實現了財政獨立。林呈蓉教授指出：「事實上，臺灣近代化的速度，幾乎與日本保持一致。臺灣成為日本又一個近代化試驗場。」

1935年10月，臺灣總督舉辦了「紀念統治臺灣40周年博覽會」，以向世人展示日本的統治成果。有人評論稱，這次博覽會空前絕後，即使是中華民國也對此不吝讚美之詞。臺灣人士則公開承認，1950年代以後，臺灣的近代化快速發展，就是以日本統治時期的遺產作為強大後盾的。

89. 文官總督統治下的臺灣近代化

被稱為「臺灣近代化之父」的後藤新平，和總督兒玉源太郎在任期間，日本的臺灣經營獲得了巨大成功。1906年，兒玉源太郎退位；第2年，後藤新平也隨後退位。此後，陸軍大將佐久間左馬太擔任第5屆總

督；1915年，另一位陸軍大將安東貞美接任第6屆總督。1918年，陸軍中將（後晉升為大將）明石元二郎成為第7任總督。到了1919年，終於由文官田健治郎出任臺灣第8屆總督。

在田健治郎就任以前，從1895年到1919年期間，被稱為前武官總督時代，而從1919年到1936年期間，則稱為文官總督時代。

1915年，「西來庵事件」發生以後，臺灣漢族人大規模的抵抗運動終於被鎮壓。1918年，日本國內以「政友會」為基礎的原敬組建內閣。文官出身的原敬內閣，也為1919年文官就任臺灣總督鋪平了道路。而這一舉措，在日後臺灣的近代化發展過程中發揮了重要的作用。原敬內閣對臺灣的統治方針，並不是急進式的同化政策，而是一種漸進式的同化政策。於是他提拔文官出身的田健治郎為臺灣總督，並任命陸軍大將柴五郎為臺灣軍司令官。

從1919年田健治郎就任臺灣總督以後，陸續擔任這一職務的文官有內田嘉吉、伊澤多喜男、上田滿之進、川村竹治、石塚英藏、太田政弘、南弘、中川健藏等九人。一直到1936年9月為止，他們的統治共同構成文官統治時代。但後來，為了應對中日戰爭（抗日戰爭）及太平洋戰爭，日本方面重新啟用軍人出身的小林躋造、長谷川清、安藤利吉，命其擔任臺灣總督，步入後期武官總督時代（1936-1945）。

出生於臺灣的臺灣問題研究專家伊藤潔教授在其著作《臺灣》中稱，因後藤新平總督而完成的近代化基礎建設、產業振興，被文官總督時代所繼承，並在後來的戰時體制下的後武官總督時期得到快速發展。我們不妨通過1917年近代化建設的統計資料，來了解一下當時所獲得的成果。

基隆、高雄的港口（鐵路）建設，由原來的100公里，延長至600公里，形成臺灣經濟、交通的大動脈，基隆至高雄的鐵路全線貫通。此外，水利灌溉設施也得到進一步完善，耕地面積從原來的64萬甲（土

地面積丈量單位）增加到74萬甲，大米生產量也從250萬石增加到500萬石；蔗糖生產量從原來的3041萬公斤，增加了11倍，達到3億400餘公斤。貿易事業也得到大力發展，並迅速扭轉了赤字局面。不僅如此，出口量猛增9.8倍，而進口量也增加了5.4倍，以此實現了5687萬日圓的貿易順差。

總督府的公共事業收入，從原來的251萬日圓增加了14.7倍，達到3696萬日圓。另一方面，人口數量也有所增加，從原來的300萬人，增加到了360萬人，從而增加了產業發展所需的勞動力。

日本政府在統治臺灣初期，每年要求總督府分攤大約700萬日圓的補助資金。但在1905年，臺灣已經實現了財政獨立，並從1907年開始，反而向日本政府提供財政支持。通過經濟發展，臺灣變成一隻名符其實的「下金蛋的母雞」。伊藤潔教授同時指出：「然而，透過這種輝煌的產業發展，臺灣的經濟和政治一起被徹底殖民化。臺灣從經濟上完全從屬於日本。這一點也是不容忽視的。」伊藤潔教授尖銳地點明了殖民地統治下的近代化的局限性及其命運。

臺灣總督府辦公大樓，這是一座象徵著臺灣殖民地近代化的建築物。它始建於1912年，並於1919年建成竣工。臺灣總督府佔地面積為2100坪，這座由紅磚砌成、帶有文藝復興時期風格的建築物雄偉壯觀，足以使當時的臺灣人產生畏懼。正如在朝鮮或中國一樣，日本殖民者在臺灣也修建了眾多大規模的建築物。總督府根據後藤新平提出的「文裝的武備」方針，修建了這些象徵著近代文明的設施，以從氣勢上「壓制」被殖民者。

這座雄偉的建築物已有近百年的歷史，但在今天，它仍然十分堅固，頑強地站立在那裡，甚至被用來作為臺灣的總統府使用。它仍在向世人宣示著自己的威嚴。

在交通方面，開通了縱貫線鐵路的中部海岸線、八堵和蘇澳之間的

宜蘭線、把高雄和屏東及枋寮連為一體的屏東線,並完善和擴建了港口設施及港口鐵路。為發展農業而推行的水利灌溉事業,興建了嘉南大圳、桃園大圳,使所有耕地面積的55.5%土地,得到水利灌溉。此外,日本方面還建設了日月潭水力發電站和大甲溪水力發電站。1935年左右,臺灣共建成26座水力發電站,以及9座火力發電站。

文官總督時代在臺灣積累的近代化產業、交通、農業等基礎設施網路,成為臺灣快速發展近代化事業的基礎。臺灣人沒有否定在過去日本殖民統治時期自己的歷史身分。從那個時代的延長線上加以觀察,臺灣人與其他曾遭到殖民的民族相比,更傾向於公正地評價日本殖民時期的近代化過程。

90. 播撒在臺灣的近代教育的種子

臺灣和朝鮮都遭到日本的殖民統治,開始從近世農業社會進入近代產業化社會。從公正的角度上講,兩者都以日本留下來的近代遺產為基礎,在亞洲較早站到了先進工業國家的行列中。儘管如此,這二者針對日本的國民感情,卻表現出截然不同的樣貌。

從整體上看,至今為止韓國的反日情緒依然十分強烈。與此相反,臺灣卻表現出濃厚的親日色彩。在筆者看來,如何評價日本帝國主義殖民時期問題,直接影響了現代人的教育、意識形態領域。

和韓國相比,臺灣方面更傾向於從正反兩面評價日本殖民統治時期留下來的遺產,更公正地評價它帶來的正面影響。1995年,臺灣發生了被稱為重建日本殖民統治時期「六氏先生墓地」的象徵性事件。提起「六氏先生」,恐怕現在的大多數日本人也都不甚了了。

日本人是從1895年開始在臺灣實施學校教育。這一措施,基本上是

與臺灣總督府的設立同期進行的。當時，擔任日本文務省學務部部長助理的伊澤修二向第一任臺灣總督樺山資紀提出，只有完善教育制度才是當務之急，並親自率領楫取道明等6位有志於投身臺灣教育事業的教員來到了臺灣。

他們在台北市芝山岩（現在的芝山公園）興建學校，投身於臺灣的近代教育事業。可是，第二年正月，在伊澤修二回日本招募教員時，悲劇發生了。有消息稱，反抗日本對臺灣殖民統治的清國人展開了游擊戰，將此6人當成恐怖襲擊的對象。於是臺灣當地人勸他們趕緊躲起來避避風頭。但他們堅守在工作崗位上，稱：「死也是一份榮耀，死得其所。」

100多名游擊戰士終於出現。這時，這6位教員試圖好言相勸，想讓他們放棄這種暴力襲擊，但未能奏效。最終，這6位日本教員慘死在游擊隊員手中。然而，他們並沒有白白丟掉性命，他們的義舉感動了眾多的臺灣人。臺灣人開始把他們大義凜然的精神稱之為「芝山岩精神」，並成為臺灣教育的基本理念。

於是，有人創作了《六氏先生之歌》歌頌他們，隨後為他們豎起一座紀念碑，紀念碑上刻有伊藤博文揮毫而就的「學務官僚遭難之碑」等字樣。後來，在1929年，又建成了一座芝山岩神社。1945年，日本戰敗以後，國民黨登陸臺灣，命人燒毀神社，並將「六氏先生」的墳墓夷為平地。1995年，臺灣有識之士重建紀念碑，以紀念日本教員的「芝山岩精神」。

在臺灣，很多人至今還在使用「日本精神」這樣的詞語，並強烈希望重新評價日本人留下來的近代化遺產。在筆者看來，之所以存在這種現象，與日本式的教育是分不開的。曾在臺灣致力於教育事業的後藤新平，把教育視為一把「雙刃劍」。在他看來，不僅要發展臺灣的產業，同時也應培養產業發展所需的工人、技術人員。基於這一殖民統治理

念，後藤新平在臺灣播撒了近代學校教育的種子，並結出豐碩成果。

清政府統治時期，臺灣的教育系統僅有被當時的人們稱為「書房」的私塾。但臺灣總督府於1896年在台北設立了「國語學校」，並在臺灣各地創建了「國語傳習所」。

國語學校由重點培養教員的「師範部」（此後改稱師範學校）和已在普及中等教育的「國語部」兩部分構成。從1899年開始，各地的國語傳習所作為針對臺灣兒童而設的初級教育機構，成為公學（公立學校）。1899年，「臺灣學校」成立；到1919年為止，各地陸續出現了中學校、高等女子學校以及職業學校。

日本殖民統治時期的教育系統，與清政府統治時期的臺灣教育相比真是天差地別。當時，從政策上幾乎與日本本土的教育體系沒有什麼關聯，因此升入上級學校的管道被完全切斷。所以居住在臺灣的日本兒童或學生，不得不和臺灣當地的學生一起在小學或中學就讀。這也正是後藤新平把臺灣教育稱為一把「雙刃劍」的原因所在。因為臺灣人和日本人是一起接受學校教育的。

但進入武官總督時代以後，臺灣的教育發生了顯著的變化。隨著產業的發展，教育事業也取得了長足的進步。根據1944年的一項統計，臺灣的小學、公學教育制度，幾乎實現了與日本本土的一元化。當年共有小學、公學1109所，在校生總數達到了932475名；師範學校3所，在校生人數有2888名；職業學校117所，在校生人數有32718名；高等女子學校22所，在校生人數達13270名；高等學校1所，在校生人數達563名；專門學校4所，在校生人數達1817名；帝國大學（現在的臺灣大學）1所，在校生人數達357名。

1944年，臺灣兒童就學率達到了92.5%，達到驚人的水準。與日本的其他殖民地相比，臺灣是一個教育普及率格外高的地區。（以上資料來自伊藤潔專著《臺灣》）即使是與英國的殖民地相比，彼此之間也都存在天

壤之別的差距。日本留給臺灣的最大遺產便是教育。日本把臺灣人培養成近代市民，這一點是功不可沒的。這也得到世界的公認。在殖民統治之下，日本在臺灣的教員的使命感和人格，受到了臺灣人的信賴和尊重。

91.「東南互保」指的是什麼？

　　19世紀末至20世紀初，在清王朝的衰亡過程中所表現出來的現象之一，便是缺乏具有改革意識的創造性領導者。與當時滿族的保守性和對世界形勢的無知相比，漢族的少數精英不僅具有強烈的改革意識，而且也十分了解國際形勢，這些優秀的領導者與滿族人形成了鮮明的對照。

　　自康熙、雍正、乾隆朝以後，清朝就再也沒有出現過優秀的領導者。以慈禧太后為首的晚清政府滿族貴族階層，缺乏以國家利益為重的建設性領導人才。與他們相比，李鴻章、張之洞、劉坤一等漢族精英更了解國際形勢，而且也掌握了更好的外交方法，具有均衡的領導能力。

　　在義和團事件中，滿族領導者和漢族領導者的作為，表現出截然相反的樣貌。1900年爆發的義和團運動，是由反對西方列強的排外情緒引發的。從1890年代起，構成義和團主力的這些「拳民」，開始從原來的反清秘密團體，逐漸轉變為無條件敵視外國勢力的群眾組織。因此，他們試圖殺死所有外國人和對外國人提供協助的中國人。義和團把外國人稱為「大毛子」，而把中國的基督徒和從事洋務運動的人稱為「二毛子」，甚至把使用西方貨物的人也稱為「二毛子」。他們希望處死所有「毛子」。（徐中約《中國近代史》）

　　義和團成員仇視所有具有西方特色和改革性質的事物——這種說法似乎也不為過。慈禧太后聽信滿族大臣們的意見，決定利用義和團對付外國勢力。1900年1月3日，袁世凱違背了朝廷的命令，在山東鎮壓了

義和團拳民。

　　但是，滿清王朝採取扶持拳民的政策，於1900年1月12日頒布詔令，使他們的活動合理化。於是，拳民變得更加大膽猖獗，開始肆無忌憚地破壞象徵著西方文明的鐵路等設施。5月，滿清政府計畫把義和團組建成一支軍隊，但袁世凱極力表示反對。然而，慈禧太后被他們「刀槍不入」的神話所迷惑，繼續從政策上鼓勵他們習練拳術。

　　藉助滿清政府的鼓勵政策，義和團拳民於6月3日切斷了京津鐵路，越發鬥志昂揚起來。此時，清政府進一步鼓舞拳民的鬥志，甚至連總理衙門也都站到了聲援拳民的隊伍當中。

　　然而，李鴻章、張之洞、劉坤一、袁世凱等人，卻主張應該出兵鎮壓義和團。因為他們深知，如果不採取鎮壓措施將引發外交問題上的大亂。6月初，在清政府的煽動下，義和團進入直隸省和北京，一把火燒毀了英國大使館官邸，並拆毀了火車站和鐵路設施。

　　張之洞和劉坤一數次上書請願，要求出兵鎮壓義和團。但慈禧太后置之不理，於19日的御前會議上決定發布對西方列強的宣戰檄文。漢族領導者紛紛力勸，但慈禧太后一意孤行，於21日向西方列強正式宣戰。與此同時，東南部地區領袖——廣東的李鴻章、南京的劉坤一、武漢的張之洞以及山東的袁世凱，一致反對朝廷正式宣戰。他們封鎖了朝廷的宣戰消息，以及組織拳民襲擊外國人的命令。

　　他們採取了「東南互保」策略。在鐵路及電信督辦盛宣懷的建議下，兩江總督張之洞和劉坤一與上海的外國領事簽訂了非正式的協定。作為地方政府的最高統帥，他們負責保護外國人的生命財產安全，在他們所轄範圍內剿滅義和團，以此為條件以避免外國向這些地區派兵。

　　6月26日，以上述內容為主的「東南互保」協議在上海簽署，這就是互不侵犯、共同維護東南地區和平的《中外互保章程》，又稱《東南保護條款》。通過這種措施，中國東南地區成功阻止義和團運動的影

響，並將外國人的入侵防患於未然。

7月14日，八國聯軍佔領天津，直隸總督裕祿兵敗後自殺。8月4日，聯軍向北京進逼，沿途並沒有遇到真正有力的抵抗。八國聯軍總計有50000名將士。8月14日凌晨，聯軍來到北京城外，經兩天的激戰，到15日逐步攻佔了北京各城門，隨即與清軍在京城各處展開巷戰。8月16日晚，八國聯軍已基本佔領北京全城，將被義和團圍困的外國公使館人員解救出來。同時解救出來的還有2300名中國基督教徒，以及475名中國百姓和450名警衛人員。

義和團及清軍在華北地區與八國聯軍展開激烈鬥爭的同時，東南地區卻與「敵軍」簽訂互不侵犯協議，以保一方太平。華北地區的義和團運動，甚至席捲內蒙古及東北地區，最終導致231名外國人及數萬名中國基督教徒死亡，成為當時舉世震驚的一場動亂。

盲目排外的義和團拳民和把他們當成工具的清政府滿族領導者，在這一過程中表現出前所未有的無知與無能。而張之洞、李鴻章、劉坤一、袁世凱等漢族領導者卻運用他們的智慧，確保了一方太平。這二者之間形成鮮明的對比。然而，以慈禧太后為首的滿清王朝，並沒能就此吸取教訓，導致在11年以後徹底崩潰。

92. 朝鮮為何不能自行阻止亡國悲劇的發生

作為一個朝鮮民族後裔，寫下這個標題以後，不免悲從中來。事實上，這個標題足以寫成一本書，因為這需要對朝鮮半島和日本的聯繫進行全面闡述。

在觀察和分析以往歷史時，民主主義者把朝鮮的傳統社會一切內容都予以肯定的解釋；相反，對日本的統治則予以全盤否定，並傾向於將

其評論為惡的極致。更為嚴重的是，這種心態對於我們而言已經再自然不過，以至於在這種心態作用下，我們根本無法發現自己的錯誤認知。在韓國的國史教科書中，因日本而遭到滅亡的歷史和日本的殖民統治，同樣也被表述為「罪大惡極」的時空，並強調「日本殘酷蹂躪了原本和平、幸福、美麗的朝鮮。」相關部門只顧著譴責日本，卻疏於從真正意義上對自己進行反省。他們根本不去深思這樣一個問題：「朝鮮為什麼沒能自行阻止亡國悲劇的發生？」

筆者在解讀歷史過程中，有這樣一些發現：①把朝鮮的亡國僅歸咎於日本，缺乏妥當性；②事實上，在我們民族內部，也有人希望朝鮮解體，然後建立一個新的近代國家，並為之付出努力；③朝鮮王朝內部，已經包含著亡國的主要因素；④日本只是提前了朝鮮亡國的時間而已，而不是滅亡了獨立而又強大的國家。事實上，朝鮮王國腐敗不堪，遠不如我們想像中的那樣美好。

不妨通過比較的方法，讓我們對這個問題做一番更深入的了解。清王朝崩潰以後，中國建立了中華民國，這是任何人都予以肯定的「進步和歷史的發展。」

在西方文明的衝擊下，東亞社會長期存在的「天下體制」開始分崩離析。正如清王朝的崩潰一樣，朝鮮王朝的崩潰也是極其自然的歷史發展。清朝滅亡以後，中國在革命家的努力下建立民國，並使國家朝著共和、憲政方向發展。然而，朝鮮卻未能適應新的文明環境。正是朝鮮民族的內部爭鬥、消耗戰，阻礙並斷送了這一進程，被迫選擇了日本的模式，淪為日本的殖民地。如果像中國一樣，不是被日本滅亡，而是自行推翻了朝鮮王朝，並建立起類似於中華民國的近代國家，那麼或許亡國也不至於讓我們感到如此悲痛。

隨著朝鮮亡國，日本隨即開始了對朝鮮的統治。也正因如此，我們才無條件敵視外來民族，並希望樹立民族氣概，從而向民族主義傾斜。

有時，民族主義也會導致我們心胸狹隘，充滿憎恨，並基於這種觀念去歪曲歷史。如果擺脫民族主義的傾向，冷靜地回顧朝鮮末期和外國的各種關係，則會發現以下事件：1884年的甲申政變，1894年的甲午改革，1905年的《乙巳條約》以及1910年的日韓併合，都自有其所以然的理由。

透過朝鮮末期外國人的記錄資料，我們可以發現，朝鮮王朝因外戚實施的「勢道政治」（受到國王委任而掌握政權的特殊人物及其追隨者主導國家發展的政治形態。），而處於極度的腐敗狀態，買官賣官現象盛極一時，政治機構紊亂不堪，而且依然存在奴婢制度。被壓迫的賤民、無法再婚的女人、受到歧視的僧侶等階層，根本難以正常生活下去。

「傳統社會體制的腐朽，幾乎不可能通過漸進式的改革獲得新生。所以，成功實現改革的鄰國——日本成為朝鮮的模範。」（卜鉅一）一向同情朝鮮的英國著名專欄作家麥肯茲也曾斷言：「如果是一個公正的觀察家就無法否認，朝鮮喪失獨立的主要原因在於朝鮮舊政權的腐敗和無能。」

對朝鮮政府徹底失望之餘，頭腦清醒且具有國際視野的朝鮮社會精英，開始把自己的目光轉向日本，並把日本作為朝鮮改革的模範。是朝鮮自己選擇了日本。朝鮮的亡國，就是透過這些寄希望於日本的朝鮮人，以及把朝鮮視為防禦俄羅斯等西方勢力侵略的陣營的日本共同協作，才得以成為現實的。

「如果從生活於朝鮮半島的人民立場觀察，日本是替代朝鮮王朝的新的統治者。雖然朝鮮王朝滅亡了，但大多數生活艱難的朝鮮人依然存在，只是試圖維持朝鮮王朝的勢力在努力阻止改革。對此，改革者與日本攜起手來，選擇了推翻朝鮮王朝，實現近代化的道路。」（金完燮）

有的知識份子甚至認為，朝鮮王朝的滅亡，其原因在於朝鮮內部，因此日本在這一點上是沒有重大罪責的。在日本殖民統治下，朝鮮人既

是受害者，同時也是近代化的受惠者。關於這一點，朝鮮歷史已經做出了很好的證明。從民族觀點看，朝鮮人是受害者，但從近代化角度講則是受惠者。筆者真心希望大家能夠從這種角度出發，去重新觀察朝鮮近代史。

93.「征韓論」的用意所在

「征韓論」是指日本針對朝鮮的對外擴張的論調。早在幕府末期，日本政府就提出了「征韓論」。1873年10月，剛剛經過明治維新走上資本主義道路的日本政府內部，發生了一場著名的關於對朝政策的爭論。因此在一般意義上，「征韓論」通常是指日本的對朝政策。

在韓國，現在的人們把「征韓論」當作「日本民族侵略實質」的根據來對待，並認為是日本一貫的對朝侵略政策，到了明治初年提出「征韓論」以後，變得更加明目張膽。韓國的研究者認為日本提出的「征韓論」普遍持有如下共識：①自古以來，日本的征韓論調就根深蒂固；②這一論調在豐臣秀吉侵略朝鮮（1592）前後，因學者、文人的煽動，而集中體現為朝鮮劣等論、蔑視論，並在進入幕府末期以後演變為征服朝鮮論；③明治初年的征韓論，就是這對朝政策的延續；④征韓論至今還在韓日關係中產生影響。

這種「在歷史中觀照現實的方法」，是一種把歷史作為教訓進行解讀的方法。這種解讀歷史的方法雖然沒有錯誤，但韓民族普遍認為「日本民族是野蠻的，而且具有侵略性」的觀點，缺乏科學的實證。這更多地是作為受害者的韓民族一種民族還原主義思想以及民族感情的表露，而非是對歷史的科學研究。筆者不得不在此特別指出這一點。

幕府末期的征韓論，確實是以佐藤信潤（1769-1850）或吉田松陰

（1830-1859）的民族主義、日本優越主義思想為基礎，形成蔑視朝鮮、侵略朝鮮的思想。這一思想體系，經過大島正朝及木戶孝允等人，一度演變為勝海舟提出的「中日韓三國結盟」思想。當然，這種結盟也是為了應對歐美勢力的威脅。

另一方面，戊辰戰爭（1868年日本新政府和舊幕府之間的戰爭）爆發以後，大村益次郎等人提出以軍事佔領為特點的征韓論。在此，有一個重要的原因，即朝鮮的態度刺激了日本。這一時期，朝鮮和日本最根本的差異是：日本自1854年「佩里提督來港」以來，已經洞察了世界大勢，並認為中華主義影響下的東亞秩序是阻止近代化進程的巨大絆腳石。

可是，與日本形成鮮明對照的是，在1860年代，朝鮮仍然目光短淺，不了解國際形勢；朝鮮所認識的世界秩序，便是以中國為宗主國的中華秩序，而對包括歐美國家在內的國際形勢所知甚少。

當時，朝鮮的實權派人物大院君違背世界潮流，陷入「衛正斥邪」這種小中華主義思想中不能自拔。1868年12月19日，日本方面派出使節，試圖向朝鮮通報日本成立明治政府的事實。可是大院君統治下的朝鮮政府，拒絕接受日本使節提交的國書。其理由是國書中含有「皇上」等字樣，而且落款也與過去不盡相同。拘泥於傳統中華意識的朝鮮，對日本的變化茫然無知。朝鮮保守的儒臣就這樣把日本視為一個排斥、藐視的對象。

對此，日本新政府於1871年把自江戶時代以來的「對馬藩」歸屬到外務省，並於1872年把釜山的「草梁倭館」（17世紀朝鮮為與倭人交易而設立於釜山市草梁地區的商館）歸屬到外務省管轄範圍內，更名為日本公使館。然後於8月份把外務大臣花房義質派駐到釜山，試圖緩衝一下當時的緊張關係。但由於朝鮮拒絕交涉，協調宣告失敗。隨後，由於朝鮮方面在1873年推行的排外政策，仍未能與日本建立正式外交關係。朝鮮這一系列舉措和傲慢態度，強烈刺激了日本。

　　1873年10月，對「征韓論」的爭論，引起日本政府內部分裂。征韓派，即主張對朝鮮行使武力的西鄉隆盛集團，和反對對朝行使武力的大久保集團發生衝突，最終導致以佐藤信潤為首的板垣退助、後藤象二郎、江藤新平、副島種臣等五人集體辭職。然而，近年的研究表明，佐藤信潤主張的是，有必要與朝鮮進行和平的、道義的交涉，而不能犯下備戰這種無禮的錯誤。（毛利敏彥《明治六年政變研究》）韓國著名近代史研究學者安善根博士也確認西鄉隆盛不是一個征韓論者，他認為，如果西鄉隆盛和大院君見面，真誠對話，就可能改寫日韓關係。（《日韓關係兩千年的真相》）

　　西鄉隆盛主張的不是征韓論，而是「遣韓論」，即把自己派遣到韓國，進行和平交涉。但是，由於大久保、岩倉具視等人的反對，西鄉隆盛未能實現自己的願望，遺憾下野。

　　結果，大久保政權於1875年依靠軍事力量，侵犯朝鮮江華島，並成功促使朝鮮開國。從中日韓三國關係及西方近代化的壓力這一角度進行觀察，日本的征韓論中充斥著蔑視中國、朝鮮的世界觀。然而征韓論的目的並非是侵略朝鮮，而是破壞華夷秩序。而朝鮮的鎖國政策和「斥倭」態度，也刺激日本採取了侵略朝鮮的政策。日本方面認為，朝鮮只要還在堅持傳統的華夷秩序，就將在通過近代化增強國力進程中遇到困難，所以日本希望擺脫華夷秩序，在實現朝鮮的獨立的同時，以對等的關係與朝鮮進行外交。從中我們可以看出，這是已經完成近代化準備的日本，和尚未做好近代化準備的朝鮮之間的一場正面衝突。

94. 誰是近代化改革的絆腳石？

　　有這樣一個辭彙：「慣性集團」。簡單說來，它指的就是「保守派

勢力」，是逆潮流而動的勢力。18世紀法國革命時期，人們也把這種舊的政治體制、保守派稱為反動勢力。

近代史發展過程中，始終遭遇到這種守舊勢力、反動勢力的抵抗，並在消除這種抵抗的過程中實現進步。朝鮮的開埠，雖然是在日本的強迫下進行的，但如果從近代化角度上講，這卻是超越了「民族」概念的、具有重大歷史意義的時代變革，其本身也是順應時代發展的產物。

在韓國與日本糾纏在一起的近代史發展過程中，直到日韓併合以前，抵抗日本的勢力忠誠於舊貌依然、固守儒教傳統理念的朝鮮王朝，抵抗近代化改革，他們正是所謂的「慣性集團」。所以，從這個意義上講，朝鮮的近代史，就是開化派和保守派「慣性集團」對立、鬥爭的歷史。

1876年，通過簽署《日朝修好條約》（江華島條約），朝鮮開始接觸世界。這也為朝鮮成為國際社會一員提供了機會。從這個意義上講，這是一向以鎖國攘夷為國策的朝鮮，向近代社會邁出的第一步。隨著開埠，朝鮮政府積極向日本、大清國派遣使節團和留學生、考察團等，開始與世界主動接觸。

1876年5月，以金綺秀為正使的第一次修信使被派往日本；1880年7月，以金弘集為正使的第二次修信使又被派往日本；1881年5月，由魚允中率領的紳士遊覽團共62人被派往日本，其中3人作為留學生留在了日本；1881年10月，以趙秉鎬為正使的第三次修信使再度被派往日本。當年11月17日，金允植成為「領選使」，率領一支包括38名學徒和工匠在內的大規模使團，從朝鮮出發前往天津。1882年3月，受朝鮮國王之命，年輕官僚金允植前往日本進行考察。

其中，金綺秀在回國以後，寫出了《日本見聞記》；金弘集以日本駐清國公使館書記官身分，獲贈黃遵憲的著作《朝鮮策略》回到國內。魚允中在回到朝鮮以後，開始執筆他在中日兩國的見聞，寫出《中東記》。他們的著作，準確地傳達出日本經過明治維新，卓有成效的近代

化進程以及富國強兵的樣貌。此外，金弘集帶回來的《朝鮮策略》明確指出，威脅朝鮮的是正在南侵的俄羅斯，因此朝鮮應該「親清國，結日本，連美國。」作者認為，為了實現這一目標，就必須與美國等西方國家建立外交關係，進行通商交往，引入技術，振興產業及貿易，同時促進富國強兵事業。《朝鮮策略》同時還提到，朝鮮應該向清日兩國派遣留學生，採取聘請外國教員等措施。

閔氏朝鮮政府在沒有做過政策展望的情況下被迫開埠，但由於這些修信使的報告，大致上把握了朝鮮的發展方向。朝鮮的開埠、開化政策，是金弘集、魚允中、金允植等開化派官僚促進的。

然而，他們的改革措施遭到守舊派「慣性集團」殊死抵抗。「慣性集團」希望還原朝鮮王朝，並繼續主張以儒教理念「衛正斥邪」，他們的抵抗異常強烈。於是，閔氏政權大量複製《朝鮮策略》，分發給朝鮮各地的儒生。這是為了讓他們放眼國際，了解時代的發展趨勢，認識到開埠、開化政策的必要性。然而，這一舉措產生了逆反效果，引發「慣性集團」更加強烈的反彈。僅嶺南地區，就有上萬儒生上書朝廷，堅決反對開化。參與這場聲勢浩大的抵抗運動的儒生聯名向朝廷上書；他們形成強大的地方勢力展開抵抗運動，並指責開化派為國賊。

當時的規模，估計與1898年以康有為為代表的公車上書有些類似。在以儒教為國教的朝鮮，這些儒生的聯名上書不容忽視，所以政府部門面對他們強烈的反抗開始慌亂起來。在長篇歷史劇《明成皇后》中，我們也能看到這些儒生聚集在王宮門前，手握刀槍進行示威的場面。他們高聲吶喊：「如果不接受我們的上書，就將用我們手中的斧頭，砍下你們的腦袋。」

在這些儒生看來，與國外展開通商業務，將招致朝鮮依賴外國，從而流於逆時代潮流而動的頑固的「衛正斥邪論」。

在此期間，大院君政治勢力與反對開化的儒生攜手合作，發動政

變，結果以失敗而告終。他們主張廢掉高宗皇帝，另立庶長子李載先為國王。閔氏政權處死了參與這次政變的30位相關人員，結果導致大院君和儒生更加強烈的反對。

另一方面，1881年，由開化派主導，對部分官制進行了近代化改革，並設立統理機務衙門（總管軍務秘密及普通政治的機構）。他們聘請日本教官，著手培訓近代軍隊及軍制改革。但「慣性集團」認為，閔氏政權的「勢道政治」及其腐敗，使他們的開埠、開化政策缺乏主體性。所以，朝鮮政府內部的「慣性集團」始終成為近代改革的絆腳石。也因此，時代開始呼喚能擊敗這個守舊集團的新的改革人物。

95. 清軍在朝鮮暴行虐施

與日本相比，清王朝對朝鮮的干預（包括支援、幫助），對朝鮮近代化進程產生的負面影響遠大於幫助。

朝鮮在日本殖民統治之下，曾有過「羞恥而又痛苦」的歷史體驗。於是，出於消解這種「恥辱」的心情，經常情緒化地譴責日本、批判日本，將其視為罪大惡極的對象，使我們忽視清王朝以對抗日本的勢力干預朝鮮近代化進程的事實。

從客觀角度（主觀上日本是為了本國利益）講，日本和殖民地意識一起，為朝鮮播下了近代化的種子；與此相反，清王朝則每次都用武力干涉了朝鮮的近代化改革，並阻止朝鮮近代化發展。筆者認為，我們有必要把清王朝視為朝鮮近代化進程的絆腳石。

在1882年的壬午軍亂和1884年的甲午改革中，清王朝的干涉就是有力的證明。在前面的內容中我們已經了解到，由於閔氏政權的無能、腐敗，朝鮮政府自己招來清王朝的干預。藉助清軍的力量重新執掌朝鮮

王朝的閔氏政權，缺乏自主促進近代化改革的力量，同時變得比以往任何時候都更加依賴清王朝。

清王朝對朝鮮的干涉，成為排除日本新興勢力的動力，顯示出「我的屬國我來保護」這種趾高氣昂的姿態。清王朝對朝鮮相繼實施了軍事力量干預、簽署不平等條約（《中朝商民水陸貿易章程》）、派遣外交顧問、促進中國式近代化，強制要求朝鮮採取中國式的措施，而非日本式的近代化。

由於閔氏政權的無能，駐紮在朝鮮的清軍又釀成一場新的事態。清軍沒有接受過像日本軍隊那樣的近代軍制訓練，這支軍隊不過是李鴻章的私軍，因此軍事素質極其低下。駐紮在漢城的清軍士兵，在漢城各地暴行虐施，肆意掠奪，使眾多漢城市民蒙受損害。清軍團體向朝鮮富裕家庭發動攻擊，強姦凌辱婦女，把女人當成陪酒的對象。不僅如此，清軍搶掠金錢財物的暴行也一再發生。

當時還在日本留學的尹致昊，透過從朝鮮回來的日本人了解到國內的情況，在日記中這樣引述道：「貴國（朝鮮）政府在各方面都在接受支那（清王朝）的指導。支那人到處開槍射擊，橫行霸道，目中無人地暴行虐施。」（《尹致昊日記》）當時，清王朝駐紮在朝鮮的兵力達到3000人，而日本軍隊尚不足200人。不過，日本軍人在日常行為中秩序井然。

此後於1894年至1895年爆發的甲午戰爭中，中日兩國軍隊的表現也形成鮮明的對比。「僅漢城一地，現在就有數千日本士兵駐紮在城內和城外，但幾乎沒有跡象表明朝鮮人對他們的存在表示抗議。他們的軍紀真可謂是模範。」這是當時親眼目睹這場戰爭的外國記者所著的《朝鮮的悲劇》中的一段內容。

英國從軍記者兼畫家菲力浦發表在《graphic》雜誌（1895年3月9日）上的一篇文章中，有這樣一段描寫：「清軍對無力而又不幸的朝鮮

人採取的是一種高壓政策。他們像對待征服國的居民那樣威脅朝鮮人。尤其是在中日戰爭初期，他們暴行虐施，姦淫朝鮮婦女。」菲力浦在這篇文章中配上了自己所畫的一張圖，以證明自己的觀察。菲力浦在圖中生動地再現了清軍士兵用槍射死朝鮮人、搶掠朝鮮人牛犢的場面。

這篇報導文章和配圖生動地說明，清軍並非是出於幫助朝鮮的目的前來作戰的。我們應該重新認識清軍在戰爭中對朝鮮同胞犯下的暴行。

日本吞併韓國以後，由於不堪亡國之恨而自盡的朝鮮知識份子黃玹也在其著作《梅泉野錄》中，懷著激憤的心情記錄了清軍的暴行虐施。當時，清政府命令清軍在朝鮮當地調度糧食等軍需物質。在徵集過程中，一旦遭遇朝鮮人的抵抗，清軍便開槍射擊，殺死他們。黃玹在書中說，清軍都是一群烏合之眾，戰鬥力極其脆弱。「清軍暴行虐施，大肆姦淫，天天強索賄賂。無論朝鮮官方還是平民百姓，都陷入了困境，因此把他們視若仇敵。清軍在平壤被日軍包圍之際，甚至還有朝鮮人傾盡家產，主動為日軍充當嚮導；清軍戰敗潰退之際，朝鮮的百姓紛紛指出他們躲藏的地點，因此少有清軍突出日軍包圍圈。」朝鮮人被軍事素質極高的日軍所感動，自發地充當了日軍的嚮導。

清軍的暴行和低劣的軍事素質，也反映了清王朝當時的形象。朝鮮政府一直以來依賴落後於近代化進程的清王朝，結果朝鮮的改革每次都被清政府阻撓，最終以失敗告終。

朝鮮在近代化過程中，始終受到清王朝與日本的干涉。這種干涉也體現為清王朝的宗主國統治，以及日本的近代化。我們有必要認真思考其中的含義。

96. 義和團運動是「愛國壯舉」嗎?

「被侮辱、被損害的屈辱,給中國人構築了新的思想牢籠。這突出地表現在長期以來形成的一個似是而非的觀念: 因為『洋鬼子』是侵略者,中外矛盾,中國必對;反列強、反洋人就是愛國。從而在史料選擇和運用中,不管是真是假,有利中國的就用。」

這是中山大學歷史學教授袁偉時先生不滿於近年中國歷史教育的弊端,而在其論著《現代化與中國的歷史教科書問題》中提出的批評。他對學著中國歷史教科書長大的當代中國人提出這樣的警告:「我們都是吃狼奶長大的。」在這篇論著中,袁偉時教授在指出中國現行教科書對義和團運動的歪曲的同時,希望能夠喚起中國人的理性。

義和團運動對中國帶來怎樣的影響呢?在《「東南互保」指的是什麼?》這一章節中,已經對義和團運動做過一番簡單介紹,認為它是由「反對西方列強的排外情緒」引發的,並進一步指出義和團從原來的反清秘密團體,逐漸轉變為無條件敵視外國勢力的組織。因此,他們試圖殺死所有外國人和對外國人提供協助的中國人。義和團成員仇視所有具有西方特色和具有改革性質的事物。

中國的歷史教科書中,把義和團運動視為一種「愛國壯舉」。但事實上,其實質與這種說法之間存在著很大的差距。袁偉時教授直言不諱地指出,義和團運動是一個「反文明、反人類的錯誤」。袁先生的話真是一語中的。如果義和團沒有超出常規地、不加區別地濫殺外國人和中國基督教徒,那麼也不會招來八國聯軍的攻擊。

教科書中記述,八國聯軍在北京城裡燒殺搶掠,無惡不作,但絲毫也沒有提到義和團敵視、盲目排斥近代文明,並對外國文明採取極端手段。教科書中根本沒有談及這種愚昧的行為,而是刻意掩蓋了這些重要內容。

義和團成員破壞電線，搗毀鐵路，焚燒西方物品；只要哪個中國人和西方人或西方事物稍有關聯，他們便「一視同仁」，慘無人道地迫害。中國的歷史教科書刻意隱瞞了這種恐怖行為。袁偉時教授認為，這種愚蠢之舉無論是否成就了「扶清滅洋」的偉大功績，都是一種「反文明，反人類的錯誤」。「正是這種罪行，給國家和人民帶來深重的災難，所以這才是真正的『國恥』。可作為我們的少年兒童必讀書的教科書，卻絕口不提這些事情。」

還有，教科書中說，「1900年6月……八國侵略軍2000多人，由英國海軍司令西摩爾率領，從大沽經天津向北京進犯。義和團拆毀從天津到北京的鐵道，奮起狙擊侵略軍。」但事實上，義和團在此之前就已經破壞了電線和鐵路，並出於仇視外國文化的心理，摧毀相關設施及物品。這又如何能說成是為了阻止侵略者的進犯而採取的應急措施呢？

義和團是白蓮教的一個分支，是一個迷信的宗教團體。不了解世界形勢的清政府保守勢力想方設法，試圖利用義和團驅逐外國勢力。外國公使根據國際法相關規定，要求清政府鎮壓殺害本國公民的義和團，然而清政府並沒有採取任何措施，並把外國軍隊為保護本國居民進駐北京的行為，無條件視為「侵略」。

清政府出於膚淺的理解，向八國聯軍宣戰，並將義和團視為「愛國愛民的壯舉」，繼續煽風點火。各國軍隊在缺少糧食和彈藥的情況下，在北京堅持了兩個月。「籠城」期間，清軍和義和團共同參與包圍外國人的行動。當時，有3000名中國基督教徒被圍困在外國公使管區域內，躲避義和團迫害。而外國軍隊收容了他們，並向其提供人身保護。

義和團想要殺害本國同胞的行為，果真是一場「愛國」運動嗎？8月，八國聯軍的增援部隊進入北京，擊敗義和團；8月14日，被包圍的外國人和中國基督教徒獲救。席捲華北大地，並波及到內蒙古、東北地區的義和團事件，導致231名外國人和2萬餘名中國同胞（基督教徒）

被殺戮。

　　義和團事件發生時，位於中國東南地區的張之洞、劉坤一等人，已經了解到義和團對國家的危害，並制定「東南互保」策略以求自保。

　　清政府保守勢力試圖通過煽動義和團，進一步擴大事態，並一舉粉碎外國勢力。清政府保守派這種目光短淺的戰略，反而導致清王朝陷入被外國列強瓜分的險境，最終搬起石頭砸了自己的腳。

　　清政府被迫簽署《辛丑合約》，這也進一步削弱了清王朝的自衛能力，並限制其行使主權的自由。根據條約相關規定，必須做出巨額賠償（4億5千兩白銀），而這也進一步使清王朝的經濟陷入絕境。

　　進駐北京的外國公使，通過這次事件，反而組成強大的外交使團君臨清王朝，成為清政府的巨大壓力。因此，清政府顏面掃地，威信盡失。

　　從此開始，對外國人的蔑視和敵視，開始轉變為對他們的恐懼和阿諛奉承；清王朝的自尊與自豪感大大受挫。漢族知識份子也透過這一事件，徹底了解到清王朝的腐敗與無能，選擇了通過「革命」，推翻清王朝的道路。事實上，從這種意義上講，義和團運動非但不是一種「愛國」行為，而是一種「害國」的行為。義和團運動成為推翻清王朝的動力，即使給它披上一件華麗的「愛國」外衣，也是沒有任何意義的。

98. 反對侵略擴張的日本「小國主義」

　　在翻閱東洋近代史以及日本近代史過程中，最引人注目的是日本膨脹的「大國主義」。明治維新以來，日本在經歷甲午戰爭、日俄戰爭過程中，「大日本主義」思想急劇膨脹、發酵。這最終導致日本踏上軍事大國的道路，並重複發起戰爭。

　　此外，大國主義思想也沒有自覺到軍國主義歷史的動向。一直到大

日本帝國滅亡以前，大國主義思想還在強調「向天皇效忠」，並提倡犧牲主義精神。這也促使日本一步步走向自我毀滅的道路。如果從「受害」的角度加以觀察，那麼，這種「受害」可以分為兩方面。一方面是對被侵略的東亞國家帶來的人民生命、財產、資源的損失；另一方面是日本國內的人民群眾所付出的血的代價。

和納粹德國一樣，日本的大國主義軍事侵略擴張也是一個血的教訓。直到今天，為了世界的和平、民主平等的人類社會，這個教訓都具有重要的精神意義。

自19世紀末期到20世紀初期，雖說日本的「大國主義」思想極度膨脹，但同時也有一股「小國主義」思想在暗流湧動。日本的「小國主義」，從現象上表現為反對「大國主義」思想，但我們大家並不十分了解這股思潮。

事實上，自1871年岩倉使團開始出訪歐美國家以來，他們不僅考察了英國、美國等大國，同時也考察了比利時、瑞士、丹麥等小國，而且對這些小國表現出了更濃厚的興趣。當時的考察報告《歐美會談實記》（1877）中曾這樣強調：小國若想在大國之間保持獨立，首先需要堅持自主權；人民應該齊心協力，勤勉工作，以提高生產力。此外，報告書還強調，作為一個小國，關鍵在於具有可靠的國力和強大的軍事力量。他們已經在瑞士發現了這種小國的「自強」。

筆者認為，如果韓國（朝鮮）從很早開始就覺悟到這種「小國意識」，並努力加強國家主權、提升軍事力量、提高生產力，或許就能夠避免淪為日本殖民地的悲慘結局。朝鮮民族來自儒教傳統的自我束縛，最終導致在拯救小國的道路上落後於日本。

百年前的朝鮮，自己切斷了「小國主義」的近代化道路，這也是導致朝鮮亡國的主要原因。相反，日本則是徹底拋棄了「小國主義」發展的可能性，放任國家在「大國主義」道路上一路狂奔，最終於1945年

招來大日本帝國的失敗。大清帝國雖然是一個大國，但未能充分發揮「大國」的團結力，使其變成國家的凝聚力，致使在清王朝崩潰以後形成軍閥割據的狀態。這給日本等帝國主義提供了可乘之機。即使中國在今天有志重新打造一個大國主義的軍事強國，至少也應該從日本過去的失敗中吸取經驗教訓。

回到本來話題，了解一下日本近代「小國主義」思潮的具體情況。1889年，日本在制定《大日本帝國憲法》的時候，明確規定「大日本帝國將由萬世一系的天皇統治」。從此開始，滑向了富國強兵的大國主義道路。在經歷數次戰爭過程中，日本已經邁開了對外侵略擴張的步伐。

但是，也有不少日本的思想家、知識份子挺身而出，反對日本的大國主義。這種思潮以一種「小國主義」的形式表現出來。1904年1月17日，日本思想家中江兆民在《平民新聞》上發表理論文章稱，日本應該保持一個小國狀態。另外，在日俄戰爭以後，基督教主義思想家內村鑑三也發表了《非戰的原理》等文章，宣導非戰、和平的小國主義思想。

三浦鐵太郎是最為猛烈抨擊明治日本大國主義路線的日本人。他曾以《東洋經濟新報社》編輯身分展開活動期間，後來於1910年擔任《東洋時論》月刊社編輯長、社長、主編等職。1911年，三浦鐵太郎透過「帝國主義的暗影」等文章，批判了帝國主義恐怖的側面，並指出帝國主義的軍事擴張，將使國民疲憊，而且將犧牲大多數良民；而領土擴張的利益，將被少數資本家掠奪，並將催生專制、武斷政治、排他主義等。

針對「大日本主義」，三浦鐵太郎在提出正面反對意見的同時，極力提倡「小日本主義」。他的「小日本主義」思想內容包括：反對軍費擴張、反對領土擴張、發展內外產業、提高國民生活和福利水準、軍費小規模化，以及提高國民的思想、道德、文藝、科學水準等。

與大日本主義思想下的軍國主義、專制主義、國家主義形成鮮明對照的是，「小日本主義」的產業主義、自由主義、個人主義。因此，三

浦鐵太郎主張，應在「小日本主義」思想主導下，放棄對滿洲的侵略。
並警告說，日本對滿洲的侵略，將成為西方列強瓜分中國的階梯。

　　在三浦鐵太郎以後，哲學家兼思想家石橋寒山成為《東洋評論》的
編輯，向日本政府提出警告：「放棄殖民統治政策！」但是，歷史並沒
有沿著這些知識份子和政府的反對者所主張的方向發展。日本的大國主
義失去了控制，向軍國主義、殖民主義、對外侵略主義方向疾速發展。
這種毫無節制的軍事膨脹，最終使日本付出了慘痛的代價。

　　即使是在進入21世紀的今天，「小國主義」思想仍然是反對霸權主
義、大國主義的鎮靜劑。毫無疑問，它將成為限制國家主義、軍國主義
膨脹的正能量。

98. 朝鮮近代精英為何希望與日本結盟

　　正如我們所了解到的那樣，百年前的朝鮮，是以日本為近代化建設
的榜樣的。而具有對日本較全面了解的朝鮮社會精英，也希望能與日本
結盟。從當時的資料（報紙）中我們也能發現，即使是在1905年日韓
兩國簽署《乙巳條約》當時，也沒有因大多數人反對而引發騷亂。這和
韓國現在的認識頗有出入。精英階層，尤其是新型知識份子和政治家們
十分清楚義兵鬥爭的局限，因此在他們看來，首先應該臥薪嘗膽，等到
積蓄了足夠的力量，再與日本對敵，實現國家獨立，成就國家的近代
化。這要比貿然發動起義進行抗爭更加有效。

　　實際上，他們的選擇是沒有錯誤的。歷史事實證明，他們的選擇要
比流血鬥爭付出更少的犧牲，而且也更明智，更具有現實意義和效果。

　　我們不妨以獨立鬥士安重根為例加以說明。為了尋找救國之策，安
重根前往中國青島、威海、上海等地聯絡這些地區的朝鮮同胞。1906

年，安重根在上海的一座教堂與郭神父結識。郭神父認為，救國之策在
於教育、團結民心、培養實力等具體措施。對此，安重根表示贊同，於
是毅然返回國內，開始經營學校。當時，漢城的西北道（黃海道、平安
道）出身的社會名士組成了西北學會，展開各項愛國啟蒙運動。組織者
包括朴殷植、安昌浩、李甲等赫赫有名的獨立運動家、精英知識份子。
安重根也是西北學會的會員，並與安昌浩交情甚篤。朴殷植證實說，安
昌浩對安重根的抱負和勇氣都曾給予高度評價。

安重根認為，為了培養民族主義人才，當務之急是要建立大學。於
是，他和法國神父交換自己的想法，但未獲認同。從此，安重根對西方人
產生了負面看法，轉而開始對日本產生好感。在普通民眾或學界人士心目
中，安重根被塑造成一個徹頭徹尾的「反日鬥士」形象。但這不過是我們
現代人從自己的觀念出發，打造出來的人物形象而已。筆者認為，在了解
一個人物形象的過程中，應該以他的傳記、史料、日韓關係等為基礎，多
方位、多層次進行考察分析，這樣才能更接近歷史本來面貌。

在韓國，人們把安重根視為「反日英雄」，並從這種觀念出發，試
圖神化他，打造他的傳記、故事、形象。但筆者認為，將其視為一個有
血有肉的人物，綜合考察他的優缺點，才有可能發現更接近真實的人物
形象。

我們尤其不應該否認，百年前的日韓關係網狀結構中的人物的思想
和行動中，滲透著來自日本的影響（正反兩面）。如果從這種視角觀察
歷史，我們將發現以往未曾發現的歷史面貌。現在，韓國的史學界也認
同這樣一種定論，幸與不幸暫且不論，韓國的近代化是透過日本得以實
現的。

生活於當時的韓國政治家、知識份子、獨立運動家們，實際上也都
是在吸納像洪水一樣湧入的日本近代意識（國民國家、民族主義、愛國
心等）過程中，開闊了自己的視野。安昌浩、申采浩、朴殷植、呂運

亨、徐載弼、尹致昊等人，以及後來的崔南善、李光洙、崔麟、金東仁
等左右了韓國近代史發展脈絡的社會精英，都是活動於日本近代性輻射
範圍內的。這一點無庸置疑。

考慮到當時的國際形勢，韓國為了成就獨立夢想，也只有首先實現
近代化，建立國民國家這一條道路可行。近代韓國自開埠以來，立志於
對國家進行改革的有識之士和社會精英，主流上還是希望與日本結盟
的，而且也付出了相應的努力。

事實上，即使是在反日、抵抗運動家當中，也有無數受到日本影響
的人。而且就連很多的反日運動家，明裡暗裡也都和日本有著千絲萬縷
的關係。只是韓國方面將這種事實視為禁忌，忌諱公開談論而已。筆者
再三強調的是，在韓國近代史上，所謂的「親日派」人數眾多，這種現
象一直延續至今，以至於成為現如今韓國政治中樞的「問題」之一。

就連獨立運動家的代名詞——安重根，也都不是一個對日本懷有深
仇大恨的人。他在旅順監獄受審期間的言談，以及所著的自傳，都表明它
並非是一個盲目仇恨日本的人。從某種意義上講，安重根也對日本天皇抱
有很大的期望。曾獲贈墨寶的千葉十七的後人證明說：「安重根對明治天
皇抱有好感，希望通過自己的『獨立』墨寶，號召朝鮮的獨立。」在自傳
中，安重根也提倡中日韓三國聯盟，並希望日本充當指導者。

在殖民統治歷史已經過去了百年的今天，我們應該能夠從一個更理
性的角度，在更廣闊的視野範圍中，去省察朝鮮和日本錯綜複雜的關係。

99. 朝鮮為何成為中日甲午戰爭和日俄戰爭的戰場？

回顧百年前中日韓三國近代史，東亞發生的兩場戰爭（中日甲午戰
爭和日俄戰爭），都是以朝鮮半島為戰場的。朝鮮不是中日甲午戰爭的

主角,那麼朝鮮半島又是如何成為中、俄、日三國的戰場的呢?

從我們通常的印象或認識上看,其原因在於日本帝國主義侵略朝鮮的野心及其採取的行動。朝鮮作為一個弱小國家,在以日本為首的外來勢力和列強的侵襲、強壓,或者是在他們之間展開的爭鬥中,遭受了無法回避的迫害。

但是,其中存在著兩種決定性的思維缺陷。

其一,從世界史角度講,比朝鮮強大的列強之間的矛盾衝突,在朝鮮看來,只是受它們之間合作、爭奪朝鮮這一目的左右而上演的連續劇;其二,在如此強大的列強面前,朝鮮缺乏真正的力量,因此必須保持中立。但是,朝鮮並未能始終堅持這一立場,而是像鐘擺一樣在大國之間左右擺擺。而在鐘擺的兩極,等待著朝鮮的無外乎是「事大主義」。

除了日本以外,還有大清、俄羅斯等列強。同樣都是壓迫、欺壓朝鮮的「共犯」。如果朝鮮要對此加以譴責,就應該將這三國一視同仁加以批判。

筆者關注的是:儘管朝鮮內部如此渴望獲得「獨立自主」的權利,於1884年由金玉均、朴泳孝等人領導的「甲申革命」,同樣也是朝鮮內部發出的吶喊,但保守派卻藉助外部勢力,對此進行了鎮壓。朝鮮自己切斷了通往獨立自主的道路。甲申革命是朝鮮成功走向近代化的最後機遇,但由於遭到失敗,反而成為落後於日本的原因。福澤諭吉就是從那時開始思考相應的對策,決定與朝鮮或大清等固守前近代的「固陋國家」斷絕關係,吸收向西方那樣的先進文明,以實現亞洲的近代化。這就是他著名的「脫亞入歐」思想誕生的時代背景。

如果金玉均等人領導的甲申革命獲得成功,他們提倡的改革方案得以實施,那麼朝鮮的近代化不會落後日本太多,極有可能透過獨立自主,使朝鮮走上一條富強的道路。如此,也就有可能阻止今天的南北分裂。

1894年1月初，由全琫準領導的東學農民戰爭，也是甲午戰爭的原因之一。朝鮮政府的對策，也成為招致大清與日本軍隊在朝鮮擺開戰場的罪魁禍首。當時，東學農民軍急劇擴大到10000多人的規模，朝鮮政府無論如何也難以僅憑自己的實力鎮壓。於是高宗和明成皇后透過袁世凱，請求清政府派兵鎮壓。雖然後來發現袁世凱轉而請李鴻章派兵朝鮮，但朝鮮政府卻對此予以默許。清政府根據「天津條約」，提前向日本通報派兵朝鮮的計畫。

對此，日本也提前向大清做了通報，並以保護日本公使館和日本駐朝僑民為由，派軍進入仁川。大清和日本的衝突，就是這樣圍繞著朝鮮問題，逐漸導致了中日甲午戰爭的。

甲申革命以後，以朝鮮半島為舞台，大清和日本之間的對立開始激化。俄羅斯也開始覬覦朝鮮的權利，打開了俄羅斯與滿洲的國境；英國隨後派出艦隊，在巨文島修築炮台，最後佔領了巨文島。

從此開始，朝鮮的精英意識到了事大主義的局限性，決定與列強劃清界線，為確保國家獨立去構想朝鮮的「中立化」。獨立協會的俞吉濬、徐載弼等人的努力，便是以此為主旨展開的政治活動。在這個歷史階段，高宗於1904年1月，日俄戰爭爆發前夕，匆忙宣讀朝鮮的「獨立宣言」。

但是這並沒有起到什麼效果。雖然清、英、法、德、義等國予以承認，美國、日本、俄羅斯卻拒絕承認，因此幾乎沒有產生什麼國際效力。朝鮮的獨立宣言，沒能得到關係最為緊密的俄羅斯與日本承認。尤其令人感到屈辱的是，朝鮮當時還沒有足夠的軍事力量能抵抗日俄對其領土的侵略。

反觀朝鮮以外的世界，當時的歐洲列強，一片中立的宣言喊聲，並於1898年實施了「全民皆兵」的方針。 在第一次世界大戰期間，其軍事力量進一步得到強化，中立立場才得以堅持。

　　瑞士也是根據1815年《維也納會議宣言》，首先成為歐洲永久中立國的。隨後利用阿爾卑斯山脈天然屏障，實施「全民皆兵」國策，成功保持了自己的中立，最終成為中立國的一個典範。

　　如果朝鮮在百年前，展望著中立國的美好願景，並積極實施這一國策，或許也就不會發生今天南北分裂的慘劇。

　　今天的東亞情勢，在很多方面露出端倪，使人聯想到百年前國家主義膨脹的年代。在國際化時代，實現了經濟成長的近代大國——中國，一個以民族文化為單位實現獨立的俄羅斯，以及俄羅斯周邊國家，還有朝鮮、韓國、日本的國家主義，經過了戰後60年的發展得到進一步強化。

　　朝鮮半島應該把握住這個歷史機遇，以圖發揮「橋樑作用」，成為並非戰場而是文化融合的中間地帶。

100.「一進會」的實質是什麼？

　　韓國的歷史書籍或歷史教科書，提及一進會總是以一句簡單的介紹一筆帶過：日本為了侵略朝鮮而強迫成立的親日團體。

　　可是，把一進會簡單歸為「親日賣國」或「日本傀儡團體」是有失公允的。筆者接觸史料得出的結論是：更多的韓國人疏於了解「日韓併合」的實際情況，擅自解釋和判斷與其相關的現象和歷史事實。

　　一進會是20世紀初由諸多有志於朝鮮革命的團體聯合起來組成的當時最大規模的政治團體；是考慮到當時朝鮮所面臨的國際形勢而組建的團體。正因為有了它的犧牲，朝鮮此後的革命才能獲得成功。如果拋開一進會，我們便很難了解韓國或日本的近代史。

　　據說，一進會的會員共有100萬之眾。但根據日韓併合當時朝鮮統監部的統計資料，這一數字僅為14萬。即便如此，這也是朝鮮當時最

大規模的政治組織。當時的朝鮮的人口為1300萬，因此很難將其視為「一小撮親日反動勢力」。

1904年8月，獨立協會、萬民共同會、進步會等朝鮮多個革命團體聯合起來，共同組成了一進會。李容九擔任會長，宋秉畯擔任了「評議員長」職務。

當時，一進會提出的政治綱領有如下幾點：①尊重韓國皇室；②保護人民生命財產安全；③改善政府施政；④整頓財政、軍政；⑤與日本協作。

一進會成立以後，在要求對國政進行改革的同時，提倡短髮西裝，並以文明開化的領導者姿態，向朝鮮社會展示了一個新的形象。

一進會所實踐的，是學習日本式的近代革命。根據當時簽訂的第二次日韓協定，朝鮮淪為日本的被保護國。因此，旨在恢復朝鮮的國家主權的反日義兵運動、愛國啟蒙運動在各地興起，但都在日本軍隊的鎮壓下遭到失敗。於是以大韓自強會為中心，展開了促進愛國教育、振興產業等自力更生運動。大韓自強會最初也強調通過日韓同盟，實現韓國的獨立自強的近代化，但後來逐漸轉向批判日本的保護政治與之對立。

1907年，尹致昊、李承晚、安昌浩等人組建了秘密社會團體新民會，並展開獨立革命運動。隨著日韓併合，他們分裂為海外流亡者和殘留國內兩部分勢力。愛國啟蒙運動在日本帝國主義強力鎮壓下，因為沒有得到更多國民的支持而慘遭失敗。

就在這一時期，出現了希望以另一種革命形式解救朝鮮的社會團體——希望通過「亞洲主義」思想，強化與日本之間的同盟關係，以促進韓日合邦的大眾運動。其中以李容九等人設想的日韓合邦最具代表性。

一進會的領導人李容九（1868-1912），出生於朝鮮慶尚道，在23歲那年，他拜在東學黨第2任教主崔時亨門下，與後來成為三一獨立運動領袖的孫秉熙等成為東學黨的骨幹力量。1894年，李容九支援全琫

準與日軍展開激戰，負傷後被日軍逮捕，好容易才逃出死亡線。1899年，李容九和東學黨第3任教主孫秉熙一起，經滿洲訪問日本，並在那裡感受到了秩序井然、發達的日本。他認為，「朝鮮的改革運動不應簡單視為國內問題，而應把目光聚集在更廣闊的亞洲視野上。因為聚焦了整個亞洲的日本，透過明治維新實現了國家獨立的日本，已經成為我們的榜樣。」他當然受到了樽井藤吉《大東合邦論》的極大影響，並確信只有日韓同盟，才能阻止俄羅斯等西方列強的侵略。

他早已在「亞洲主義」思想影響下，開拓了自己的視野，並因此具有了類似於孫中山的思想傾向。如果從今天的角度出發，簡單將其視為「親日賣國賊」確實是有失公允的。把他視為一個與孫中山相似、希望藉助日本的力量實現國家獨立的愛國者，似乎更為妥當一些。

他從亞洲的視角出發，預見到當時的時局，這種見識是不容否認的。在朝鮮難以靠自己的力量獲得獨立的情況下，首先選擇與日本的平等合邦，這是以他的洞察力為基礎的。對於當時一進會的日韓合邦運動，美國政治家亨德森曾這樣說道：「日本及朝鮮內部的同盟者在1905年至1910年間，就日本併合朝鮮一事獲得了政治意義上的大眾支持。即使是擱置這一方法的好壞不論，在列國政治性大眾運動歷史中，這也是一個非常有趣的事情。事實上，這是在政治思想、民族作用下發生的異常反民族主義的大眾運動。這也是迄今為止唯一的實例。」

正如我們所看到的那樣，一進會在近代國家形成時期，置民族獨立問題於不顧，而提倡通過與他國合邦的形式展開運動，並獲得了大眾支持。這是有史以來的第一次。

李容九領導的一進會所促進的合邦，是「亞洲主義」式的平等合邦。這場運動獲得了10餘萬民眾的支持，這也反應了當時朝鮮腐敗的社會背景。在有關朝鮮抗爭史的著作《朝鮮的悲劇》一書中，英國特派員麥肯茲這樣說道，韓國人民之所以對日本人表示友好，並與日本保持

同一立場，是因為他們相信日本可以替代朝鮮官僚，改變朝鮮腐敗的高壓政治；同時也因為他們認識到，朝鮮的改革需要外國的援助。亨德森在《朝鮮的政治社會》中指出：「大部分朝鮮人，在改革問題上寄希望於日本，而非中國。而日本也對此予以全方位的支持。」

　　一進會向政府提出「日韓合邦」的請願，並非是一種被保護形式的獨立，而是通過平等的合邦實現獨立。在伊藤博文遭到暗殺以後，過了一個多月，一進會便於1909年12月4日發表了合邦請願書。當時，他們的請願得到了日本黑龍會內田等人的支持。當時的總理大臣李完用，將一進會的請願書擱置在一邊，並對此予以反對，但後來轉而開始支持這一方案。1910年9月，日韓併合以後，朝鮮總督府解散了一進會。這是因為他們認為一進會的政治主張不利於他們的統治。

　　「日本背信棄義」，李容九這樣悲憤地說道。1911年，李容九到日本神戶療養，並於次年5月結束了苦難的一生，享年45歲。李容九的悲劇，似乎也在象徵著韓國的悲劇。

101. 平民百姓為什麼認為戊戌變法革新派是「叛逆者」？

　　在解讀歷史過程中，我們往往會以我們現代人的思維方式和視角，去評價和觀察百年前我們先輩的歷史，以至於經常會陷入先入為主的僵化思維。

　　人們通常會認為「百年前的中國或朝鮮，原本和現在一樣是一個政治透明的社會」，只是由於「某種反動、黑暗勢力的猖獗」，把國家帶向了黑暗的道路。這實際上也是一種「黑暗史觀」。可是，「黑暗史觀」不過是我們現代人毫無根據的幼稚幻想而已，反而會模糊我們觀察歷史的視線。

基於這種認識，筆者試圖在這裡還原普通平民百姓對百日維新的看法。因為當時的平民百姓對康有為、梁啟超等「六君子」的看法，完全是否定性的。

位於北京宣武門附近的菜市口，是中國近代最為血腥的場所之一。筆者曾到訪北京的菜市口，那裡依舊能夠嗅到當時的血雨腥風。即便是經過了百年之久，菜市口地區仍然瀰漫著陰沉、壓抑的殺氣。

1898年9月28日，戊戌變法的革命家譚嗣同、林旭、楊銳、楊深秀、劉光第與康廣仁等人在菜市口被斬首示眾。

在行刑之前，譚嗣同向當時的軍機大臣高喊「有話要說」。但儈子手沒有給他機會。譚嗣同仰天長歎：「有心殺賊，無力回天。死得其所，快哉快哉！」

歷史記載，譚嗣同等「戊戌六君子」被斬首當天，聚集到菜市口的圍觀者人山人海。在同名影片當中，我們也能看到觀眾把刑場圍得水洩不通的場面。

圍觀的百姓把六君子被斬首視為一場大戲，紛紛大罵：「這些亂臣賊子、書生狂徒，割掉他們的舌頭！不好好在家讀書，跑出來擾亂人心，瞧，這回可是徹底可老實了！」「快砍啊！還磨蹭什麼呢！」平民百姓這樣異口同聲地高聲叫喊。在這些老百姓看來，戊戌六君子可謂是一群罪大惡極的「奸臣」。

對於這些百姓而言，以康有為為首的戊戌變法革命家，不過是一群絲毫不值得同情、擾亂社會的逆賊和奸臣。

《庚子記事》中說，戊戌變法運動爆發以後，與這些維新派革命家交往密切的朝廷官員張蔭桓被逮捕入獄，但在英國公使干預以後被免罪釋放，發配到新疆。在被押往新疆途中，圍觀群眾高聲叫喊「快來看這個大奸臣！」人們對他在不缺吃少穿的情況下，試圖維新的做法不以為然。人們認為，他既然是和「康黨」勾結在一起，那麼肯定也是一個奸

臣逆賊。

甲午戰爭失敗以後，北京市內的百姓紛紛叫罵李鴻章，而這一次，他們則把康有為等戊戌變法革命者視為「賣國奸賊」。有人甚至四處傳播謠言：1900年八國聯軍襲擊北京城時，正是康有為帶領西洋鬼子打入北京的。

這些領導了維新變法的革命者，為什麼在被斬首示眾的情況下，仍然得不到平民百姓公正的對待？為什麼平民百姓只是把他們視為一群亂臣賊子？

曾宣導朝鮮甲申庚張的新銳革命家金玉均、朴泳孝等人的失敗，以及金玉均被凌遲處死的悲劇、他們背負的「親日派」罵名……民族的悲劇，都是源於相同脈絡的。

根本原因在於：在長期以來一直徹底實施儒教傳統政治、獨裁的中國（包括朝鮮）政治環境下，平民百姓已變得麻木，再也懶得去了解事情的真相。「民可使由之，不可使知之。」這句話很好地揭示了這種政治的核心思想。因此，作為一個平民百姓，只要為一日三餐勞心勞力就萬事大吉了，哪裡還有心去關心國家大事。

專制政權沒有執行「知之」的政策，而是徹底封鎖了所有與「知情權」相關的資訊。在這種專制體制下，平民百姓無法了解他們應該了解到的東西，無異於是一群「睜眼瞎子」。作為社會、民族、國家一員的平民百姓，極其缺乏相應的社會責任感，甚至都不知道發生戊戌變法。他們只是根據官府發布的消息，做出簡單的判斷：這是一群亂臣賊子。

當時西方人稱，「中國不是一個國家，而是一盤散沙。」這也是就這種社會狀態而言的。當時的平民百姓根本無法了解到戊戌變法的嶄新思想，更難以理解他們的政治主張。而維新革命家也沒有關注廣大的群眾，從一開始便失去了堅固的群眾基礎。這次革命運動在沒有獲得群眾回應的情況下，成為被他們懷疑的對象，終於導致慘敗。朝鮮的甲申革

命也犯了同樣的錯誤。只有日本的明治維新獲得了成功。可以說，獲得廣大群眾積極回應，也正是明治維新獲得成功的重要原因之一。

102. 孫中山曾想把東三省賣給日本

重讀近代史過程中我們會發現很令人意外的事實。隨著辛亥革命的成功，孫中山出任中華民國第一任臨時大總統。但隨即便因袁世凱的反對而受挫。

我們傾向於把孫中山遭遇的挫折，歸因於「袁世凱竊取革命成果」。但考察歷史會發現，之所以導致這樣的結果，在於二者之間在思想、意識形態及政治方針等方面存在差異。資金的多少，也會決定誰能掌握革命的主導權。

孫中山因袁世凱的反對而受挫，然後發起打倒袁世凱的革命（二次革命），但由於資金調度不力，革命遇到了很大麻煩。

日本國會圖書館收藏有實業家森恪於1912年2月3日下午6時許發給益田孝的信息。簡單歸納其內容如下：「中國財政窘迫，如到年末還無法調度1500萬元，將無法進行作戰。因此革命政府也將陷入混亂……孫中山已經承諾出售滿洲。日本為了防止革命軍的瓦解，能借款1000萬元，孫中山等將即刻中止與袁世凱的和談。孫中山或黃興也可即日來日本簽署出售滿洲的秘密協定。如果無法借款給他們，革命軍將有立刻解散之虞。南京一旦動搖，孫中山那裡也必將生變……」

森恪（1882-1932）自1901年起，便被三井物產派駐到上海分社，先後活動於上海、長沙、天津、北京等地，是三井財閥的中國問題專家。益田孝（1848-1938）作為三井財閥的總會長，當時持有數量龐大的資金。

武裝起義以後，中國革命黨陷入極大的財政危機。隨著南京臨時國民政府的成立，政府部門需要大量資金。只有獲得資金支援，革命政府才能開始北伐。

1912年1月，黃興與日本政界的元老級人物山縣有朋聯繫，希望他能責令益田孝與中國革命黨協商，簽署有關出售東三省（滿洲）的秘密協定。

於是，益田孝便把這件事交給自己的手下森恪去執行。所以，森恪通過時任南京政府孫中山的秘書山田純三郎，與孫中山、胡漢民及宮崎滔天舉行了一次四人會談。

近代史學家楊天石考證認為，1912年2月3日，他們四人商談了關於把東三省出售給日本的事情，以此為代價，日本方面向孫中山提供可用來裝備兩個師團的資金2000萬元（一說為1000萬元）。

在上面提到的電文，便是這次商談以後森恪發給益田孝的電報內容。森恪在電文中說，這封電報是他用中文起草，並經過了孫中山和胡漢民修改過的。

根據電報內容推測，孫中山、黃興等革命家，並沒有無條件與袁世凱妥協。只是由於南京臨時政府在財政上遇到了困難，所以急需用於北伐的資金。

從森恪2月8日發給益田孝的電文中，我們可以推斷出他當天與孫中山等人的會談內容。在會談中，森恪向孫中山等人轉達了日本政府的意思。「現在的世界局勢，實際上是黃種人和白種人之間的鬥爭。為了阻止俄羅斯南侵，日本為了自身和亞洲的安全與和平，有必要透過自己的力量保存滿洲。中國政府無力保存滿洲，因此滿洲的命運已經被決定了。中國政府的前途充滿困難，因此如果沒有日本在地理上、歷史上提供特殊援助，中國革命成功的希望是十分渺茫的。」

孫中山聽完森恪的陳述以後這樣說道：「為了東洋的和平，滿洲一

定要掌握在東洋人手中。因此，我先於諸事，把滿洲託付給日本。希望
以此得的日本對中國革命的支援。雖然在我遇到困難之際，希望借日本
之地暫避風頭，但日本官方卻拒絕我進入日本國境。日本政治家沒有包
容我的雅量，這一點實在令人遺憾。如果日本無法基於從地理上、人種
上的關係同情和支援中國，我們將一事無成……」

　　孫中山說，革命政府陷入財政危機，即將面臨破產。因此懇請日本
政府在農曆年末（9日）之前，向中國提供1500萬元的資金援助。

　　日本政府部門在2月6日、8日、11日連續3次督促孫中山和黃興盡速
到日本來洽談有關出售滿洲的秘密協議。此後，孫中山雖然給日本發去
了覆電，但日本方面卻沒有予以回應。對此，山田純三郎回憶說，由於
陸軍大臣石本新六的反對，購買滿洲一事成為泡影。而山縣有朋則說：
「在中日、日俄戰爭中灑下我們寶貴鮮血的滿洲大地，我們沒必要一定
用錢買來。我們可以直接將其掌握在自己手中。」這種意見當時也起到
了決定性的作用。

　　以上是孫中山希望通過出售東三省，擺脫國民政府面臨的財政危機
的事實。但是，已經把朝鮮變成殖民地納入自己掌中的日本帝國主義卻認
為，日本沒必要花費巨資購買。說明當時東三省已經在日本掌控之中了。

103. 百年前中日關係的「黃金時期」

　　「黑暗史觀」和「受害者史觀」構成了觀察中國近代史的兩大支
柱。中國人因自己創造的文明對世界文明進程做出的貢獻所懷有的自豪
與驕傲。可是，在步入近代以後，尤其是1840年，與英國爆發了鴉片
戰爭，前面提到的兩大支柱史觀（統稱為負面史觀），構成了絕對優勢
的敘述體系。而在面對西方以及日本的關係史上，傾向於採用「非友

好」的負面史觀予以評價。這種做法不但否定了客觀事實，同時也模糊了其中我們曾經的身分，是一種無知的行為。

在近代史上，中日兩國曾經有過非常友好的時期。這部分內容，基本上很難從中國近代史或教科書中看到。反而是國外的作家，在這方面看得更加清楚。

美國學者羅伯特·雷諾斯在他的著作《中國的神的革命和日本》一書中指出，從1898年到1907年，中日關係中充滿了和諧與協作，可謂是「黃金十年」。

事實也確實如此。從1895年以後，一直到1912年，這是中國近代史上最為波瀾壯闊的10年。即使是從外國人的角度上看，也可以稱得上是「中國的日本化」時代。在中國近代史記述中，通常將這一時期描述為「明治維新以來，日本計畫征服中國，並行使了侵略。」但在近代史資料中表現出來的是，當時的日本對正處於「西力東漸」威脅下的中國，充滿了同情和親近感。中國和日本既同為亞洲大國，同時也是日本傳統文化的源頭。所以在當時，希望與中國團結的思想和運動在日本形成一股潮流。如果否認這一事實，也便意味著否認我們過去的部分身分。

正是由於同屬於這種東亞漢字文化圈的「協作心」，才使很多人把朝鮮和中國視為「命運共同體」，並在明治維新以前開始試圖以各種方式幫助中國。當時，最清醒的知識份子梁啟超曾這樣直言道：「總有一天，中日將合邦，實現黃種人的獨立，以杜絕歐洲勢力東漸。」

1895年簽訂《馬關條約》時，在下關拜訪李鴻章的伊藤博文曾這樣向他解釋：「正因為沒有丟棄舊的體制和建立新的體制，所以大清才遭到了失敗。」並勸李鴻章「著手改革」。

由於清政府在甲午戰爭中失敗，在中國各地，以此為契機的革命鬥爭風起雲湧。從1898年到辛亥革命爆發，中國的革命和改革，都是以日本為榜樣的。在這段時期，日本只是起到了改革的模範、朋友的作

用，而沒有成為中國的競爭對手或敵人。最近，中國史學界也陸續出現肯定這一點的意見。

正確評價這個「黃金十年」是否是一種更為妥當的做法呢？跟擁有與自己完全不同文化的西方相比，同屬於漢字文化圈的日本顯然是一個更親近、也更容易模仿的國家。在甲午戰爭的失敗中，中國人總結了自己曾經忽視日本的錯誤，並從日本身上發現了一種新的力量。於是在全國範圍內掀起了「學習日本」的熱潮。

在1896年至1912年間，中國學生像洪水一樣湧向日本，去學習日本。針對這段歷史，歷史學家詹姆斯曾指出：「這是歷史上第一次以近代化為目標的、大規模知識份子的移動潮。」現在的中國學者，也在坦然承認：「近代中國的原動力，是從日本這個榜樣中產生的。」

104. 日本帝國主義「封殺」了朝鮮語嗎？

在認識近代史過程中，我們有很多與事實不符或者是錯誤的傳統觀念。「日本帝國主義封殺了朝鮮語」正是這種錯誤的傳統觀念之一。

確實，從1938年開始，隨著「國語（日本語）常用運動」的展開，朝鮮總督府為了盡早實現「內鮮一體」的理想，極端地獎勵了使用日本語的政策。但是縱觀日本帝國主義統治朝鮮的35年歷史，所謂強制推廣日本語和封殺朝鮮語的說法，有很多值得懷疑的地方。

事實究竟如何呢？自1910年日韓併合一直到1937年中日戰爭爆發這27年時間裡，朝鮮語和日本語一樣，是學校必修課之一。令人驚訝的是，韓國人一直引以為豪的韓文，實際上是因朝鮮總督府開始向大眾普及推廣的。在李朝時期，朝鮮自詡為「小中華」，而沉迷於漢字和漢文世界，因此把韓文稱之為諺文，並藐視其為女子使用的語言。在日韓

併合以前，韓文從來沒有使用於公文或祝詞上。

　　韓文以全體韓國人為對象開始普及，正是日本帝國主義統治時期從學校統一進行韓文教育開始的。其中當然有尊重朝鮮固有傳統文化的成分，但哪怕是為了戶籍等近代性質的統治，也需要提高所有韓國人的識字率。

　　1910年，朝鮮總督府開始著手編撰《朝鮮語詞典》，並於1920年完成。到了1922年，朝鮮總督府推出了「朝鮮語獎勵規定」，對日本管理階層學習朝鮮語一事予以獎勵。1928年，京城帝國大學（今首爾大學）開設了朝鮮語、朝鮮文學講座，對朝鮮語教育普及起到了一定的促進作用。日本帝國主義從一開始就制定並執行了「封殺」朝鮮語的政策這種說法，實際上與是事實不相符的。

　　朝鮮語是否被封殺，我們只需通過考察當時朝鮮人在日常生活中是否在使用朝鮮語，就可以一目了然。我們不妨首先來看一下當時掌握了日本語的朝鮮人佔人口總數的多少。《第86屆帝國會議說明資料》中的《昭和18年末（1943）朝鮮人國語（日本語）普及狀況》表明，在所有朝鮮人當中能夠解讀國語的」1914年為0.61%，1929年為13.89%，1940年為15.57%，1941年為16.61%，1942年為19.94%，1943年為22.15%。從1943年男女掌握日本語的比例上來看，男性佔33.2%，女性佔12.2%；城市與農村掌握日本與人數的比例為：城市45.3%，農村為18.9%。

　　從這些統計資料中我們可以了解到，實際上掌握日本語的朝鮮人比例並不很高；使用日本語的現象只是在城市較為普遍。在日常生活中，朝鮮語還是絕對的第一語言。

　　查閱當時的資料可以得知，在購買電車票的時候，用朝鮮語同樣可以買到。根據筆者確認的照片資料，1934年，平壤西站的站牌，是用漢字、日語、羅馬文、韓文等四種語言寫成的。

　　另外，從當時的電報原文中，我們也可以得知朝鮮語使用還是佔大多數的。從1905年開始，根據韓國通訊機關的委託條約，朝鮮的通訊事業由日本負責經營，但即便是在日韓併合以後，這項業務都是由朝鮮總督府的「處信部」掌握的。1905年，電報發報總數為：日文電報735784封，韓文電報59109封，西方文電報10060封。可是到了1939年這一數字變化為：日文電報12905696封，韓文1091040封，西方文電報941封；韓文電報數量劇增18.5倍。此外，從1934年開始，日本和韓國的郵政系統同時開始受理電報祝賀、電報訃告業務。因此用朝鮮語也是可以發報的。

　　如果日本從一開始就打算封殺朝鮮語，那麼就應該是禁止使用朝鮮語的。與殖民地社會相比較，這一點我們會一目了然。英國對愛爾蘭實行了禁止使用愛爾蘭語的政策，日本語在臺灣的普及率也高達70%，但在朝鮮這一比例還不到20%。更何況這20%的朝鮮人，也不是一點都不使用朝鮮語。實際上，這部分人是在同時使用兩種語言。

　　反倒是當時的日本化運動急先鋒、文人玄永燮在《朝鮮人該走的道路》中提倡「廢止朝鮮語劇」並提倡「朝鮮人的日本化」，同時主張「創氏改名」。玄永燮比日本人還日本人的主張，實在是荒謬之極。

　　玄永燮和「三一運動」33名代表之一朴熙道一起，訪問當時的朝鮮總督南次郎，向其提議徹底廢止朝鮮語。但是南次郎拒絕說「使用日本語固然很好，但排斥朝鮮語卻不是個好主意。」

　　韓國從19世紀末開始，就啟用了漢字和諺文同時混用的文章體系。這種文化現狀，通過福澤諭吉於1886年在《漢城旬報》提出的提案 而廣為人知。據說當時使用的就是在日本鑄造的韓文活字。

　　近代韓國人編撰的朝鮮語詞典主要是玉篇（對漢字的訓讀、解詞）類的。到了1880年至1890年間，由於西方傳教士的介入，才初次出現朝鮮語詞典。日本人對朝鮮語的研究始於1872年。而確立現代語標記

原則的,則是小倉進平和金澤莊三郎。

正規的《朝鮮語詞典》出現於1911年至1920年3月之間。這是由朝鮮總督府負責完成的。而朝鮮人自己編撰的詞典,則是文世榮於1939年編撰的《朝鮮語字典》。

總之,朝鮮總督府並沒有實施封殺朝鮮語的政策。但是在1938年,朝鮮總督府修改了朝鮮教育令,並根據「內鮮一體」的理念下,將朝鮮語課程排出必修科目。從此,是否進行朝鮮語教育,便由各學校校長決定了。結果由於朝鮮總督府實施了過度獎勵使用日語的政策,以及蔑視使用朝鮮語的風氣逐漸抬頭,使人們誤以為日本政府是在強制使用日語,同時在封殺朝鮮語。當然,強制使用日本語的現象是存在的。這種情況,在1938年到1945年的戰爭期間,尤其是嚴重的。但是,認為日本在統治朝鮮的35年間實行了封殺朝鮮語的政策這種觀點中,與事實不相符的虛構成分還是很多的。

105. 統計學視角下的殖民地統治

考察人口增減情況是一種非常重要的研究法。從統計學角度揭示殖民地時期朝鮮人口變化情況,也是研究歷史不可或缺的部分。

殖民地時期朝鮮的人口狀況是怎樣的呢?殖民地統治第一年,即1910年,朝鮮人口為13128780。但到了1942年,則增加到了25525409名。朝鮮人口在此期間增加了94.4%。這一資料中不包括那些移居海外(日本、中國等地)的人口。根據當時的推算,移民到日本、臺灣、關東、滿洲等地的朝鮮人約有150萬人。

與殖民之前的朝鮮後期人口情況加以比較,人口的增長是顯著的。社會相對穩定的肅宗4年(1678),朝鮮人口為5246972名,1807年為

7561406名，達到了最高峰。但在此以後，朝鮮人口卻開始大幅減少。朝鮮開埠的1876年，人口縮減到了6691757名。在朝鮮王朝統治時期，朝鮮人口在200年間縮減了30%。

有趣的是，日本殖民地時期，朝鮮人口的增長速度，遠遠超過了日本本土日本人口的增長速度。1910年，日本人口為49184000名，1942年則為72880000名，增加了42.2%。這個增長速度僅為朝鮮同一時期人口增長速度的一半左右。

日本殖民統治時期，朝鮮人口的增長速度，也遠遠超過了同時期的亞洲、世界人口增速。1900年，世界人口為16億5千萬，到了1950年，則增加到了25億2千萬，平均每年增加0.85%。而同一時期，亞洲的人口增速為0.84%。但殖民地統治時期的朝鮮人口增速，卻達到了亞洲及世界人口增速的2倍。

在殘酷的殖民統治政策下，朝鮮人口也得到大幅增加，這說明什麼呢？韓國文明批評家、作家卜鉅一先生曾這樣直言不諱地指出：「這意味著即使是在殖民統治的本質性制約和迫害之下，朝鮮人仍然生活得很好。他們的生活不僅比朝鮮王朝統治時期更好，而且在物質條件方面，也不比同一時期其他國家的人差。這個結果，當然會與我們社會的傳統觀念產生正面衝突。但似乎也找不出可以回避這種衝突的方向。」

106. 對朝鮮殖民地時期的「四階段」評價法

關於日本對朝鮮的殖民統治，世界上很多知識份子和有識之士，都給出了肯定的評價。這一點遠遠超出了我們的想像，尤其令人驚訝。其中，英國歷史學家理查・斯特雷（Richard Storrey）曾這樣評價道：「（日本對朝鮮的統治）給朝鮮帶來了眾多物質方面的恩惠，而這種恩

惠分明比以往朝鮮王朝的統治更為有效;從某些方面看,日本的殖民統治遠不如朝鮮王朝的統治那樣恣意妄為,而且也沒有那麼殘酷。」

在韓國的歷史學家當中,首爾大學的安炳軾、李英熏、朴枝香等學者認為,日本的殖民統治對韓國的近代化進程做出了重要貢獻。他們分別從經濟學、統計學、比較史學角度出發,闡明日本殖民統治使朝鮮社會在殖民地時期成功實現了產業近代化。

日本在對朝鮮長達35年之久的殖民統治過程中,在不同階段,其性質也發生過變化。可以分為四個階段,以分析其性質的變化趨勢。

第一階段:從1910年日韓併合開始,到1919年「三一獨立運動」爆發為止。這一期間也被稱為「武斷政治」、「殘酷鎮壓」時期。當時,朝鮮人的反日武裝鬥爭頻繁發生,因此日本殖民者為了維持治安,實施了非常嚴厲的殘酷鎮壓政策。第一任總督寺內正毅和第二任總督長谷川好道,在這一時期實行了軍人武斷政治,招致眾多非議。

第二階段:從1919年「三一獨立運動」以後,到1931年「九一八事變」爆發為止。這一階段稱為文化政治階段,也被稱為「守成」時代。這一階段的政策,與第一階段的武斷政策形成對照。在這一時期,日本統治者實施了從文化、生活等方面尊重朝鮮傳統的政策,因此朝鮮人經營的報紙和文化產業也得到了發展。日本從1919年「三一獨立運動」中吸取了教訓,意識到再也無法用武斷的手段對朝鮮進行統治。

在這一期間,先後由齋藤實、山梨半造擔任朝鮮總督。齋藤實是一個佛教徒,具有超然的性格,在普及韓文、重視民族傳統等領域有所建樹。從筆者收藏的齋藤實書法上可以看出,他應該是一個具有嚴謹、正直性格的日本人。

第三階段:從1931年開始,到1937年「七七盧溝橋事變」為止。通常把這一時期稱為「建設時期」。在這一期間,小學教育在朝鮮得到普及,與此同時也展開了農村振興運動,因此日本、朝鮮民眾的生活水

準發生了顯著的變化。此外，這一時期也促進了朝鮮重工業的近代化。

這一時期的朝鮮總督由宇垣一成、南次郎擔任，而這二人都屬於文人型的軍人領袖，因此傾向於任用朝鮮官吏。而這種懷柔政策，也培養了朝鮮人的親日傾向。

第四階段：從1937年開始，到1945年日本戰敗前為止。這一時期又稱為「非常時期」，或「臨戰時期」。由於日本軍國主義的急劇膨脹，日本國內也開始強化了戰時體制，而在朝鮮則提出了「內鮮一體」的口號，大力促進同化政策。

此外，朝鮮人和日本人一樣被賦予服務社會及徵兵義務。這一期間，日本殖民者採取了相當殘酷的統治政策，無數朝鮮民族運動家、重量級知識份子、文化人等也都順應了日本殘酷的戰時體制。這一時期順應了日本政策的人，就是現代人所說的「親日派」。李光洙、崔南善等人為「親日派」的代表人物。這些擁有非凡思想和思考能力的人之所以主張「親日」，部分原因在於像李光洙後來表白的那樣，是為了「保存民族」實力。因為在日本統治者的刀槍面前做無謂的犧牲，與保存民族實力的原則是相違背的。

此外，在這5年間，日本統治者實施了「皇民化教育」、「創氏改名」（讓朝鮮人更名改姓政策）、強制日語教育等政策。隨著戰爭乃至戰敗氛圍越來越濃，這些政策也逐漸變本加厲。所以說，用這5年歷史來取代整個殖民統治，也與歷史事實不相符合。

對於日本殖民統治朝鮮的評價，既是對日本的評價，同時也是對朝鮮自身的評價。因為我們必須透過朝鮮人在這一時期真實的生活狀況，去考察朝鮮民族根源性的民族主體。所以，與其從民族情感出發，無條件予以否定，還不如從整體觀點出發，對這一時期進行認真的分析，這才是正確的態度和方法。

107. 袁世凱「盜取了國家」嗎?

在中國近代史上，袁世凱通常被置於和孫中山對立的位置上，成為一個反面教材。有關辛亥革命前後，以及中華民國成立等近代史上具有劃時代意義的大轉換的記述，總是摻雜著執政當局的政治意圖。當時的政府部門出於自己的政治需要，極力貶低袁世凱的歷史地位。

辛亥革命正如當時的文化巨匠陳獨秀所評價的一樣，並沒有完成。他指出：「1911年10月10日的中國革命，不過是宗法式的統一國家及奴才制的滿清宮廷瓦解之表徵。至於一切教會式的儒士階級的思想，經院派的誦咒書符教育，幾乎絲毫沒有受傷。」

中山大學近代史學者袁偉時先生也曾說道，政治制度的性質，比皇帝是否存在更重要。「辛亥革命前夕的清王朝，正在向立憲政體轉化；而號稱民國的政府大都是專制政權。兩者差別不大。而就實行真正的憲政的可能性來說，前者的機率似乎更大一些。」

如果沒有袁世凱，革命也幾乎是不可能的。僅憑革命黨的力量還不足以顛覆清王朝；藉助袁世凱的力量，也暴露出當時革命黨人的弱點。

至今為止，有關中國近代史的教科書式的記述，都認為辛亥革命是一場失敗的革命，同時強調「袁世凱竊取了革命果實」，並將「竊國之罪」加在袁世凱頭上。

真實的情況是怎樣的呢？1911年11月1日，黎元洪致信袁世凱說，如果他贊同革命，將來民國總統選舉時，第一任之中華共和大總統，公固不難從容獵取也。」隨後不久，黃興也致書袁世凱，「明公之才能，高出興等萬萬。以拿破崙、華盛頓之資格，出而建拿破崙、華盛頓之事功，直搗黃龍，滅此虜而朝食，非但湘鄂人民戴明公為拿破崙、華盛頓，即南北各省亦當無有不拱手聽命者」。

革命黨人認為，只要善加利用袁世凱，革命就很容易獲得成功。於

是12月1日，在武昌召開的革命軍各省區代表大會上，代表們即通過決議：「虛臨時總統之席，以待袁世凱反正來歸。」12月3日，交戰雙方在英國公使朱爾典的斡旋下，實現停戰（一直延續到次年1月29日）；18日，南北議和在上海正式啟動，伍廷芳代表南方，唐紹儀代表北方，對議和的具體事宜進行談判。其中「開國民會議，解決國體問題」為雙方共識，若國民公決後，多數人贊同共和政體，那麼清帝退位，由袁世凱出任民國首任總統。

這邊議和代表還在上海爭執，南京那裡卻把臨時大總統給選了出來，組織起中華民國臨時政府。南方公然違約，主要有兩點原因：在同盟會元老們看來，孫中山為革命奔波一生，民國首任總統的殊榮理應歸其享有。

再者，當時的南方也確實需要一個中央政府，不必有多大影響、也無須有多少力量，只要這麼一個象徵就足夠了。因為如此一來，南方就可以和清政府平起平坐。政府對政府，談判起來才能理直氣壯。

袁世凱聞訊後自然極為惱怒。段祺瑞、馮國璋等北洋將領則發表聯名通電，主張君主立憲、反對共和，表示如果以少數人的意見而採取共和政體，必將誓死抵抗。

事情鬧到了這個地步，革命黨人自知理虧，所以孫中山一上任，就立刻拍電報給袁世凱對此予以解釋，「東南諸省，久缺統一之機關，行動非常困難」，現在清帝尚未退位，「文雖暫時承乏，而虛位以待之心，終可大白於將來」。明明白白地告訴袁世凱，大總統之位早晚還是你的，我孫中山不過暫時幫你看管一下罷了。區區幾個月有職無權的大總統，看上去算不了什麼，可實質上卻使孫中山成了共和締造者、中華民國的國父。

1912年1月15日，孫中山又明確表示，「如清帝實行退位，宣布共和，則臨時政府絕不食言，文即可正式宣布解職，以功以能，首推袁

氏。」袁世凱這才暫時放下心來，恢復了對南方的信任。議和得以繼續
進行。

當時，清政府總理大臣袁世凱已經掌握了實權，成為實際上的統治
者，但清政府並沒有輕易退出。1月26日，以段祺瑞為首的北洋軍將領
47人聯名通電，要求清廷「宣示中外，立定共和政體」。

腐敗無能的清政府根本沒有反抗的力量。1912年2月12日，清廷以
宣統名義頒布退位詔書，由此中華民國統一南北。袁世凱並沒有逼迫孫
中山讓出大總統寶座，而孫中山也是充分肯定袁世凱的能力的，因此可
以說孫中山是自願把臨時大總統職位讓給袁世凱的。由此可見，袁世凱
就任臨時大總統是合法的。正如參議院所說，「中國的華盛頓」這個稱
謂對袁世凱而言是名實相符的。

綜上所述，袁世凱是一位有能力的政治家，「竊取國家」的說法是
不成立的。

108. 孫中山的個人崇拜

高聲疾呼建設共和國的孫中山，在中華民國建立以後，沒有致力於
建設民主議會制體系，反而實施了與此背道而馳的個人崇拜和獨裁政
策。這是百年前中國近代史上最具諷刺意味的一件事。

孫中山提出了第三條政治路線——「孫文路線」，以替代「袁世凱
路線」和「宋教仁路線」。實際上，這是重新啟動過去革命黨的精神和
綱領的復古提案。孫中山於1914年7月8日，流亡日本期間，在東京組建了
「中華革命黨」。與其說這是一個新的革命政黨，還不如說是解散了國民
黨以後重新組成的秘密組織更為恰當。不僅如此，有些歷史學家甚至指
出：這是由頑固的革命黨人組成的「忠於孫中山的集團」。（橫山宏章）

　　實際上，孫中山是這樣要求中華革命黨人絕對服從自己的：「必須絕對服從黨的領袖。二次革命失敗的原因就在於無視我的命令。因此，今後我將成為真正的黨首領，而不想成為假的黨首領。把所有權力統一起來，才能成為拯救中國的力量。」

　　從中我們可以看出，對於孫中山而言，在以黨首領為最高權力頂點的革命黨集團內，只有絕對的命令，而民主意識與自由根本沒有存在的餘地。

　　從黨員構成中我們也可以看出，孫中山是把黨組成員分成了三類：

　　①首義黨員：在革命起義之前入黨的「元勳公民」；

　　②協力黨員：從革命起義開始到革命政府成立期間入黨的「有功公民」；

　　③普通黨員：革命政府成立以後入黨的「先進公民」。

　　因此，在中華革命黨的一黨獨裁體制中，能成為政府核心力量的就只有「首義黨員」。在一黨獨裁時期，那些未加入中華革命黨的國民，被剝奪了公民權，而且在所有政治權力中遭到排斥。所以，只有被選擇的黨員（公民）才能參與政治。在中華革命黨內部，孫中山這樣確立了自己的絕對統治地位。這可以說是對宋教仁曾經提倡的民主政治體制的全盤否定，是粉碎了議會制度的獨裁體制。

　　一直以來，全力支持孫中山的革命派領袖，針對他對權力的絕對化、個人崇拜化紛紛提出了批評。比如說曾經是孫中山左膀右臂的黃興，便憤然離他而去。在黃興看來，革命黨人是為了革命而奮鬥的，怎麼可能為了某一個人去鬥爭？兩人就此決裂。

　　緊隨其後，高舉反袁大旗宣布獨立的江西總督李烈鈞同樣認為：「犧牲一身自由，服從黨首，這是一種侮辱。」於是，他也脫離了中華革命黨。

　　孫中山要求中華革命黨絕對忠誠於他一個人，從某種層面上看，這

帶有濃厚的「秘密社團」色彩，因此中華革命黨無異於是一種前近代式的政治集團，大搞個人崇拜的集團。自中華革命黨以後（從1919年開始改成中國國民黨），孫中山開始強調一黨獨裁。這一時期提出的口號，就是「以黨治國」。意味著「革命黨將代替人民治理國家」。而這一理念產生的作用，影響了近代以後中國正當的統治原則。

學者邵德門在其著作《孫中山政治學說研究》中，對「以黨治國」進行了具體的解釋。他指出，在以黨治國思想下，對孫中山政黨的認識，分明存在缺陷。首先，政黨代表政治，將黨政一體化，促使革命黨和革命政權之間的界限模糊不清；其次，在革命黨內部，確立了「黨首獨裁制」。「以黨治國」也便意味著全國人民都要服從黨的指示，進而發展為「以人治國」——國民應服從總理（孫中山）的革命，犧牲一切權利。作為一個「忠誠於孫中山的集團」的中華革命黨提出的「以黨治國」論，包含著可能導致孫中山個人獨裁的「以人治國」的危險性。

孫中山確立的革命黨人的個人崇拜、「以黨治國」理念，在權力轉移到蔣介石手中以後，確實演變為國民黨的「以黨治國」獨裁政治。

孫中山逝世以前，中華革命黨（後來改稱為國民黨）還沒能掌握全國的政權，而僅掌握著控制廣東省的廣東政府。從軍政理念出發，孫中山就任廣東軍政府大元帥，這是他的權力頂峰，此後不久他便去世了。但孫中山「以黨治國」理念的影響，一直透過蔣介石的獨裁發揮作用。

109. 孫中山的愚民觀

透過孫中山的生平，我們可以了解到，他對西方式的議會政治制度持有懷疑態度，並優先選擇了獨裁體制。他在晚年重新提出個人崇拜以

及「以黨治國」的政治理念，正是以他的愚民觀為出發點的。

孫中山不相信人民的能力，一直持有某種固執的愚民觀。他不信任大多數中國人民（百姓），並從這種愚民觀出發，將革命分為「三序」階段。他認為，首先應進行「軍法之治」和「約法之治」，然後再考慮細分為軍政、訓政、憲政這種「三序」方針。

孫中山的統治觀念從原來開始就具有濃厚的行政主導型色彩。1906年，他批判美國國會，認為即便是在實現了民主政治的美國，也存在大量愚昧的人民，所以未能選出優秀的賢人，僅推選出愚昧的代表。由於受到這種不信任人民的徹底的愚民觀影響，孫中山在後來反而提倡專制論、專制必要論。

賢人統治的善政主義在孫中山的基本思想中始終陰魂不散。他認為，有能力的賢人應該替代愚昧的人民執政，並實施人民所希望的政治路線。而只有那些掌握了高深學問的有能力的賢人，才有可能正確實施這種善政。這實際上是一種儒教哲學理念。

孫中山是在形成「三序」思想10年以後組建中華革命黨的。10年時間，足以改變一條河道。在這一期間，中國發生了辛亥革命，中華民國成立等翻天動地的巨大變化。從國際上看，也發生了世界規模的變革，而且也爆發了第一次世界大戰。這一時期，世界已經進入大眾化時代，以工人群眾為中心的人民大舉參與社會、大眾運動、工人運動，以此改變了世界社會面貌。

在中國，陳獨秀等人於1915年發起了史無前例的「新文化運動」，正向中國傳播西方啟蒙思想。他們開始以民主主義、科學為口號，宣導文化、思想革命。在這一時期，人民的權利開始在政治、經濟領域抬頭。

大眾開始覺醒。也就是說，中國處於史無前例的歷史轉變時期。即便如此，孫中山的愚民觀絲毫沒有變化。像一顆彗星一樣橫空掃過茫茫天宇的陳獨秀，奔走吶喊，中國應該擺脫傳統儒教思想的束縛。這些新

文化運動領袖期待著因大眾覺醒而帶來的巨大社會變革。

但是，孫中山依然固守過去的傳統思想，堅信改變中國的力量，仍是那些已經覺悟了的部分精英人物（賢人）。所以，孫中山突出強調革命黨的絕對作用，因為在他看來，革命黨是以「首義黨員」為核心組織起來的精英。

橫山宏章等學者考證認為，孫中山把社會人員分成了三大類：①先知先覺者；②後知後覺者；③不知不覺者。區分社會人員的唯一標準便是他們的能力。佔絕對多數地位的無能的人民群眾屬於第三類——不知不覺者。孫中山認為，作為賢人集團，「先知先覺者」應該教育、指導這些無能的大多數群眾。

在孫中山看來，群眾始終不是政治活動的主體，而是接受先知先覺的政府指導（訓政）的客體。孫中山甚至以父子關係解釋革命黨和群眾之間的關係。在他看來，國民是「赤子」，而革命黨是生下這些赤子的父母；養育、教育他們的正是革命黨。孫中山把正在覺醒的大眾看成是嬰幼兒，並由此主張中國政治應該是賢人統治的政治。

從1914年1月開始的孫中山「三民主義」演講，集中表現了孫中山的思想。在演講中，孫中山仍把「權」和「能」區別開來，說明人民和政府的不同性質。他認為，人民作為國家的主人，雖然擁有主權，但在政治上是無能的；具體擔當政治職責的人，應該是那些與諸葛孔明相仿的賢人。

孫中山在1920年依舊保持著10年以前的愚民觀。就孫中山這種愚民觀，胡適曾這樣指出：「（孫文）學說的真意義只是要使人信仰先覺，服從領袖，奉行不悖。中山先生著書的本意只是要說：『服從我，奉行我的《建國方略》』。」「中山先生的主張訓政，只是因為他根本不信任中國人民參政的能力。」說孫中山的愚民觀導致他在政治上的失敗，似乎也並非言過其實。

110. 「乙巳五賊」是賣國賊嗎？

筆者曾以「痛哭的韓國」為題，對《乙巳條約》簽署過程做過一番介紹。但在此，筆者想換一個角度，重新思考這樣一個問題：我們是否可以將當時的全部責任，推卸給「乙巳五賊」？

在簽署《乙巳條約》過程中，如果說「乙巳五賊」做出了賣國的行為，那麼其實質也不過是充當了當時韓國最高負責人高宗的代理人而已。當時，大韓帝國議政府有八位大臣。他們分別是參政大臣韓圭卨（1848-1930）、外部大臣朴齊純（1858-1916）、內部大臣李址鎔（1870-1928）、軍部大臣李根澤（1865-1919）、法部大臣李夏榮（1858-1919）、學部大臣李完用（1858-1926）、度支部大臣閔泳綺（1858-1927）、農商工部大臣權重顯（1854-1934）。

其中，李完用、權重顯、李址鎔、李根澤、朴齊純五人成為「乙巳五賊」。只有韓圭卨一人自始至終拒絕《乙巳條約》，而李夏榮、閔泳綺二人除了簽署《乙巳條約》以外，也對日本提供了協作。從這個意義上講，八大臣中，有七人對日本提供了協作。

筆者認為在這個問題上，高宗的責任是重大的。在簽署《乙巳條約》前的1905年11月15日，伊藤博文在雲峴宮參見高宗，強迫其簽署保護條約的時候，高宗宣稱「將諮詢官僚，並考慮人民的意願。」據說當時高宗對是否簽署這份協定十分猶豫。此外在簽署條約當天，高宗還藉故患病，拒絕出席御前會議。部分學者考慮到朝鮮的正統性，對高宗的這一做法給予很高評價。但筆者認為高宗是在回避責任。

曾任啟明大學史學系教授的歷史學家金基俠先生指出：「高宗是一個無法自如運用政治謀略和手段的皇帝。在《乙巳條約》這樣重大的政治狀況面前，很難想像高宗沒有試圖腳踩兩隻船。一方面，高宗雖然派遣密使，向西方列強表明簽署條約並非出自自己本意，並請求列強支持

自己恢復國權；但從另一方面，高宗又派出自己的親日派心腹，去收集資訊，努力確保哪怕是最小的利益。」（《解讀朝鮮亡國歷史》）

在「乙巳五賊」中，除了李址鎔以外，其餘大臣都是當時非常了解國際形勢的人，他們當中有美國通、日本通，是當時朝鮮此吒風雲的知識份子、政治家。在日俄戰爭爆發以後，韓國的首要目標便是建設近代國家，因此改革勢力普遍持有這樣一種態度：為了保持韓國的獨立，中日韓三國應該以日本為盟主結成聯盟關係，以抗衡西方白種人的帝國主義侵略。恰在此時，日俄戰爭進入白熱化狀態。他們希望聘請日本的財政、外交顧問，以抑制封建王朝皇帝的專制。

僅從民族抵抗主義層面上看，《乙巳條約》也可以說是有利於朝鮮民族的。但這也成為粉碎當時的君主體制，建立近代國民國家，並促進近代化進程的一個轉捩點。此後發生的日韓併合事件滅亡了朝鮮王朝。和辛亥革命推翻清王朝相似，《乙巳條約》的簽署，也為韓國建設近代國民國家提供了條件。在朝鮮封建王朝滅亡過程中，日本起到了加速作用。

封建王朝的滅亡，不僅是朝鮮，而是當時整個東北亞文明圈共同的現象。《乙巳條約》提供了這樣的前提條件。所以，如果說「乙巳五賊」是逆賊，那這也僅限於民族層面；在近代化、建設國民國家層面上，「乙巳五賊」反而在日本的幫助下做出了重要貢獻。如果說「乙巳五賊」是逆賊，那麼整個朝鮮民族都應被稱為「賣國賊」。

111. 100年前，西方是如何評價日本的？

如果說文明一詞指的是物質的文明，那麼可以說日本是一個極為文明的國家。為什麼這麼說呢？因為日本人的工藝品，即使沒有使用蒸汽機，也達到了工藝品所能達到的極致。另外，日本的教育普及率，也超

過了歐洲文明圈。包括支那在內,與亞洲其他國家的婦女被完全置於無知狀態的情況相比,日本無論男女都能用日語和漢字讀書寫字。

日本人是世界上最為清潔的民族。關於這一論點,是不容置疑的。「能看到日本這個國家的和平、徹底的民族感情、富足、完美的秩序,還有比世界上任何一個國家都得到妥善耕種的土地。

世界遺蹟發掘者謝里曼(Heinrich Schliemann,1822-1890),同時也是一個世所罕見的知識份子和社會活動家。他在訪問了大清帝國和日本以後出版了《大清國和日本》(1865)一書。他在書中這樣寫道:「無論走到哪裡,到處都是令人窒息的塵土以及乞丐。與此相比,日本則是一個保持著最高清潔水準的國家。」

如前所述,我們可以從百年前後西方人對東亞三國的描述中發現,西方人對中國人和韓國人的評價不高,但他們對日本人的評價之高,幾乎達到了令我們感到不快的程度。到訪過中日韓三國以及世界各地的伊莎貝拉・露西・伯德・畢曉普女士也認為,與衰落的、正在走向死亡的朝鮮相比,日本則是一個使停滯不前的亞洲形象煥然一新的、充滿活力的國家。同時代的英國觀察家喬治・寇松也認為,日本的內閣政治,是一個「人才的總集合體」。在和日本明治維新時期的領導者伊藤博文、井上角五郎等人有過會談以後,他判斷道:正因為他們的傑出,日本才形成了明治國家。

當時西方的評論者不禁異口同聲地讚歎日本的清潔、親切、禮儀。葡萄牙人莫拉艾斯(Moraes,1854-1929)在其所著的《日本精神》一書中,對日本人的精神給予了高度的評價。他在書中例舉了「日本人令人驚訝的親切微笑」,並讚歎「日本人的親切態度達到了極致」。而且,「日本人崇拜自然,都努力相信和平的生活。」日本人在這樣一種生活狀態中,「想向所有人展示他們的微笑」。

美國青年教師格里菲斯(Griffis,1843-1928)1876年出版的《明

治日本體驗記》中，也談到了日本教育和教養的力量。他說，日本官員「紳士般的禮貌謙讓和幹練讓人愉快。」並指出，日本人徹底的親切，給他帶來的幸福感，尤其令人難忘。

美國動物學家愛德華‧S‧莫爾斯（Edward S. Morse，1838-1925）也在自己的日本體驗記《在日本的每一天》中這樣寫道，對「人力車夫的禮貌、日本人愛護動物之心、日本兒童的快活、對外國人的寬容、日本的安全性、在生活的每個角落表現出來的美感和自然」等深為嘆服。值得深思的是，在1902年所寫的《中國和中國家庭》中，則出現了與日本相對照的負面評價。

與當時的中國和朝鮮相比，西方人一致給予日本高度的評價。這種現象也是值得我們關注的。雖然是一段令人心痛的歷史，但這些內容也從另一個側面，展現了百年前後我們相較於日本的落後性。

西方人在19世紀後期開始對日本人產生了親近感，並對其大加讚賞。這是因為文明已經隨著產業一起滲透到日本的每個角落，因此看起來越來越像歐洲，所以才讓他們產生了好感。進入20世紀初以後，西方人斷言：「日本並不比我們差。」他們在感歎日本人努力學習西方的好奇心的同時，對此做出了回應。

但是，也有西方人在如此肯定日本人認真學習西方文明的同時，也對其急劇的變化進行了諷刺。皮爾‧羅特（Pierre Lot，1850-1923）出版於1889年的《秋天的日本》，發現了日本「與近代令人暈眩的狂熱不和諧的聲音」，並諷刺看似猿猴的日本人身穿西裝的樣子。可以說，這是在指責日本人變成了西方人的奴隸。

1904年，日本在日俄戰爭中獲得了勝利。對此，西方認為日本已經站到英國式的世界秩序當中。西方之所以能夠統治世界，並非是由於西方的優秀，而是由於非西方人的落後。這種認識越來越得到普及。

此時，埃及出身的知識份子、民族運動家卡米爾（1874-1908）的

《升起的太陽》出版。書中，日本已經成為透過日俄戰爭，向世界宣示它的存在並引人矚目的國家。這個書名當然指的是「旭日東昇的國家」日本。「旭日東昇的太陽」也被按原意譯成阿拉伯文廣泛使用。作者在書中賦予日本「亞洲突出的新興勢力」的象徵意義。卡米爾在談到「日本發展的秘密」時說，天皇以下，政府的大臣、官員、庶民等所有國民一致擁有強烈的愛國心（民族主義精神）。而與其相對應的，則是教育、政治、經濟、軍事的近代制度。因此卡米爾認為，埃及應該學習的是日本的愛國心、近代制度。他透過比較「旭日東昇的國家」日本和「夕陽西下的國家」埃及，號召埃及人民應該從日本的崛起中感受到危機意識。

對日本的禮讚在西方此起彼伏的時候，部分英國人也從回憶的角度觀察日本。在這些西方人看來，日本人不容易外露自己的內心世界，是個狡猾和傲慢的民族，從而對包含在其愛國心和「日本精神」、「國魂」之中的危險性，產生了畏懼。曾任東京大學教授的著名日本研究學者張伯倫（1850-1935），一邊否定英國人對日本人的武士道精神盲目的讚歎，一邊尖銳地指出日本武士道精神膨脹的危險性。

也有西方人這樣評論日本：日本人不過是非正常地模仿了西歐，結果使其變成了一個怪誕的「雜種」。他們嘲笑日本人「既不是魚，也不是家畜的雜種」，或者是「既不是東方的，也不是西方的雜種」。

1907年，日俄戰爭爆發以後，日本實際上把朝鮮控制在了自己的鼓掌之中。對此，在英國和西方人的輿論中，批評之聲不絕於耳。駐日英國大使竇納樂也對日本的真面目表示憂慮，麥肯茲同樣揭露了日本對朝鮮的「殘酷」暴行。

可是，英國卻只是默默注視著日本於1910年吞併了韓國，只是關注著英國自身的利益。英國把日本對朝鮮的統治視為理所當然的事情，甚至認為朝鮮將通過這樣的統治，實現高效的文明和經濟的崛起。百年前世界列強共同犯下的錯誤，事實上是以另外一種形式遺留在分裂的朝鮮

半島。這是不容忘記的。

112. 100年前，西方是如何評價韓國的？

　　當時西方人認為，日本這個「冉冉升起的國家」，吸收了西方文明以後，顯示出如日中天的氣勢。與此相反，韓國則是一個「安靜的早晨之國」，還是一個處於前近代時期的沉睡的國家。與日本相比，韓國大體上是一個「被腐敗、脆弱所充滿的社會」，給人以「缺乏愛國心、骯髒、無禮、懶惰」印象的國家。

　　在19世紀末到20世紀初，訪問過日本和韓國的伊莎貝拉・露西・伯德・畢曉普（Isabella Lucy Bird Bishop）、喬治・寇松（George Curzon）、赫利厄（第一任駐韓英國總領事）、韋伯夫人、顧斌斯（Gubbins）、約翰・喬丹（駐韓英國公使John Jordan）、等西方人看來，韓國的形象大體上是負面的。

　　1876年，赫利厄是第一個來到韓國的西方人。當時，他甚至錯以為自己是從「近代中國」來到「近世紀中國」。他這樣描寫道，這是一個「普遍存在貧困的、人民懶惰的國家」。他們發現，即使是跟中國比較，韓國也是落後的。因此，在他們看來，韓國是一個「文明退化」的國家。1911年來到韓國的韋伯夫人這樣驚歎，「無知、愚昧」、「骯髒、愚蠢的人」，「生活在黃土和草秸構成的房屋裡」。這是一個「沒有文明開化的、農夫的國家」。

　　1893年，訪問韓國的英國政治家喬治・寇松說，「這個小小的國家過於腐敗、過於衰弱，很難通過獨立拯救他們。」他這樣指責韓國的腐敗和無能：「韓國是政治統治最為惡劣的國家。」

　　1905年《乙巳條約》簽訂以後，就任駐韓總領事的亨利・柯本

（Henry Cokburn）這樣評價高宗皇帝：他具有左右搖擺的性格弱點，
很多英國人認為是韓國自己放棄了機會。如果不能憑藉韓國自己的力量
改革，那麼哪怕是通過外部力量的介入也應對其進行改革。英國人布朗
（J. McLeavy Brown）當時對韓國著名的愛國主義官員這樣指出，韓國
人缺乏公共意識，在這一點上與日本指導者的獻身精神形成鮮明對比。
全琫準在東學農民戰爭中被逮捕以後，在被審問時，一一指出當時中央
政府的貪官污吏閔泳駿、閔泳煥等人。即便是在這些捨命反抗日本侵略
的愛國人士當中，也隱藏著這種「惡」，這實在是令人驚歎。

　　駐東京英國領事顧斌斯也曾在1902年短暫訪問韓國。他把韓國描寫
成是一個「完全處於崩潰邊緣的東洋國家」。東亞形勢透徹的觀察家薩
道義爵士（Ernest Mason Satow）認為，「韓國政府的虛弱和腐敗，以
及黨爭，進一步激化了圍繞韓國展開的國際矛盾。」「如果說土耳其是
歐洲的病人，那麼韓國則是東洋的病人。」

　　1880年代初期訪問過韓國的伊莎貝拉・露西・伯德・畢曉普指出，
「韓國人的時間觀念非常薄弱，凡事都不會爭先恐後。」在她看來，韓
國是一個正在衰落、死亡的國家，從皇宮到最下層的平民百姓，都執拗
地拒絕改革。在她觀察之下的韓國，缺乏西方文明中的「清潔」，是一
個「骯髒」的國家。

　　伊莎貝拉・露西・伯德・畢曉普說，「在看到北京之前，還以為漢
城是這個世界上最為骯髒的城市。」西方人認為，漢城是一個「令眼睛
和鼻子都極為難受的場所」。與此相反，在西方人看來，日本是一個
「沒有乞丐，沒有髒亂現象的國家，是一個顯示出近代性的地方。」
他們這樣評價中日韓三國：「日本人的身體和著裝都很清潔。韓國人
雖然著裝清潔，但卻疏於關注自己的身體。而中國人則在這兩方面都很
髒。」西方人眼中的東亞三國清潔文明論，提出了令人深思的問題。

　　英國人把韓國評價為「飼養了3000頭牛、並且在30年來一次都沒

有打掃過的希臘神話中的『奧革阿斯（Augeas）王的馬廄』。能對此進行清掃的，只有日本。」

　　西方人觀察到的韓國人的國民性，基本上是「奸巧的，不誠實的」，韓國人「很固執，缺乏道德感」，「無論男女都很骯髒，都不喜歡洗澡，著裝都不夠端正」。在他們看來，韓國人「喜歡躺在床上耽於空想，是一個喜歡思索的民族」，其共同點是「懶惰」。百年前的民族性，與我們今天所認識到的內容截然相反。

　　伊莎貝拉·露西·伯德·畢曉普說，如果韓國人在正直的政府領導下復興產業，人民生計得以保護，將會成長為真正意義上的「市民」。而目前的落後，原因就在於政府的腐敗和剝削。

　　以《每日郵報》特派員身分來到韓國的弗雷德里克·麥肯茲，發現了韓國人可愛的一面，並對其給予了深深的同情。相反地，當他了解到日本的真面目以後，便開始表現出反日態度。

　　但是，在英國人看來，韓國是「在皮鞭下固執地保持沉默的、健康但卻漠然的羊群的國家」。尤其值得一記的是，他們認定：與日本人強烈的愛國心相比，同時期的韓國人沒有什麼民族感情，對國家或家庭沒有什麼自豪感。

　　於是，英國的觀察家下了這樣的結論：「總之，韓國不具有獨立國家的素質。」我們發現的百年前的韓國，如此缺乏民族心，這一點是值得我們特別強調的。正如「民族」這個單詞誕生於80年乃至100年前一樣，韓國的民族主義是在抵抗日本帝國主義過程中逐漸形成、普及的。對此，我們也應重新審視。

　　對於「日韓併合」，概括起來就是「因國王的無能和腐敗，普通國民的無知和漠然，韓國很難自立自強，因此需要外部勢力介入對其進行改革。」1910年，英國的輿論即使對日本殖民地統治採取批判的態度，但認為日本作為啟蒙者，應該對韓國進行指導的呼聲仍然很高。

1928年，就任韓國京城帝國大學英語教授的英國小說家德雷克有這樣一段描述：

「如果某一個民族遭到了高壓統治，那麼這個民族內部就一定存在使其成為可能的原因。不管怎麼說，民族的滅亡，責任在它們自己身上。不能因為朝鮮是一隻無辜犧牲的羔羊，就心軟地同情它。」

西方人的批評和指責，雖然令我們心痛，雖然存在一定程度的西方式的「東方觀」因素，但綜合觀察百年前的韓國國民性、社會實情、政治、經濟等方面，這都是一種具有積極意義的、極為深刻的批評。

113. 為什麼部分朝鮮人對日韓併合持肯定態度？

出乎我們現代人意料的：當年有很多朝鮮人對日韓併合持有肯定態度。現在我們只是傾向於剔除當時大量出現的「親日派」，卻疏於自我反省——包括對這些「親日派」之所以產生的歷史背景。

正如韓國的教科書中所指出的那樣，韓國從19世紀初開始，到日韓併合以前（1910年8月），「勢道政治」（受到國王委任而掌握政權的特殊人物及其追隨者主導國家發展的政治形態。）飛揚跋扈，導致朝鮮在長期以來處於政治混亂、員警橫暴、民眾貧困的現實狀態。改革的努力屢屢因朝鮮王朝和內部黨政而遭到失敗。面對大眾的苦難，李容九挺身而出，希望在對等的條件下實現日韓併合，藉助日本的力量完成朝鮮的改革。同為一進會領導的宋秉畯認為：「韓國的皇帝無德無能，與日本協作並採納其體制，則可早日實現文明開化。即使被辱罵為賣國賊，但為了韓國民眾，不得不選擇合併之路。」現在，李容九和宋秉畯都被韓國人斥為「親日派」。但他們二人都是當時具備了國際視野的社會精英，尤其是李容九，其愛國愛民之心，更是令人肅然起敬。事實上，李

容九是被我們過於歪曲、忽視的朝鮮近代精英人物之一。

　　現在的韓國人把日本併合韓國的所有責任推卸給「乙巳五賊」，並不遺餘力地對李完用等人口誅筆伐。事實上，李完用是一個愛國主義者，作為一位朝鮮代表性的精英政治家，他採取了親美、親俄的政治路線，但他做出這種決定自有其原因。因為這些精英人物深知，拯救朝鮮的道路就是「日韓併合」，否則無異於以卵擊石，將使朝鮮自取滅亡。1926年，李完用在臨終之時，留下了這樣的遺言：「我也是一個絕對相信自主獨立的人。我只是作為下策選擇了親日而已……」

　　筆者認為，我們有必要重新分析、研究李完用及李容九、宋秉畯等贊同、肯定日韓併合的態度及他們的內心世界。從民族主義、民族心出發，剔除親日份子固然未嘗不可，但這種行為應該以時代背景的分析為基礎。在筆者看來，如果說有賣國賊把這個國家和民族拱手交給了日本，那麼所有朝鮮民族成員也都是他們的同謀和共犯。他們只是沒能比朝鮮民族中的其他人更有力地保護國家和民族而已。

　　對於日本併合韓國一事，有很多朝鮮的社會精英和大眾是持肯定態度的。李成玉是朝鮮當時的一位政治家。在朝鮮末期，李成玉作為全權公使被朝鮮政府派駐美國。當時，擔任他的翻譯工作的人，正是我們熟悉的徐載弼。李成玉在美國了解到美國人蔑視朝鮮人甚於印第安人，這一現實也給他帶來極大的刺激。他曾這樣抒懷：「僅憑現在的朝鮮民族之力，很難找回朝鮮作為一個獨立國家的尊嚴。亡國那一天必將到來。免於亡國的道路，只有併合一條。而且併合的對象也只有日本一個國家。歐美把朝鮮人視同豬狗，但對日本卻並非如此。日本人一貫大談道德的做法雖然令人生厭，但這是因為日本人把朝鮮人視為同類人。此外，日本是唯一適合引領朝鮮人，使朝鮮步入世界人類文明行列的國家。除此以外，再也沒有一條道路，能使朝鮮人擺脫被視為豬狗的境遇，以人的身分享受幸福。認為日韓併合有問題，實在是一件好笑的事

情。我的併合觀來自於考察歐美人對朝鮮民族的看法。」（《李完用侯爵的心事和日韓併合》）

　　洪鐘宇年輕時代曾在日本做過一段時間的「活版工」（撿字工），隨後前往法國巴黎，並在那裡結識開化派重要領導人金玉均。在上海成功暗殺金玉均的洪鐘宇，在回到韓國以後，一度官至評理院（**大韓帝國司法機關**）裁判長，風光無限。作為一個反日分子，洪鐘宇對朝鮮國王的無能深感失望，言語之中對其多有不恭，因此而逐漸淡出政界。他逐漸與曾任《京城新聞》主編的日本知識份子青柳綱太郎頻繁交往。洪鐘宇曾對青柳綱太郎這樣說道：「有這樣一位國王，韓國至今還沒亡國，實在是萬幸。」「韓國現在已經窮途末路。擁有4000年歷史的古老國家現在已經走到了盡頭。這個國家正處於生靈塗炭的境地。但如果日本能夠迅速併合，在日本天皇陛下領導下，使1200萬國民獲得新生，那麼即使亡國，也是物有所值的。」在此之前，洪鐘宇一向唯韓國國王馬首是瞻，因此他的話極具分量。

　　當時確實有很多人對日韓併合持有肯定態度。對於他們的言行，我們不應該從民族情感出發一味譴責，而應從理性的角度出發，冷靜地分析他們之所以做出這些舉動的原因。

114. 日本在殖民地朝鮮建構的近代法制體系

　　日本對朝鮮的殖民主義統治，有很多方面都值得我們對其進行重新思考、分析、認識。日本為了對朝鮮進行殖民統治而付出了多方努力，並取得了相當的成功。

　　日本帝國主義在朝鮮建構的法律、行政體系便是其中之一。至今為止，韓國的學者或普通民眾仍以為日本的統治非常殘酷且肆意妄為，卻

很少為進一步了解日本殖民統治形式下的權力和統治邏輯而付出努力。

　　韓國成均館大學的李哲宇教授指出：「我們並不能認為在日本殖民統治下，由於缺乏民主的權力統治，朝鮮遠離了近代性。事實上，在日本統治時期，朝鮮的法制體系得到進一步完善，以至於國家的權力和控制範圍擴大到（傳統的）朝鮮政府不曾干預的日常生活領域。」（《韓國殖民地的近代性》第67頁）

　　李哲宇教授在其著作中認為，日本對朝鮮法律、司法問題的控制，從1905年把朝鮮變成日本的保護國以後就已經開始了。日本在韓國政府內部，安插了日本的財政顧問和外交顧問，而且在所有重要部門，也都安插了日本的顧問。1907年，日本頒布了新的《裁判所構成法》，試圖分離司法權和行政權，並按照日本法律形式引入三審制度。根據這項法律，設置了「大審院」（相當於最高法院）、地方裁判所以及區裁判所。

　　1909年，日本方面強令韓國政府在《韓日關於韓國司法及監獄事務委託的備忘錄》上簽字。韓國從此喪失了自己的司法權，於是日本掌握了近代司法一切相關事務。筆者認為，日本做出這樣的決定有如下兩方面的考慮：第一，從日本人的角度上看，韓國還處於前近代階段，因此應對現行法律進行改革；第二，日本方面希望通過採取這些措施，有效消除抗日運動帶來的影響，提高日本對朝鮮殖民統治的穩定性和長期性。事實上，在朝鮮統監部執政時期曾擔任總檢察長的国分三亥（1863-1962，後來任朝鮮總督府高等法院檢察長兼司法部長）的談話內容——《回顧朝鮮司法界過去的座談會》（1940年8月）有很多重要資訊。其中這樣指出：「在日本的努力下，不可能實現的司法制度改善得以實現。」

　　伊藤博文採取保護朝鮮的政策時期，以及此後朝鮮總督府執政時期，廢止了一直沿襲到朝鮮末期的殘酷刑罰制度、奴婢制度，以及土地

制度，並採取了允許女性再婚、廢止笞刑、廢止連坐法等一系列措施，試圖根治朝鮮前近代法制體系中存在的痼疾。因為朝鮮前近代法律，成為日本統治朝鮮的絆腳石，而日本方面有充分的理由排除這一障礙。

日本成為朝鮮保護國期間，提議、制定了各項重要法令。其中，頒布於1906年的《土地家屋證明規則》是一項為促進土地商品化而制定的法規。日本方面認為，為了實現韓國的進步，繼續引入可以確保私人利益的司法體系，並以制定民田法為目的，對韓國的習慣展開調查。日本在司法領域調查了180個項目，在民法領域調查了48個有關商法的項目，並根據日本的民法、商法一一加以甄別。基於這樣的實際調查，朝鮮總督府於1912年整理出版了《習慣調查報告書》（朝鮮總督府）。這份報告書詳細調查比較了日韓兩國人習慣的類似性和差異性，因此也成為一份重要的歷史資料。

日韓併合以後，朝鮮總督府頒布《關於將在朝鮮實施法令的文件》。這份文件也成為日本統治朝鮮的敕令兼法令。從此，朝鮮總督開始擁有制定「制令」（具有與法令相同效力）的權力。根據這項法令，朝鮮總督府於1912年頒布了《朝鮮刑事令》和《朝鮮民事令》，其中全盤引入了日本現行民法、民事訴訟法、商法、刑法、刑事訴訟法等主要法典。

此外，為了規定言論及政治行動，朝鮮總督府頒布了《保安法》、《出版法》、《新聞志法》等，這些法律法規在日本統治朝鮮的35年間發揮了法律效力。《朝鮮民事令》從民法層面上提供了適用朝鮮習慣的餘地；只要朝鮮的習慣與公共秩序無關，則優先於法律規定。因此日本的法學專家甚至指出，《朝鮮民事令》過度預留了朝鮮習慣存在並延續下去的空間，朝鮮的法律體系也過於獨立，所以將對日後的經濟交往帶來混亂。

李哲宇教授說，日本的習慣就這樣開始滲透到朝鮮固有的社會生活領域。事實上，在韓國現行法律體系中，有很多內容都是繼承了日本殖

民地時期的傳統。近代法制體系作為近代遺產，被大量適用於先行法律法規，這也是不可否認的事實。

115.「向日本學習！」

在日本進行明治維新以後，尤其是在1894年至1895年間爆發甲午戰爭以後，這種認識在中國史無前例地強烈起來。

明治維新以後，在1880年代透過黃遵憲、王韜、何如璋等外交官和知識份子的努力下，中國人對日本的認識已經不再止於想像。中國人對日本的認識，透過更多生動的資料理解程度大幅提升。但是直到這時，中國人對世界形勢及變化的感覺仍很遲鈍，所以大多數人仍然從保守的、傳統的觀念出發，把日本藐視為「小日本」。他們無法真正擺脫「小日本」這種觀念的束縛。

但是，一向被中國人所藐視的日本，在甲午戰爭中，以它強大的軍事實力和國家觀念，一舉打敗了中國。中國人這才恍然大悟：「再也不能這樣小看日本了！應該向日本學習。」

被日本打敗所帶來的巨大打擊，完全超過了在鴉片戰爭中遭遇失敗時所受到的打擊程度。對於中國的社會精英而言，這種衝擊撲面而來。中國人正是從甲午戰爭以後，開始打破藐視西方及日本的傳統觀念的。

因此筆者認為，中國真正意義上覺悟到近代化的必要性，是在中日甲午戰爭以後開始的；在這一時期，中國才拉開近代史的帷幕。換句話說，中國近代史並非像我們的教科書中所說的那樣，是從1840年鴉片戰爭時期開始，而是從1894年至1895年的中日甲午戰爭時期才開始的。

一向被中國人藐視為「小日本」的東洋島國，竟然一舉擊敗了龐大的帝國。這在中國社會精英看來，是一種莫大的恥辱。他們開始深思日

本之所以能夠戰勝的原因，由此促使人們重新認識日本。

對日本的研究、認識，打破了以往中國唯我獨尊的傳統觀念，促使人們領悟到研究世界、認識世界的重要性。在這一過程中，康有為、梁啟超等維新改革派起到了先驅作用。1895年，康有為明確指出：日本戰勝的原因在於通過明治維新，進行了變法改革。

他們認為，中國如果想在弱肉強食的國際形勢中生存下去，就只有以西方為楷模，進行維新變法。但是，日本迅速且有效地吸納了西方文明，因此中國也應該向日本學習。日本學習西方，透過明治維新實現了富國強兵的夢想。對中國而言，向日本學習實在是一種必要手段。當時，除了少數保守的社會精英以外，無數清朝精英及知識份子，都傾向於採取「向日本學習」的態度。

學習日本的道路，同時也是一條了解日本的道路。所以，近代中國在改革風潮中，對日本進行了頗有深度的研究和分析。

康有為很早就開始了對日本的研究工作，據此於1897年寫出了《日本書目志》，並在女兒康同薇的幫助下，執筆《日本變政考》。（有一種說法認為，康有為在文中大量剽竊了他人的著作）此外，他的弟子梁啟超也於1897年創作《記東俠》，高度讚揚了日本的維新精神。

湖南省的維新派唐才常也在相關論著中記述了日本的維新史，並指出世界對日本維新的認識幾乎是無知的。

1898年6月，在光緒皇帝的支持下，中國維新變法運動拉開序幕。光緒皇帝讀過康有為的《日本變政考》以後，開始構想日本式的維新，並制定了相關政策。從某種意義上講，中國的變法維新運動是從康有為的一本書開始的。但是，在強大的慈禧太后等保守勢力打擊下，維新運動僅進行了103天便草草落下了帷幕。為什麼在中國國內無法進行維新變法？為什麼西方國家和日本都獲得維新成功？這種質疑，反而激發了「學習日本」的熱情。

　　1900年以後，隨著留學日本、訪問日本熱潮的興起，有些官員或知識份子，甚至自費前往日本，以進行實地考察。在這一時期，出現了百餘種關於日本的觀察記錄、調查報告。劉學詢的《遊歷日本考察商務日記》、潘學祖的《考察東瀛農工記》、吳汝綸的《東遊叢錄》、李宗裳的《日本學校考察記》、載澤的《考察政治日記》、丁鴻臣的《遊歷日本視察兵制學制日記》等。

　　這些論著，通過作者的具體實踐、親身體驗以及相關調查，試圖向讀者回答這樣一些問題：我們究竟該向日本學習什麼？我們該如何學習日本？從這個角度上看，這些著作自有重要的參考價值。

　　劉學詢、羅振玉、張謇等人通過對日本的實地考察，得出結論認為，日本實現富國強兵的原因在於商業和交通、工業、軍事制度改革和教育的興盛。張謇將日本的經驗歸納為：「教育第一，工業第二，軍事第三。」並據此認為，救國的道路首先在於發展教育。

　　學習日本是當時中國社會精英共同的認識。事實上，無論是中國還是朝鮮，其近代史也是通過日本學習西方近代化的過程。

　　從1905年廢止科舉制度、實施近代教育制度等改革措施，到1910年武昌武裝起義、辛亥革命等，都是中國學習日本的結果。日本至今還隱約地充當著中國和韓國經濟、技術、文化層面上的榜樣。

　　今天，「文化中國」或「文化韓國」已成為中韓兩國的立國方針。從這個意義上考慮，日本的價值是不容低估的。

116. 近代日本學者的「南北中國論」

　　近代東亞在西方學術、知識支撐下，在思想、文學、藝術及哲學等諸多領域，對中國進行了廣泛深入的研究，從而在對中國的研究領域起

到了先驅者的作用。

在亞洲範圍內，日本在綜合研究中國的學問——「中國學」（支那學）方面，顯然是領先於中國的。對朝鮮的研究活動，也是由日本人引領的。

在中國，「南北中國比較論」、差異論等成為中國學研究的一個環節。日本人在這方面對中國學者產生的影響也是不容低估的，中國的南北差異論思想是發端於日本和西方國家的。

「南北中國論」思想在日本方面是如何發展起來的呢？在近代東亞，最早提出南北中國論的人，是日本的岡倉天心（1862-1913）。他是日本天才思想家和美術教育家，早在1894年便在《支那南北的區別》一書中這樣說道：

「支那的地勢，本來就存在南北差異。這樣一種地理上的差異，也表現在南北支那人身上。從支那文化的角度上講，以黃河與長江為中心，至少存在南北兩個種類的文化差異。古人也曾言及江南、河北風俗的異同。因此，在文化、美術方面表現出不同風格也不是一件值得大驚小怪的事情……（中略）支那國民並非同屬一個種族，這一點無須我在此贅言。江南江北人民在體格容貌上表現出截然不同的特點……」

岡倉天心以他的親身體驗為基礎，從地理風土論角度出發，將中國人的地理和心理特點結合在一起，用樸素的語言論述了中國南北地區人民國民性的差異。孫隆基教授認為，中國的梁啟超、劉師培、王國維等人，在這一問題上是贊同岡倉天心的觀點的，因此極有可能是受到了他的影響。

桑原隲藏（1871-1931）是另一位提出「南北中國論」思想的日本學者。桑原隲藏非常理性，他於1907年至1909年間留學中國，在這三年時間裡，他閱讀了大量中國古籍。他指出：中國古典書籍「過分誇張的地方很多」，中國傳統的考證學「繁雜而不足信」。於是，他開始傾

向於用西方的學術方法研究中國。對他而言，「把中國視為一個外國，並對其進行說明」，是他研究中國、中國史的一個新視角。

1925年，桑原隲藏發表了他的論文《從歷史上看南北支那》。這篇論文是發表於1914年的《晉室的南渡與南方的開發》，以及發表於1919年的《從歷史上看南支那的開發》等論文的補充和完善。

這篇長達百餘頁的論文結構嚴謹，論述過程非常清晰，並透過大量史料和考證分析得出了這樣的結論：「魏晉以前，支那文化中樞在北方，但南宋以後，支那文化的中樞完全轉移到了南方。」他透過科舉考試及第人數來評價南北文化水準，並指出：「由於支那北方野蠻的少數民族的侵入，支那的優秀民族向南遷移……導致了南北盛衰局面。」他甚至指出「北方人的血液中混入了異民族的血液，同時北方人民也沒有遭到異民族的排斥。」

日本後來的中國學研究者指出：「閱讀這篇論文，不僅能了解到中國歷史的流向，同時也能認識到其他相關領域的動向。」至今為止，這篇論文仍是有志於研究中國學的人的必讀書目之一，由此可見它在日本學術界的重要地位。

在此，也不能不提到另一位日本重要的中國學學者——內藤湖南（1866-1934）。只要是中國的東西，內藤湖南便愛不釋手，他是日本中國學研究領域的大家之一。內藤湖南博覽群書，而且超越了學科領域，建構起他的中國學框架，因此在日本學界具有很高的權威性。

1924年，內藤湖南在其《新支那論》中提出了東亞文明移動學說。他認為，古代東亞文明的中心位於華北。進入唐朝以後，從宋朝開始，中國文明開始向南方轉移。明朝以後，非漢族地區（江浙）成為新的中心，而現在中國的文明中心已經轉移到廣東。也就是轉移到了另一個民族地區。他指出，「宋朝以後，中國的政治中心雖然位於北方，但文化中心已然轉移到了南方。」內藤湖南基於現實，提出了他的「文化中心

說」並暗示中國的文化中心，有可能轉移到日本。

有人認為，由於後來日本發動了對華侵略戰爭，他的這一學說也被與日本的侵略政策結合起來。但內藤湖南不是一個政治家，他只是帶著優越感（日本已經完成了近代化），從文化史的角度觀察中國而已。

在吸納近代西方文明時期，中國知識份子通過比較，發掘祖國文化的同一性和差異性，並試圖以此來應對近代化進程，他們的意識和行為具有深遠的歷史意義。即使是在今天，充分理解南北地區文化差異的重要性，似乎也不亞於理解外國文化。

117. 日本統治時期日本人的「朝鮮民族性論」

數年前，筆者偶然接觸到在日本統治時期1927年（昭和2年）由朝鮮總督府編輯刊發的《朝鮮人的思想與性格》一書。這是一本出版於日本殖民統治時期、為了圓滿實施對朝鮮的統治政策而發行的書。作為當時「日本人眼中的韓國人論」的組成部分，它是具有極其重要的文獻資料。針對日本統治時期「朝鮮人的民族性」，能夠如此詳細、廣泛、集而論之的資料，似乎無出其右。

資料反映的時間介於1910年到1920年間，至少對把握當時朝鮮人性格方面，具有一定的參考價值。朝鮮總督府在「三一運動」（稱獨立萬歲運動，是指1919年3月1日在日本殖民統治的朝鮮半島爆發的一次大規模的民族解放運動。）以後，為了平穩推進殖民統治政策，展開了一項調查。調查內容包括民俗、風俗、文化、國民性（民族性）、宗教、信仰等，並將調查內容結集出版。當時出版了40多種，《朝鮮人的思想和性格》便是「總督府旁觀調查科」所推出資料中的第20集。

閱讀此書過程中感到驚異的一點是，一直以來所了解的朝鮮民族的

民族氣質之一，便是凡事「快馬加鞭」式的急性子。但從當時的調查資料上看，朝鮮人的性格與此恰恰相反：他們凡事從不著急，在所有的事情上幾乎都表現出從容不迫的神態。此外，我們現在普遍認為朝鮮民族「是情緒性的，感情起伏較大」。但在100年前的當時，朝鮮人卻不會輕易把自己的感情流露出來，也不是情緒性的。

民族性、國民性當然不是固定不變的，它們同樣可以通過戰爭和異族的統治等歷史體驗發生各種變化。據此推測，當今朝鮮民族凡事快馬加鞭、情緒外化的性格，應該都是以這種歷史時空體驗為基礎，而逐漸形成的。

作者在序文中，針對該書的出版一事這樣寫道：「本集不過是作為調查、研究朝鮮人的思想及其性格的調查資料，將從各方面觀察到的有關朝鮮人思想和性格的觀點收集而成。但僅憑這些資料，也能在一定程度上有助於了解朝鮮人。」

本書由（1）朝鮮人概觀；（2）朝鮮人的性情；（3）朝鮮人的社會傾向等構成。這本書把各種不同領域的人對朝鮮人的觀察集中在一起，以概括「朝鮮人的一般性情」。

書中談到的朝鮮人的性格有：放縱、奢侈、浪費、僥倖等。作為朝鮮人的主要性格特質，則有①喜歡表面性的、形式的東西；②附和雷同；③模仿性；④無精打采、卑怯、灰色、防身術；⑤利己主義判斷；⑥缺乏真摯性；⑦擁有朝鮮人的真摯；⑧缺乏感恩；⑨依賴性強，同時缺乏報恩心；⑩缺乏獨立性，朝鮮獨立不符合其國民性；⑪感覺遲鈍，忍耐心很強，即使是哭泣，似乎也並非是從內心情感出發而哭；⑫朝鮮各道人的性格：平安道、咸京道人性格強悍、勇猛，適合參軍；全羅道人長於技藝或美術工業；忠慶道、京畿道人長於智謀辯才，適合從政；慶尚道、江原道人醇厚質樸，具有文學方面的才華；而黃海道人則長於理財，適合經商。（這是1920年6月創刊的《開闢》雜誌於1920年

7月號上刊載的文章內容。）

　　此外，作為朝鮮人的「性格觀」，也羅列了如下一些特性：①事大性；②口是心非；③陰謀性；④虛榮心。《朝鮮人的特性》一書中又羅列了如下幾點：①思想的固執性：缺乏流動性；②思想的從屬性：所有思想全部從屬於支那（中國），因此沒有任何一種可以被視為是朝鮮獨創性的思想，比如在語言、文學、制度、宗教等方面，全面採納支那慣有做法，因此缺乏獨創性；③形式主義：重視道德、倫理上的形式，但並不追求其實質；④黨派心理：朝鮮人一旦集結在一起，自然就會組成黨派，進而引起黨爭；⑤文弱：相較於日本的尚武風尚，朝鮮向來是一個尚文的國家；⑥缺乏審美觀念：在古文物保護方面，日本表現出非常的才華，與此相比，朝鮮可謂是雲泥之差；⑦公私不分：在例舉使李朝政府疲憊不堪的實例同時，指出朝鮮因公飽私囊的官僚沿襲了家族主義和中國作風造成的弊端；⑧寬容、慵懶、不以為意，跟日本相比，這一性情似乎值得稱讚。朝鮮人的性格慵懶散漫，且不喜歡以極端方式表達自己的感情。俗語說，朝鮮人的臉長、煙袋長、性格綿長──此為朝鮮「三長」。慵懶的性格，就像寬容的性格一樣，象徵著情感的平和與泰然。與此相比，日本人整天忙忙碌碌，也不懂得享受。另外，朝鮮自古以來就重視禮儀，而在李朝也出現了很多頗有孔子之風的禮義廉恥人物；⑨樂天性格：究其原因，應首推朝鮮人的慵懶散漫的性格，和堅守本分的性格，以及朝鮮人在緊張中懂得自尋歡樂的性格。

　　總而言之，朝鮮人性格史上的缺點有：固執性、形式主義、非審美主義性、文弱、黨派心理、公私不分等六大特徵。而其優點則可以歸納為寬容和懶散、順從、樂天等三大特點。「凡事從不匆忙行事，而表現出從容不迫」，在100年前到過朝鮮的西方人的記錄中隨處可見。由此推測，當時的朝鮮先民，應該是懶散和從容的。這種懶散從容的性格，在日本帝國主義者的壓迫下，表現為一種抵抗的形態，並慢慢轉變為「性

急」。此外，或許可以理解為朝鮮人在體驗「6.25戰爭」（韓戰）等國難過程中，才開始慢慢向凡事「性急」的性格轉變的。

　　無論如何，這本在日本統治時期由總督府推出來的書，具有為政策服務的歷史局限性。正如美國人類學家露絲・本尼迪克特奉美國政府之命，為研究日本社會和日本民族性所做的調查分析報告，旨在指導美國如何管制戰敗後的日本所作的《菊與刀》一樣，對於《朝鮮人的思想與性格》一書中玉石混雜的內容，我們也應有所甄別。

118. 中日兩國在相互理解過程中的齟齬

　　中國和日本幾乎是在同一時期拉開了近代化進程的序幕。儘管如此，兩者之間在近代化發展的速度、效果等方面表現出了截然不同的樣貌。導致這種現象發生的原因有很多，但最為重要的，應該是在相互認識、理解過程中存在的齟齬。簡單說來，中日兩國在相互理解、認識過程中存在著嚴重的分歧。

　　從結果上看，鴉片戰爭以後，日本投入大量人力物力深入研究中國，取得了世人矚目的成就，而中國對日本、日本人的研究和認識幾乎沒有發生任何變化。

　　清朝末期，中國出現了黃遵憲等卓越的日本研究專家，但他們對日本的分析、認識並沒有在清政府大範圍得到普及，他們始終屬於一小部分「知日派」。無論是古代還是近代，中國一向都疏於認識和了解日本，因此對日本是一無所知。

　　從古代、中世紀一直到近代，中國一直是把日本（包括朝鮮）視為亞洲共同體內一個小小的周邊地區（東夷），事實上現在也依然有這樣的想法。中國一向把日本視為中國文明的受惠國和同文同種的弱小國

家，在中國眼裡日本人不過是一個野蠻的民族。

但事實上，日本並非像中國人所想像的是一個「野蠻」國家。日本的獨立意識，實際上是從獨立於中國共同體的努力開始的。西元607年，日本的聖德太子開始向隋朝派遣使團，並自稱為「日出之國的太子」，主張日本「天皇」與中國的「皇帝」處於同等地位。日本的表現與朝鮮不同，其獨立首先表現為擺脫對中國的朝貢體制。這種努力也成為日後形成日本適應近代化能力的原動力。

日本始終把中國文明視為自己的一面鏡子，致力於研究和了解中國。經歷了兩次鴉片戰爭以後，1862年，日本的德川幕府為了了解中國，向上海派出「千歲丸號」以考察中國。當時，日本高杉晉作等社會精英，看到中國在太平天國之亂及西方列強侵蝕下的淒慘狀況以後，禁不住流下了同情的熱淚。他們目睹了上海繁榮的租借地，以及日益沒落的中國；尤其是看到中國人對西方人卑躬屈膝、毫無反抗能力的「奴相」以後，他們開始輕蔑中國。日本人對中國的認識，發生了重大的轉變，他們不再像以前那樣看待中國及中國人。

與此同時，日本人從西方列強的身上，感受到遠甚於中國人的壓力。中國人卑躬屈膝的形象，徹底打碎了日本人曾經對中國抱有的幻想，這也進一步加深了他們的危機意識。為了避免重蹈中國因循守舊的覆轍，他們在歸國以後大力展開啟蒙運動。

日本開始官民協作，湧入中國收集中國的資訊，對中國進行實地考察等活動，盡可能掌握研究中國的國民性、地理、民俗、國防等相關資訊。

日本著名的中國通宗方小太郎，在收集和分析中國情報方面成績斐然。通過廣泛收集資訊並對其進行嚴謹的分析以後，他得出了這樣的結論：中國與日本交戰，絕無獲勝可能。為了中日甲午戰爭，宗方小太郎向日本軍部提供了大量有價值的情報。

近代東洋最偉大的啟蒙思想家之一福澤諭吉在其著作《文明論的概略》（1875）中，解釋了中國和日本文明之間的差異，並預言中國在不久的將來會淪為西方列強的殖民地，遭到瓜分。但是，當時的中國並沒能充分重視福澤諭吉的判斷。福澤諭吉進一步指出，由於中國的專制體制、自由的缺乏以及對君主的絕對崇拜等慣性，中國目前還難以實現近代化，所以必須對此進行改革。他斷言，日本比中國更易於吸納西方文明。

福澤諭吉的判斷果然沒錯。在福澤諭吉的啟蒙下，日本開始走向自由、議會制度，形成市民階層。也就是說，日本擁有能很快理解這些啟蒙思想家的國民群體。

很多人以為日本率先成就了近代化，不過是類似於「猿猴的模仿」行為。但事實上，日本已經從江戶時代開始，積累了近代化道路所需的一切必備的文化條件，使日本的國民識字率達到了世界第一的水準。這種能接納西方近代文明思想的國民素質的作用不容小覷。

與此相反，中國方面雖然也有相似的啟蒙運動，但廣大中國人民還不具備接受這種啟蒙的素質。這也是近代中日兩國的一大差距。中國的知識份子也自嘲說，與日本相比，「中國依然躺在數千年來的文化溫床上，難以站立起來。」中國文明的繁重傳統意識，沒能像日本那樣為順利地吸納和學習西方思想提供空間。

日本的近代化進程是從擺脫中國文明體制開始的，而中國卻依然把日本視為自己文化影響範圍內的從屬國。無視於日本因吸納了西方文化而出現的獨立的國家意識、自由意識以及國家尊嚴。

從某種意義上講，中國在近代的失敗，與其說是近代經濟、軍事上的失敗，還不如說是在思想意識、思維方式上的失敗更為準確。在進入現代以後，事實上直到1978年以前中國社會幾乎處於停滯狀態。而日本在戰後的發展，也從另一個側面表現出中日兩國之間在思想意識方面的

差距。令人遺憾的是，至今中國依然從感性角度出發，把日本視為「小日本」和「侵略者」。而這也成為中國深入研究和了解日本的一大障礙。「中國是否像日本了解中國那樣了解日本？」在這樣的問題面前，中國只能吞吞吐吐。因為中國依然沒有深入了解日本。國家的力量未必只是看得見的硬實力，同時也是看不見摸不著的文化的軟實力。

119. 百年的啟示

進入新中國時期以後，中國的教科書上經常會出現這樣一種表述：「落後就會挨打」、「中國在西方列強的侵略下，淪為半殖民地」。這種站在受害者立場上的表述，已經延續了60多年。

這種表述雖然有一定的道理，但是一直局限於「被害者」或「受害」立場，一味強調他者的侵略，顯然就會忽視對自我的反省。如果說「歷史是自己和他者的時空整合」，那麼，缺少自我反省的歷史，無論它的教訓有多麼痛徹，也都只能算是「半部」歷史而已。只有拋開自己的感性認識，從理性角度對歷史進行深刻反省、批判，我們才有可能得到歷史的啟示。

1840年中國和英國之間爆發的鴉片戰爭，很多人認為這是中國近代史的起端。但筆者對此持有懷疑態度。首先，「由於落後，中國才遭到英國帝國主義的侵略」，這種說法是不符合歷史事實的。

從歷史學家的研究和《世界經濟千年史》等資料提供的資料上看，1820年，在鴉片戰爭爆發以前，中國的GDP是世界第一。當時，中國的GDP佔世界GDP總數的32.9%，這一資料遠遠超出了西歐各國在世界GDP所佔比重（12%），更遠遠超過了美國（1.8%）和日本（3.0%）。

把世界首富大清國說成是一個「落後國家」顯然是不成立的。日本的中國史學家內藤湖南或其弟子宮崎市定等史學界權威人士的研究結果表明，自宋朝以後，通過近世的繁榮，到了清朝時期，中國具備了很強的近代經濟力量和技術力量。當時的中國絕不像我們現在所認識的那樣，是一個不值一提的、落後的國家。

另外，對於中國而言，鴉片戰爭不過是一場地區戰爭，而不是一場全面戰爭，但是這場戰爭沒有給中國人的意識帶來深刻影響。清政府方面認為，鴉片戰爭不過是「野蠻的南蠻人貪圖中國的物產，來到中國南方，炫耀他們的大炮和武力，要求中國開放港口。」

當時，清朝朝野一致認為，英國雖然贏得了戰爭，但他們仍然是野蠻人，因此南方的危機沒什麼大不了的。與清朝不以為然的態度相比，反而是島國日本的社會精英受到了很大的刺激。在幕府末期的日本社會精英看來，如此富有強大的中國，竟然被英國打敗，那麼下一個就該輪到日本了。這種危機意識迅速在日本社會蔓延開來。日本透過荷蘭，更快地掌握了有關鴉片戰爭的資訊，開始研究分析西方列強的軍事力量。

在近代史上，幾乎同時開啟近代化進程的日本，迅速完成了政治改革、思維方式的改革。日本迅速完成了明治維新，並通過近代法律、國會、大學等相關制度的完善，發展成為一個國民國家。同一時期，中國雖然學習日本，試圖進行戊戌變法等改革，但中國強調的是在保持國家本體的前提下，僅引入西方器物加以利用。這種「中體西用」方法，實際上一直受到保守勢力和專制體制的壓制。

「落後就會挨打」這種說法是蒼白無力的，這一點在與日本的比較中得到很好的證明。清政府透過洋務運動大大提升了國力，建起一支強大的北洋海軍隊伍。這支隊伍的軍事實力，在當時的亞洲是最為強大的，在世界上也排名第4位。

但是，在甲午戰爭中，擁有強大軍事力量的清政府被日本打敗，不

得不在日本面前低頭。強大的經濟、軍事實力，未必一定能解救國家。

　　中國的歷史教科書認為，由於1840年爆發的鴉片戰爭，中國淪為半殖民地。但實際上，給中國帶來重創的並非是鴉片戰爭，而是後來的中日甲午戰爭。從此，中國遭到西方列強和日本帝國主義的瓜分。

　　挨打的原因，其本質性的根源在哪裡呢？不是經濟、軍事實力，而在於中國的內部。具體一點說，中國並不是敗在經濟、軍事實力上，而是敗在政治、社會結構的改革上。在專制主義政治結構下，官員的極度腐敗、國家觀念的缺乏和百姓缺乏國民意識等，才是導致中國失敗的根本原因。中日甲午戰爭時期，密切觀察中國的日本學者宗方小太郎等人指出：「中國的腐敗現象不僅腐蝕了政府官員，同時也腐蝕了整個社會的信仰。人心腐敗現象已經達到了極致，怎麼能不大傷一個國家的元氣？」

　　歷史給予我們的教訓、啟示，似乎全都包含在這樣一句話中。

100年前的中日韓. 3. 政治. 軍事篇：東亞近代文
明新發現／金文學著. -- 一版.-- 臺北市：大地,
2017.06
　　面：　　公分. --（History：95）
　ISBN 978-986-402-200-7（平裝）

1. 文化史　2. 近代史　3. 東亞

730.3　　　　　　　　　　　　　　106004445

100年前的中日韓(3)政治‧軍事篇
—— 東亞近代文明新發現

作　　　者	金文學	HISTORY 095
發 行 人	吳錫清	
主　　編	陳玟玟	
出 版 者	大地出版社	
社　　址	114台北市內湖區瑞光路358巷38弄36號4樓之2	
劃撥帳號	50031946（戶名：大地出版社有限公司）	
電　　話	02-26277749	
傳　　真	02-26270895	
E - m a i l	vastplai@ms45.hinet.net	
網　　址	www.vastplain.com.tw	
美術設計	普林特斯資訊股份有限公司	
印 刷 者	普林特斯資訊股份有限公司	
一版一刷	2017年06月	

定　　價：280元
版權所有‧翻印必究

Printed in Taiwan

版權所有‧翻印必究